조유환 수필집

교음사

| 프롤로그 |

  나는 내가 쓴 글을 스스로 즐긴다. 글 속에서의 나는 투명하기 때문이다. 바라보는 나의 모습은 말갛다. 실제보다 더 나같이 느껴지는, 방금 따뜻한 목욕을 하고 나온 깨끗한 모습이다. 달아오른 얼굴에 신선한 바람이 불어오는 듯하다.
  그렇기에 책을 낸다. 비록 등단한 지 25년이나 지난 늦깎이 첫 책이지만 개의치 않는다. 그때나 지금이나 내 글에는, 묵은 때가 다 지워진 모습의 내가 그대로 드러나며 그것만으로도 나름의 의미가 있다고 여긴다.
  살아 있는 글이 필요했다. 그러나 살아 있다고만 해서도 안된다. 화려한 몸 색과 단단한 뼈와 살을 지녔다 해도 수족관 속에 갇힌 물고기처럼은 곤란하다. 그것은 맥없고 생기 없으며 맘껏 헤엄치지도 못하는 포로의 글이다. 그 좁은 물은 또 얼마나 혼탁하고 갑갑하겠는가! 아가미에 바닷물을 가득 넣고 부레에 힘을 주고 넓은 바다를 자맥질하고 푸른 파도 위로 튀어 오르고 싶다. 작은 고기, 큰 고기 함께 어우러져 물속에서 햇살을 받고 바람에 날리는 물거품을 맛보고 싶다.
  그렇지 못할 바에는, 차라리 죽어버려 냉장고에 보관되었다가 기막히게 숙성되어 술에 취한 친구들의 안주라도 되어야 한다. 죽기만을 기다리며 몸부림치는 활어보다는 고요히 죽은 선어가 낫다. 젊은 날 활어의 기억을 간직하고 차갑게 잠들은, 물기 빠진 탱탱한 살과 깊은 맛을 지닌 선어가 훨씬 낫다. 그런 글을 쓰고 싶었다.

나이가 든 어느 날부터는 깎아내고 벗기고 비워내는 일이 좋아 보였다. 만약 앞으로도 더 그럴 수 있다면 나는 허공의 점만큼 작아졌다가 '톡' 하는 있을 듯 없을 듯한 소리와 함께 무변광대한 우주 속으로 사라질 것이다. 그 '증발'의 과정도 내겐 글쓰기며 남아있던 포화증기가 물로 변하듯 책이 나왔다.

 이 한 권의 책으로 내 기쁨과 슬픔, 고뇌와 상념을 다 털어내기엔 턱없이 부족하다. 글로 못 펴낸 회한은 가슴에 오롯이 담았다가 부는 바람에 날려버릴 일이다. 나름대로 삶에 최선을 다했으니, 후회도 아쉬움도 없다. 다만 바라기를, '이 사람은 이렇게 인생길을 걸어왔구나' 하고 알아주면 그저 고마울 따름이다. 그들이 내 사랑, 내 가족, 내 친구면 충분하지만, 같이 문학의 길을 걷는 도반이라면 그것도 행복한 일이다. 기꺼이 서평을 맡아준 김정화 선생께 감사의 손을 건네고 책을 엮어준 교음사 강병욱 대표에게도 사례의 말씀을 올린다.

 나를 믿고 따라준 아이들을 뜨겁게 껴안는다. 무거운 몸으로 납처럼 굳은 잠을 자던 시절에도 너희들 앞에서는 버터같이 녹아들었다. 내 책에 꼭 남기고 싶은 말이다.

2025년 2월 惺谷齋에서　燈夫 조유환

차 례

› 프롤로그

1. 돌아서는 이의 등

브라보 도다리 … 16

호랑나비 사랑 … 21

당해봐야 아는 인생 … 25

쪽박 소리 … 29

제목 독자 … 34

거지 동냥 … 38

복격(服格) … 42

손씻이 … 47

손가락 … 52

돌아서는 이의 등 … 57

2. Sound the Trumpet

최후의 심판 … 64

왕이 되려던 사나이 … 69

Million Dollar Baby … 74

Brassed off … 79

프랭키와 쟈니 … 84

Sound the Trumpet … 89

슈타들러(Stadler) 클라리넷 5중주 … 94
정경(情景) - 풍경과 사람들의 이야기 … 99
수묵으로 빛을 열어 내리다 … 104
시벨리우스와 나 … 109
백경(白鯨) … 114

3. 등부

등산 단상 … 120
우산 … 126
끽연기 … 131
등부(燈夫) … 137
사진 두 장 … 142
큰바위얼굴 … 148
김성탄과 나 … 153
생활의 발견 … 158
굴곡 … 164
인간 등고 … 169

4. 외톨이 되기

시계 … 176

빨강 바지 파랑 바지 … 181

4·19 민주혁명 희생자 위령탑 … 186

외톨이 되기 … 191

토끼 … 196

학생복 … 201

손톱 … 206

망고 … 211

굴비 … 213

바다, 비, 담배 … 216

5. 뿔과 장미

접동새 소리 … 222

벚꽃 … 224

정글의 삶 … 226

인생 세금 … 228

홍매화 … 230

함경도 아바이 … 232

입추(立秋) … 235
사랑, 순정 … 238
뿔과 장미 … 241
추일 단상(秋日 短想) … 244

6. 끝장 보기 끝장나라

도(徒) … 248
변절자 … 250
대독 선전포고문과 조선책략 … 255
전장과 운동장 … 260
개미와 베짱이 … 265
문조(文鳥) … 269
crazy love … 274
명품(名品) … 279
끝장 보기 끝장나라 … 284
사람으로 남는 법 … 290
밧세바 … 296
마지막 승부 … 301

작품해설 - 김정화 (문학평론가) … 312

燈夫

1

돌아서는 이의 등

브라보 도다리
호랑나비 사랑
당해봐야 아는 인생
쪽박 소리
제목 독자
거지 동냥
복격(服格)
손씻이
손가락
돌아서는 이의 등

브라보 도다리

여름날 어스름 저녁 무렵이면 '통고무 조리'를 끌며 동네 어귀를 어슬렁거리는 청년이 있었다. 유달리 얼굴이 검고 하관이 '쪽 바른' 스무 살 남짓의 충무동 날건달. 갓 입학한 중학생인 우리보다 댓 살 위, 일면 무섭기도 또 다른 편으론 그저 쓸데없이 우리에게 가까운 척하는 동네 형. 일명 도다리, 까무잡잡한 얼굴에 삐쩍 마른 몸이라 누군가 재미 삼아 붙여준 별명이었지 싶다.

가물거리는 기억이긴 하지만 근처 '수산 센터'에서 생선 궤짝이나 나르는 허드렛일이 그의 직업이라면 직업이었다. 별 돈을 버는 처지도 아니라서 옮기다 바닥에 떨어진 고등어라도 두어 마리 있으면 '비니루 봉다리'에 들고 와 동네 식당에 맡기고 밥을 얻어먹는 것도 여러 번 봤다.

아무튼 우리들의 도다리 형은 의리의 사나이이고(왜 그런 수식어를 붙인 건지는 아직도 까닭을 모르겠지만) 싸움에는 도가 트이고 욕지거리는 입에 달고 다녔으며 장판 자른 만화방 표를 열댓 장씩 들고 다니며 아이들에게 거저 나눠주기도 했던 인심 좋은 형이었다.

그뿐이랴, 당시 유행이었던 '야와라' 도장에서 단련된 빈틈없는 자세와 굳건한 몸짓이 펼쳐내는 현란한 시범 동작은 한마디로 홍콩 무술영화의 또 다른 주인공이요, 악독한 일본 순사를 한방에 골로 보내는 열혈 독립군 청년이었으니 어찌 중1짜리 꼬맹이들의 우상이 아니었으리.

성격 역시 '불칼' 같아서 어쩌다 그에게 밉보이기라도 하면 박박 밀은 우리들의 푸른 대갈통에는 벌겋게 '철사장'의 손도장이 찍히기도 했다. 하지만 그 모든 그의 일상들이 허세 과시용 '시간 때우기'만은 아니었다. 외려 동네의 착한 동생들에 대한 나름의 따뜻한 애정이었음이 분명하리라.

그러던 어느 날, 드디어, 말로만 펼치고 동작으로만 보여주던 당당한 위세가 실전에서 화려하게 우리 앞에 펼쳐진 결코 잊을 수 없는 날이 오고야 말았다. 당시 윗동네 '유도방' 사범 '타이거'가 우리 동네로 기어 내려와 행패를 부려댔던 바, 만고의 '텃세 영웅' 우리 도다리 형이 도저히 안 나설 수가 없는 시간이 오고야 만 것. 언제 연락이 닿았던지 닭꼬치와 라면을 술안주로 팔던 가게 앞으로 그가 훌쩍 나타났다.

탄탄한 지느러미를 부드럽게 움직이며 물살을 가르는 한마리 검은 도다리가 아름다운 모습을 드러냈다. 방금 바다에서 올라왔는지 황금 모래가 몸을 감싸고 돌며 번쩍이는 듯했다. 비록 도도한 취흥이 오른, 떡 벌어진 어깨의 소유자 타이거였지만 바짝 긴장하지 않을 수 없는 노릇.

"니, 죽고 싶나!"

그 말이 채 떨어지기도 전에 도다리 형은 바닥에서 수면을 순식간에 차올라오듯 생선 비린내 가득한 충무동 밤하늘을 가르고 날아올랐다. 연이은 발차기의 작렬. 결과는 물보듯, 아니 도다리 얼굴이 거무튀튀한 것을 누구나 알고 있듯 타이거의 단말마적 비명이 곧 터져 나와야 했다.

앗 하는 순간의 결과는 우리 모두 아연실색, 두 다리 든든하던 '타이거'가 마치 물가에서 튀어 오르는 생선 잡아채듯 '호랭이' 같은 손으로 목을 잡고 그대로 내동댕이, 이른바 멋들어진 한판의 업어치기로 우리의 영웅을 무참히 패대기 쳐버렸다.

며칠 전에 깔아 놓아 채 여물지도 않은 시멘트 신작로 길 위에 드러누워 파닥거리던 도다리 형의 그 낭패의 모습. 까만 얼굴에 무참히 쏟아지던 나무괘 생선 상자의 세례. 천하의 아니 수궁 세계 최강의 도다리인들 어찌 아니 뻗어버릴 것이었겠나.

그 여름도 지나가고 또 가을도 지나고 한동안 모습을 보이지 않던 도다리 형을 다시 만나게 된 것은 이듬해 봄, 학교 운동장에서였다. 달리기 출발선에 서 있던 한 무리의 청년들. 지저분한 장발에 하얀 '난닝구', 삼색 아디다스 '런닝화'에 '곤색추리닝'을 입은 도다리 형이 그 속에 껴있었다. 하얀 이를 씨익 드러내며 겸연쩍게 웃어주던 까만 얼굴. 운동장을 '다다다다' 죽어라 뛰어가던 모습이 '페이드 아웃' 장면이다.

이후에도 친구들은 도다리 형의 근황을 궁금해했다. 누구는 남항의 멸치잡이 배에서 그물을 터는 것을 보았다고도 했고 어떤 친구는 '도다리는 칠성파 아이가?'라고도 했다. 하지만 그것으로 그만, 세월은 '마구로 배' 물살을 가르듯 잘 흘러갔다.

언젠가 중앙동으로 차를 타고 가던 중이었다. 중부산 소방서 앞 건널목에서 신호를 받아 서 있었다. 사람들이 길 반대편으로 다 지나가자, 수신호로 차를 출발시키던 교통순경, 도다리 형이었다! 당당한 무궁화 한 개의 계급-비록 약간 배가 나오긴 했지만-여전히 의리의 사나이 외팔이처럼 씩씩하고 늠름한 모습. 햇볕에서 근무를 많이 한 탓인지 얼굴 역시 완연한 도다리 물색. 하지만 어어 하는 새에 형은 어디론가 사라졌고 내 차는 출발을 해 버렸다. 인사도 못 나눴다. 그것이 마지막이었다.

차를 몰아 나오는데 하릴없이 눈물이 찔끔거렸다. 부모 없이 홀로 밑바닥 훑고 살아온 인생. 모진 세상을 헤엄치듯 자갈치 바닥을 쓸고 다니던 험한 청춘. 그래도 제대로 살아보겠노라, '쪽' 팔리지 않게 살겠노라 열심히 인생 바다를 헤엄치고 살아왔을 사내. 배운 것 제대로 없는 동네 양아치가 모자챙에 금테 씌운 빛나는 경찰 간부가 되었으니 그야말로 '펄바닥'에서 만경창파 도도한 물 위로 올라온 인생 대역전이 아닌가.

도다리가 그렇다. 비록 태생적 한계로 오른쪽으로만 붙어 버린 눈이긴 하나 힘 있고 부릅뜨는 눈이라면 빠지지 않을 만하고, 작지만 바닥을 날렵하게 기어다니기로도 그만하기 힘들다. 양식을 거부하고 자연산으로만 세상에 튀어나오니 그것도 자존심 있는 일이며 비록 남을 씹어대는 큰 이빨은 없다 하나 봄 쑥국이며 '세꼬시'라면 도다리가 으뜸이니 맛으로도 뒤처질 바 아니다.

막장 인간 도다리의 멋진 변신, 그의 인생 부상이 눈물겹게 고마웠다. 그때의 '꼬치친구'들 역시 힘난한 인생 파도를 넘고 넘어왔겠지만, 멸치라도 면했으면 고마운 일이다. 나 역시 어물 생선이라면, 도다리보다 나을 게 하나도 없다. 하긴 광어면 어떻고 가자미면 어떨 것이며 또 '납세미'인들 넙친들 다 거기서 거기. 어차피 잘나가는 민어나 값비싼 참돔과는 거리가 멀다. 장삼이사 갑남을녀, 그럭저럭 세상 살아가지면 그것만으로도 행복한 인생 아닌가 말이다.

보라고, 막장 인생 도다리 형도 세상 옹차게 잘도 살아가던 걸 뭐.

(2015)

호랑나비 사랑

 칼바람에도 볕은 따끈한 소고기국밥 같은 날이었다. 한겨울이지만 볼거리 많은 자갈치 뒷길은 고등어 등짝처럼 푸르게 살아서 퍼덕였다.
 천천히 걸어가며 활기찬 세상, 각양각색의 모습들을 둘러본다. 길가 좌판의 미역이며 대소쿠리에 올려진 구덕구덕한 가자미가 장바구니를 든 손님을 기다린다. 깨가 가득 담긴 고무 대야에는 비뚜름한 글씨의 박스종이 광고판이 소리 없는 호객을 한다. 담벽을 따라간 작은 점포들에는 잡다한 선용품이나 막 입는 작업복이 가득하다. 수레를 길 복판에 세워 두고 장사를 하는 늙수그레한 영감도 많다. 길다방에서 연유를 듬뿍 넣은 커피를 한 잔 사 들고 어슬렁거리며 둘러보니 행복하다. 달고 따뜻하며 쌉쌀한 향기까지이니 이만한 음료가 어디 있겠나 싶다.
 그때였다. 뒤쪽에서 덜커덕 발걸음 소리가 나더니 누군가가 나를 쓱 밀치고는 그냥 지나간다. 자칫했으면 커피를 쏟을 뻔했다. 언뜻 놀라 돌아보니 때에 전 '추리닝'을 도롱이 고치처럼 싸매고 입은 사내와 곳곳이 해진 외투를 입은 여자다. 고약한 냄새도 슬쩍 났다. 미간이 저절로 찌푸려진다.

봉두난발에 꺼칠한 수염, 구부정한 등과 홀쭉한 하관. 낡은 비닐 가방을 소중한 보물이라도 들어있는 듯 어깨에 굳게 걸쳤다. 여자의 머리는 쥐어뜯은 듯 짧다. 찢어진 눈, 물에 젖어 채 마르지도 않은 나일론 솜바지. 뒤축이 닳아빠진 새까만 운동화, 여자라고 말 붙이기도 어려운 일이다. 그러나 둘은 더없이 밝다.

"아잉~ 왜에~."

교태를 담뿍 담은 목소리. 남자가 여자에게 뭐라 하며 손을 잡자, 살짝 밀쳐내며 여자가 부끄러운 듯이 몸을 비튼다. 남자가 다시 여자의 손을 붙들어 당긴다. 여자는 남자의 사랑이 싫지 않다. 손목을 잡힌 채 비틀거리는 걸음으로 남자의 뒤를 따른다. 만면에 쑥스러운 미소가 가득하다.

그들은 거지, 어쩌면 부부인지도 모를 일이고 아니면 길에서 동냥하다 서로 눈이 맞은 사이인지도 모른다. 나이도 고향도 가늠할 길 없다. 하지만 완벽한 앙상블, 지저분하고 모자라며 불결하고 부실한 두 거지가 부자연스럽게 얽혔지만 묘하게도 나름의 조화를 이루었다. 얻어먹고 주워 먹는 처지에 대낮 한길가에서 저런 애정행각이라니 보는 내가 외려 민망하고 안쓰럽다.

한참 둘이 나누는 짓거리를 바라봤다. 사람들이 보든 말든 누군가에게 부딪히든 말든 자신들 외에는 아무것도 보이지 않는 모양이다. 우습고 징그럽다. 행여 나쁜 병균이라도 묻고 옮을까 가까이 가기도 겁난다. 길고양이 같기도 하고 집 잃은 강아지 같기도 하다. 혹여 이상한 짓이라도 할지 쳐다보는 내 목이 움츠려진다.

하지만 우려도 잠시, 생뚱맞게도 그들이 귀엽고 예쁘게 보였다. 아무도 의식하지 않는 오직 둘만의 세상에서 서로 다정하게 아끼고 사랑하지 않는가. 저만큼 애틋한 모습의 연인을 언제 보았나 싶다. 중산층의 완고한 태도로 그들을 깔보고 있던 내 시각이 그만 흐트러졌다. 가로수 옆에서 쳐다보는 맑은 하늘이 더없이 푸르다.

완벽한 미남 미녀가 성장을 하고 나누는 연애도 멋지고 평범한 사람들의 불꽃 같은 교감도 아름답다. 사랑이라는 이름 그 자체, 지고지순의 가치로 인해 어떠한 몸짓이든 눈부시게 반짝일 수밖에 없다. 비록 생선 비린내 나는 황량한 초봄의 이면도로, 가난한 자갈치 시장 뒷골목의 불쌍한 거지 연인일지언정 그 사랑은 내게 눈물겹도록 아름답다.

불결한 외모에도 연애의 순수는 꽃같이 피어난다. 구걸하던 손안에도 애정의 상대에 대한 부끄러움은 고이 담겨 있다. 신비한 사랑의 마법으로 비루한 행색이 어느새 무도회장의 신데렐라와 동굴을 빠져나온 몽테크리스토 백작으로 바뀌었다. 이렇듯 황홀한 연애를 어느 누가 비웃을 수 있으랴.

빛나는 햇살 아래, 거지 연인은 서로의 허리에 손을 둘렀다. 투정과 포옹이 아옹다옹 길을 따라 내려간다. 몸뚱어리로 꿈틀거리는 애벌레의 사랑에 화려한 날개가 돋아났다. 한 쌍의 호랑나비가 되어 나풀거리며 무방향 난분분, 꽃밭 같은 거리를 날아다닌다. 멈추면 꿀을 빨고 날아가면 사랑한다. 비하와 경멸의 시선들이 둘만의 무대 위에선 찬란한 스포트라이트로 변해버렸다.

눈에서 벗어날 때까지 한참을 바라보았다. 저 연인들을 다시 또 볼 수 있을까. 봄인가? 아지랑이가 온 세상에 가득 피어오른다. 발걸음을 옮기는 내게 나비의 정령이 다가와 속삭였다.

"얼른 메마른 가슴을 활짝 열어젖히세요! 날개가 펼쳐지고 있잖아요!"

(2006)

당해봐야 아는 인생

 아차 싶었다. 언뜻 보니 은빛의 날카로운 쇠줄. 시편에 삐져나온 가느다란 쇠줄을 맨손으로 잡은 것이 화근. 마치 싸늘한 검이 번개보다 더 빠르게 나를 베고 지나간 기분. 목덜미에 소름이 돋고 등 뒤로 솜털이 줄줄이 일어섰다. 순식간의 일이라 소리도 내지 못했다.
 얼른 왼쪽 검지를 오른손으로 감쌌다. 손톱까지는 분명 아닌 듯했다. 잡은 손가락 사이로 선혈이 금세 뚝뚝 떨어진다. 근처의 휴지를 쥐고 다시 손가락을 감쌌다. 다행히 누가 본 사람은 없다. 아무 일도 없는 듯 유유히 돌아서서 자리를 뜨며 말했다.
 "시험은 계속 진행하세요. 잠시 다녀올 테니."
 하필 가공 마감이 제대로 안 된 물건이라니. 남 탓만 하고 그냥 약 발라서는 될 일이 아니란 판단. 곧바로 차에 올라타 시동을 걸고 공단 내에 있는 병원으로 직행했다. 화장지에 두루 말린 손가락을 다시금 꽉 움켜쥐었다. 한 손 운전이 불편했지만, 병원은 가까웠다.

공단 내의 숱한 사고에 익숙한 응급실의 간호사는 의외로 담담, 나도 그녀만큼 담담했다. 의사가 와서는 몇 번이나 상처를 헤집고 피를 닦아 낸다. 소독약이 따갑다. 그래 당신 맘대로 해 보라는 심정이 된다. 뼈 부러지진 않았으니. 그는 단단히 드레싱 밴드를 감아준다.

"워낙 깨끗하게 베어서 깁지 않아도 되겠습니다. 주사 맞고 약 받아 가세요. 2주쯤 걸릴 겁니다."

차를 몰고 다시 재료 시험 장소로 돌아왔다. 다들 자기 일에 골똘해서 내가 언제 다쳤는지도 모른다. 시험은 어느새 끝나 결과가 나왔다. 왼손을 바지 주머니 속에 넣은 채 서류에 사인을 해주고 돌아서 밖으로 나왔다. 손가락은 쓰라릴지언정.

오후, 다른 재료 시험 장소, 나를 아는 검사신청 회사의 품질관리 직원이 나왔다. 벌써 한 번 실패한 시험. 두 번째의 시험편을 가져와 기계에 물리는 중이다. 이번엔 장갑을 꼈다. 정확한 시편인지 다시 한번 쇳덩이에 찍힌 낙인을 눈과 손으로 확인, 그리고 시작을 명했다. 모터 돌아가는 소리와 함께 완강하게 시편을 물고 있는 기계가 서서히 아래 위로 벌어진다.

정밀 가공해 둔 쇳조각이 '뚱' 소리가 나며 끊겨 나간다. 측정 기계는 파괴 상황의 수치를 자동으로 기록한다. 테스트 결과치를 받아 드니 또다시 불합격. 결국 이 재료는 못 쓰게 되었다.

"어쩔 수 없네. 두 번 연속 불합격이야. 이것은 규정에 따라 폐기 처분할 것. 이상."

서류 위에 불합격이라 적고 그 아래 확인 서명을 하고 돌아서는 나를 그쪽 회사 직원이 울상이 되어 붙잡는다.

"검사관님, 시험편 따로 준비한 게 있는데 한 번만 더 기회를 주십시오! 이미 물건 만들어서 다른 검사는 다 마치고 조선소에 곧 납품해야 하는데 큰일났습니다."

실패한 재료를 바라보는 내 마음도 우울하다. 불합격을 선언하는 일도 편치 않다. 그것에 내 손가락도 부러진 시험편과 같은 처지. 그래도 남에게 알리기 싫어서 오늘 일을 미친 듯 진행해 왔는데. 울컥한다.

"이 프로펠러가 들어가는 배는 북극해를 지나야 하는 배야. 가다가 프로펠러 망가져서 옴짝달싹 못 하면, 다 얼어 죽을 판이 되면, 니가 그 배 구하러 갈래? 십 년까지 아무 문제 없다 치자. 아니 이십 년까지 아무 문제 없다 치자. 그러다 어느 날, 만약 머리카락 같은 작은 금이라도 가게 되면, 그렇게 되면 말이다, 이건 어느 순간 곧바로 모두 다 부러져 날아가는 거라고. 손해? 지금 다시 시작하는 게 제일 손해 적게 나는 거란 말야. 그러니까 납기 급하다고 기본 검사도 안 끝난 물건을 미리 뚝딱 만들어서 뒤늦게 이 검사 저 검사 해 본들 다 뭐하냐고! 재료 자체가 안 맞는

데! 다시 깨어서 만들도록 해. 사정할 걸 해라, 할 거를!"

온갖 기술자료가 깨알같이 적힌 두툼한 서류를 책상 위에 내려치듯 던졌다. 돌아서 나오며 힐끗 뒤돌아보니 녀석이 그 자리에서 얼어붙었다. 망가진 배가 북극해에 둥둥 떠다니는 듯한 모습이다. 한 마디 더 붙이지 않을 수 없다.

"만약 너희 사장이 이 일로 네게 뭐라고 하면 회사 당장 때려치워라. 젊은 놈이 뭘 해도 먹고 산다. 이런 통사정 안 해도. 그리고 자식아, 얼굴 펴! 담에 나랑 또 봐야 할 거 아니냐!"

결국 밖으로 녀석을 데리고 나와 담배 한 대를 물렸다. 다친 내 손가락에도 끼워진 담배를 보며 얘기했다.

"나도 이러고 산다. 묵고 살라꼬. 알겠나? 하지만 우리 쪽 팔리는 일은 하지 말고 살자, 여자 붙잡는 거 아니라면. 인생 별거 아니다."

공장 현장의 직설적인 말투는 이럴 때 쓰라고 있는 말이다. 상황에 따라선 정신이 번쩍 들 만큼 고함을 질러야 할 때도 있다. 그리고 대부분 의사전달에 확실한 효과가 있다.

손이 베인 것은 순전히 내 잘못이다. 안전 수칙을 지키지도 않았고 방심의 결과이기도 하다. 하지만 나의 안전의식은 다시금 강화되었다. 그 친구도 이번 일을 통해 소중한 업무경력을 쌓았다. 비록 둘 다 아찔하게 당한 일이지만.

하긴, 꼭 당하고 나서야 깨닫게 되니 인생 자체가 그렇지 않나?

(2014)

쪽박 소리

 이십 년 전의 일로, 다니던 회사를 어처구니없이 나오게 되고 잠시 쉬다가 다시 재입사하는 곡절을 겪은 적이 있다. 그러다 보니 월급쟁이 탈출이 하나의 화두가 되었다. 어차피 오너가 아니면 대기업이든 중소기업이든 못 볼 꼴을 보고 살게 되어있다. 게다가 아무리 약육강식의 링에 올라섰다고 해도 약한 놈이 더 약한 사람을 괴롭히는 사내 구조가 정말 싫었다.
 마침 새로 부임한 사장이 필요한 주요 부품업체를 설립하여 계열사처럼 운용을 해 보면 어떻겠냐고 해서 덥석 물었다. 안 그래도 다니기 싫었던 차에 독립의 결정적 기회가 왔으니 도저히 놓칠 수 없었다. 내건 조건도 좋았다. 실제로는 직을 유지하며 부하 직원들도 그대로 휘하에 두고 다만 공장만 창업, 운영하라는 것이다. 공장 설립은 일사천리, 첫 물량도 수의계약, 여유 있게 받아서 부담 없이 생산, 출하하니 금세 돈이 모이기 시작했다.

하지만 이후 생각지도 않은 일들이 터져 나왔다. 물량이 늘어날수록 용량에 맞는 제작 장비들이 부족했다. 동시에 제품의 기술검사나 감독기관의 승인도 문제였고 출하한 물건의 A/S 처리 역시 골칫덩이였다. 만들고 납품만 하면 될 줄 알았지 리스크에 대한 준비는 전혀 없었으니, 한마디로 허술하기 짝이 없는 도전이었다. 자금압박은 당연한 일, 은행 대출을 받아 가면서 계속 끌고 나갔다. 곧 좋은 날이 오리라 생각하며. 하지만 국내 조선 경기는 날로 악화, 주문량 자체가 줄어갔다.

그 와중에 아내가 덜컥 아팠다. 발견 시에 이미 암 3기, 진행성이었다. 회사고 뭐고 사람 살리는 일이 더 급하게 되었다. 하지만 그것에도 돈이 필요한 일이니 여기저기서 도움을 받아 가며 미친 듯이 뛰어다녔다. 여유 있는 친구들 도움도 필요했다. 죽마고우는 아니지만 친하게 지내던 사람이니 충분히 도와줄 것으로 생각하고 한 곳에 전화를 냈다.

"K, 내가 요새 많이 어렵소. 혹 여유가 있으면 2천만 원쯤 융통이 되겠어요? 부담 느끼지 말고, 혹시 해서 하는 말이요."

당시 조선기자재 사업에서는 건당 납품 금액이 몇억 단위를 훌쩍 넘는 일이 많았다. K는 동창이었고 한때는 즐거운 교류를 하던 친구였다. 사업 규모도 나와는 비교도 안 될 만큼 컸고 성공적으로 진행된다는 소문이 자자했던 사람이다. 그에게 2천만 원은 돈도 아니었다.(세상 물정을 몰라도 한참 몰랐다.) 그래도 애가 쓰인다. 잘 되면 정말 좋겠는데 하고선 대답을 기다렸다. 잠시 후 돌아온 말.

"유환 씨, 나도 요즘 어렵습니다…. 좀 더 친한 친구에게 부탁해 보면 어떻겠어요?"

귀를 의심했다. 저 깍듯한 존댓말. 게다가 좀 더 친한 친구라니? 나도 경어로 대답했다.

"아, 그렇죠? 부담 주고 싶지 않았는데. 하하…. 그냥 없었던 일로 합시다."

전화를 끊고 나니 화나고 민망했다. 어쩌지도 못하는 신세에 다다른 그때의 형편. 설악산에 혼자 들어가서 요양하는 아내와 한창 공부를 하고 있었던 아이들을 생각하니 죽지도 못했다.

그 일이 있은 1년쯤 후 아내가 세상을 떠났다. 가기 며칠 전 창백한 얼굴, 쉰 목소리로 나를 사랑한다는 말을 열 번이고 스무 번이고 힘없이 속삭였다. 아내의 생명이 얼마 남지 않았다는 사실을 남들은 다 알았어도 나는 몰랐다. 무조건 살릴 수 있다는 긍정적인 희망만으로 자신을 가득 채웠기 때문이다. 그렇기에 어떤 일을 하든 부끄럽지 않았다. 결국 다 끝이 났고 회사도 정리했다. 권세며 돈이며 모두 부질없었다. 다행히 집 하나는 겨우 남았다.

다시 3년이 흘렀다. 나는, 이른바 권위 있는 회사의 검사관으로 일을 하게 되었다. 조선소에 납품하는 업체들의 물품을 공식적으로 기술 검사하는 직책으로 무거운 책임의 엄격한 일이었다. 친구들은 축하하기도 했고 동시에 유용한 존재로 인정했다.

그런 나날을 보내다가 오랜만에 동창 모임에 나갔다. 부산한 식당 안에서 다들 반가워했다. 순간 저쪽 테이블에 K가 보였다. 그도 나를 보았고 희미한 웃음을 지어 보이는 듯했다. 곧장 그 자리로 갔다. 손을 잡고 그동안 아무 일도 없었다는 듯이(그때 내가 없었던 일로 하자고 했으니) 인사를 건네었다. 그리고 내 자리로 다시 돌아와 앉았다. 한참을 옛이야기 하며 웃고 떠들던 중이었다. 이번엔 그가 내게로 왔다.

"유환 씨(이 빌어먹을 경어) 그때 일을 이해해 주세요. 내가 좀 심했습니다."

"무슨 말을, 난 다 잊었는데, 괜찮습니다. 무리한 부탁을 한 내가 외려 미안한걸요."

사람 좋게 웃으며 그를 다독였다. 모임을 끝내고 거나하게 취해서 밖으로 나오니 사방에 젊은이들이 거리를 웃고 떠들며 지나간다. 사람 사는 맛이 난다. 차가운 겨울, 밤하늘을 보니 지나간 세월이 까맣다. 그래도 달은 환하다. 씩 웃으며 중얼거렸다.

"동냥은 못할망정 쪽박을 깨다니, 어찌 없던 일이 될 수가 있겠나?"

나는 이후 대기업의 임원으로 생활하다 수년이 흘러 은

퇴하고 낙향했다. 이제는 모든 것이 평안하다. 하지만 그 친구를 여태껏 다시 만나지 못했다. 누가 피하는 걸까?

  문제는 당시 2천만 원이란 거금을 전화 한 통에 빌리고자 했던, 밑 빠진 독이었던 나 자신이다. 빌려졌던들 그 돈마저 몽땅 다 날렸을 것이다. 그 점에서 그이의 처신은 확실히 옳았고 나는 어리석었다. 오히려 그렇게 단칼에 거절해 준 행동에 감사하는 마음이다. 비록 머뭇거리며 내민 쪽박은 박살이 났지만, 그 깨지는 소리야말로 재기의 출발선에서 나의 등을 강타하는 총소리가 틀림없었을 터.

(2020)

제목 독자

　세상의 흐름이 전광석화로 빠르니 요즘 신문 독자의 읽기 경향도 바뀔 수밖에 없다. 예전의 신문에 대해서는 정확히 알지 못하나 한국현대사회의 시작점이라 할 해방 직후에는 타블로이드 배판, 즉 달랑 반 장짜리 신문이 배부되었다고 한다. 내용이 다양하지도 않았겠지만, 그 분량도 보나마나여서 식자들이 그 정도의 지면을 읽어 내리는 일은 그야말로 숨도 안 쉬고 꿀꺽이라 하겠다.
　그러나 이즈음의 신문은 통상 대판으로 52면, 심지어 주말의 특집이 있을 때는 60면이 훌쩍 넘어가니 그것을 꼼꼼히 다 읽어 내릴라치면 한 시간이 더 걸릴지도 모른다. 게다가 복잡다단하며 초를 다투듯이 바쁜 세상이니 지면의 뉴스 따위에 자신의 할 일을 제쳐 두고 그리 많은 시간을 할애하는 사람이라고는 공원에서 소일하는 노인네나, 하릴없이 방을 등지고 누운 백수들이다.

최근에 신문을 구독하라는, 이른바 보급소 팀이 여러 번 회사를 방문했다. 없으면 새로이 받아 보시라 하고 있으면 한번 바꾸어 보심이 어떠냐며 이것저것을 끼워 낯 뜨거울 만큼의 싼 가격으로 애걸복걸하기는 하였다. 하지만 회사에서는 꽤 괜찮은 경제신문을 받아 보고 있었으며 결정적으로는 내가 이미 인터넷의 뉴스에 충분히 맛을 들여 버린 후였다. 그리하여 정중하고도 단호한 거절의 말씀을 건넨 적이 여러 번이었다.

  며칠 전 다른 문인들과 함께 신문사 주필을 지낸 B 선생을 만났기로 간단한 주석에서 이리저리 세상 사는 얘기를 하다가 신문 얘기가 나왔다. 마침 인터넷의 뉴스에 대해 내가 그 간편함과 속보성과 현란함에 대해 말을 꺼내니 선생도 고개를 끄덕이시며 동조하신다.

  "아~ 그럴 수밖에. 어느 고리타분한 한량이 있어 그걸 다 읽어 내리겠는가 말일세."

  "그러게요, 인터넷 접속이 어려운 지경이나 환경이라면 모를까 말입니다."

  "그래서 말일세, '제목 독자'란 것으로 요즘의 독자를 얘기한다는구먼."

  "그게 뭔데요?"

  "제목만 대충 훑어보고 앞줄 몇몇만 쓰윽 가려보곤 끝이란 거지. 그런 사람을 제목 독자라 칭한다네."

  재미난 표현이다. 선생은 특유의 목 뻣뻣함으로 허리를

쭈욱 펴시더니 긴 코 위에 올려놓은 두터운 뿔테 안경 너머로 사람들을 둘러보았다. 그리곤 다시 한 말씀.

"사설로 세상 여론을 이끌어 가던 시대는 종말을 고했습니다. 이러니 기가 차고 맥이 차고 순사가 칼을 차는 거지요. 네."

모두 허허 웃기는 했지만 뭔지 모를 쓸쓸함이 좌중을 안개처럼 돌아 지나갔다. 모임의 대부분이 7, 80대의 양반들인지라 아쉬움이나 안타까움이 나보다는 훨씬 더 한 듯하다.

푸시킨의 한 소설(역참지기)을 기억해 보면 이런 얘기가 나온다. 만약 무슨 일을 '상하 순'이라는 편리한 규칙 대신에 '지혜 순'이라는 다른 법칙이 쓰인다면 어떻게 될까라며. 그리되면 판별이 어려워 어떤 큰 싸움이 일어날지도 모르고 하인은 누구부터 먼저 식사를 돌려야 할지 모른다고 하였는데 좌중의 어른을 바라보던 내게 갑자기 그 생각이 떠올랐다.

통례가 사라져 가는 시대이다. 어느 시댄들 과도기 아닌 적이 있었겠냐며 니체는 목소리를 높였었지만 정말 이 시대도 변혁의 시대이며 변증법적인 완성을 향해 급격히 달려간다. 나이 상하 순의 관례에 희망을 걸고 세월을 묵히며 쌓아오던 집단은, 나이는 차치하고라도 이제 누가 더 지혜로운지 제대로 겨뤄 보지 못하고 그만 밀려드는 변화의 목소리에 안타까이 휩쓸려 사라진다.

제목만으로도 세상사를 훌쩍 감 잡아 버리는, 눈치 빠르고 재치 있으며 순발력 뛰어난 젊은 집단에 마냥 떠밀려 간다. '내 말을 끝까지 들어보라니까' 하는 따위의 변은 더 이상 의미 없어졌다. 첫눈에 딱 걸려들어 가야 뭔가 이루어지는 세상이다. 익히고 묵히는, 어려운 극기의 시간 쌓기는 더이상 매력 없게 되었다.

7초든가? 그 시간 안에 인터넷 화면이 제대로 뜨질 않으면 그만 꺼 버린다는 세태이다. 하긴 그조차도 상당히 긴 시간으로 여겨지는 나 자신부터이다. 나이든 지혜든 다 우습게 되었다. 이제는 가장 재빨라 크게 눈에 뜨이고 앞서는, 이른바 '제목' 같은 사람이 우선 대접받는 그런 세상이다. B 선생을 위시한 전직 교장선생이나 노익장의 명예교수와 함께 나 역시 묵묵히 술잔을 들어 목에 털어 넣고 자리를 일어서 나왔다.

"선생님, 세상이 아무리 그래도, 믿어 볼 만한 게 있지 않겠습니까!"

돌아서 가는 어른의 굽은 등 위에 내가 겨우 붙여준 말이었다.

(2003)

거지 동냥

 중국 상해 근방의 우시는 호수가 아름답다. 그곳에서 잡히는 주먹만한 게를 줄로 꽁꽁 묶어서 삶아 나온 것을 먹어 봤는데 살이 많지도 않고 퍽퍽한, 맛은 별로였다. 게는 역시 하얀 속살의 우리나라 꽃게가 제일이다.
 그렇긴 해도 밤에 돌아다녀는 봤다. 엄청나게 큰 요릿집, 뮤지컬에 나올 법한 화려한 의상의 아가씨들이 시중을 드는 곳도 가 봤다. 거나하게 드시고 노래도 두어 곡 부르고 동료와 어깨동무하고 합창도 했다. 그러곤 돌아오는 길, 잠복 형사 같은 거지가 둘 따라붙었다. 아줌마 거지와 우리 아들만 한 꼬마 거지였다.
 십여 년 전에는 상해든 북경이든 거리엔 거지가 넘쳐났다. 이른바 가족 거지, 아니 동네 거지가 떼로 몰려다니며 구걸했다. 이제는 그런 패잔병 같은 집단은 더 이상 보이지 않으니, 중국도 많이 나아졌다. 그러나 우시에는 아직 일단의 거지군이-정찰, 전개하는 작전 행태는 정말 훈련이 잘된 군인 같았다-밤에는 어디선가 훌쩍 나타났다.

양심상 정말 괴롭다. 동냥 거지를 제대로 지나친 적이 없기 때문이다. 그렇다고는 하나 중국 거지는 아무래도 단체라 부담스럽다. 하지만 당시 내 뒤를 졸졸 따라오며 무어라 애걸하는 꼬마 녀석은 도저히 따돌릴 수가 없다. 주머니를 뒤져 지전을 하나 쥐여 주었다. 그러곤 나도 모르게 녀석의 박박 깎은 머리통을 쓰다듬었다. 동글한 머리통, 때에 절은 머리칼이지만 그게 왜 그리 안쓰럽고 또 귀여운지 모르겠다.

"그래…. 씩씩하게 크거라. 잘 살아야 한다." 아무짝에도 쓸모없는 말인지는 모르겠으나 난 우리말로 아이에게 말을 건넸다. 아이는 인사를 하곤 따라오던 길로 잽싸게 돌아갔다.

난감한 것은 그다음의 일. 두어 발짝 뒤에서 내가 돈을 쥐여 준 것을 본 아줌마 거지가 달라붙었다. 훨씬 더 적극적이고 애걸복걸이다. 어쩔 수 없다. 다시 한 장을 쥐여 주었다. 뛰다시피 하여 호텔로 돌아왔다. 이상하게 비감이 들었다. 눈물이 날 지경.

오늘 낮의 일이다. 점심을 하러 가는 길, 내가 좋아하는 복국집은 길을 건너야 하므로 지하도 계단을 지나가야 한다. 사실 매번 신경 쓰이는 일이다. 동냥 거지가 지하철 입구에 앉아있기 때문이다. 주머니 속에 손을 넣어 나름으로 동전을 준비했다. 5, 6백 원이면 족하리.

계단 입구 쪽으로 돌아서니 웬걸, 멀쩡한 등산복 차림의 여인이 그냥 주저앉아 있다. 이상한 일이군… 어디 아픈 건가…? 그런 생각을 하며 두어 발 걸어 올라가는 중 들려오는 소리.

"천 원만 주세요, 제가 먹고삽니다." 다리는 자동으로 계단을 올라가던 중이라 서지도 못하고 엉거주춤 그대로 올라갔다. 나보고만 그런 것인가? 얼른 뒤돌아봤다. 아니다. 뒤따라 올라오는 다른 넥타이들에도 그렇게 동냥한다.

슬쩍 웃음이 났다. 사실 기가 막혀 나오는 웃음이다. 인플레이션은 거지 동냥 금액에도 올라붙었다. 게다가 주는 대로 받는 게 아니라 아예 액수를 정해 부르다니, 건방진 여자 거지군 하는 생각이 들었다. 그것에 더해 과연 저런 행태의 동냥이 통하긴 하는 걸까 싶기도 하다. 그저 엎드려 작은 깡통이라도 하나 이마 앞에 올려 두고 있으면 더 나을 텐데….

식사를 마치고 다시 돌아오는 길, 과연 그녀가 그곳에 그대로 있을까? 지하도 입구에서 바라보니 여전히 그 자리에 있다. 마침 천 원짜리 지전도 있는지라, 이번엔 어쩌나 싶어 천천히 걸어 내려갔다. 어라, 이번엔 내게 동냥을 하지 않는다. 그저 무심히 바라보기만 할 뿐. 그녀의 입은 굳게 닫혀 있다.

이렇게 되자 오히려 내가 당황스러웠다. 아까 구걸했는데도 그냥 지나쳤기에 자비심 한쪽 제대로 없는 인간이라 무시하는 건가? 나를 기억이라도 하고 있었단 말인가? 결국 돈은 주지 못하고 사무실로 돌아왔다. 구걸하지 않는 여인에게 돈을 줄 수도 없는 노릇 아닌가.

거지의 자존심은 무엔가? 사촌이 언젠가 중국을 다녀와서 한 말이 기억났다. 여자 거지가 하도 따라오기에 1위안짜리 동전을 주었더니 그 자리에서 휙 바닥에 내팽개치더란 것이다. 화를 내기에도 애매한 상황, 그야말로 황당했다고 한다. 그 정도라면 1위안이 아니라 밥이라도 한 끼 사 먹였어야지, 나는 점잖게 말해주었다.

그때와 오늘은 어떻게 다른 걸까? 내 자비심은 상대의 자존심과 상관관계가 있는 일 일까? 귀엽거나 맘에 드는 거지면 흔쾌히 적선을 베풀고 맘에 들지 않거나 건방진 거지는 외면한다면, 과연 나의 자비심을 자비라 할 수 있을까?

이리되면 건방진 여자 거지가 외려 내게 생각의 적선을 베푼 셈이다. 내일이라도 다시 만난다면 그녀가 설령 나를 보고 비웃을지언정 흔쾌히, 감사와 격려의 마음으로 지폐를 쥐여 주리라.

(2008)

복격(服格)

시인 이용악은 조선 문학가동맹의 작가로 사회주의적인 색채가 농후했던 사람이라고 한다. 예상대로 6·25 동란 중에 결국 월북하고야 말았다. 말하자면 시대의 비극이라고나 할까. 개인의 잘잘못을 따지기에는 당시 해방 정국이라는 혼돈의 역할이 너무나 컸고, 이념과 탐욕의 홍수로 들이닥친 남침 전쟁에 모두 정신없이 휩쓸려 갔을 수밖에 없었으리라 생각한다.

이분이 남긴 작품 중에 '복격(服格)'이란 글이 있다. 속에는 든 게 없어도 겉치장만 번듯하게 차리고 다니면 남이 다시 한번 쳐다보고, 제아무리 훌륭한 인물이라 해도 옷차림이 초라하면 그만 남한테 업신여김을 받게 된다는 이야기다. 인격이란 말이 그 사람의 인품을 대변해야 하는 말인데 외려 차림새가 인격으로 여겨지는 세태를 개탄하는 글이다.

수긍이 가기도 하거니와 복격이란 말에 나 역시 못마땅

해한다. 그와는 반대로 의례나 의식, 형식을 갖춘 공식적인 복장에 대해서는, 차림새가 나타내는 특수성과 필요성에 대해서 십분 공감이 간다.

쑥스럽지만 나의 경험도 있다. 군에서 제대할 때의 얘기다. 사단 연병장에서의 제대식이 끝난 후 한 보따리씩의 제대 선물을 안고 정문을 나설 때였다. 다들 무적 해병의 전설을 끝내고 너 나 할 것 없이 눈물을 찔끔거리며 '고향 앞으로' 떠나가는 장면이다. 그때 갑자기 드는 생각이 있었다. 비록 졸병이긴 했지만, 연대장이라는 사람을 직접 한번 대하고 싶었다.

그간 휘하의 말단 보병 소총수로서 부하의 의무를 다했으니, 그것으로 끝이라 했지만 동시에 그의 지휘 아래에서 군 생활 내내 무사히 보호받았다는 생각이 들었다. 이제 다시 민간인으로 돌아가는 마당에-일대일의 인격으로-마지막 감사 인사 정도는 올려야 사람의 도리를 다한다는 뜻이었다.

붉은 페인트에 노랑 글씨로 부대명이 적힌 육중한 정문 앞, 몇 걸음만 더 나서면 제대복을 입은 자유의 몸이건만 마음을 굳히고 다시 연대본부 쪽 방향으로 길을 잡았다. 정문에서부터 연대까지 쭉 늘어선 미루나무 가로수가 싱싱한 오월의 바람을 받아 잎사귀를 부드럽게 흔들었다. 청춘의 세월을 바친 '악과 깡'의 현장이었지만 무사히 끝낸 안도감과 자부심으로 발걸음이 얼마나 가벼웠던지 아직도 기억이 생생하다. 지나치는 각 대대 연병장과 오후 과업을 받는 중대 병력이 일면 가엽기도 일면 대견하기도 했다. 하지만 후임들이 상승 해병의 전통을 이어받아 나라를 지켜간다는 안도감이 들어 속으로 군가를 불러가며 발걸음이 더욱 씩씩해졌다.

연대본부는 여전했다. 평소 걸리면 별로 좋을 것 없을 거라며 일부러 피해 다니던 곳이다. 햇살이 가득 찬 입구로 들어서니 일직 당번병이 용무를 묻는다. 연대장님께 제대 인사를 꼭 드려야겠다는 내 의사를 말했다. 녀석이 잠시 의아해하더니 곧 기다려 보기를 청한다. 얼마 되지 않아 결국 연대장실 문 앞에 서게 되었다. 잠시 숨을 고른 후 절도있게 노크하고 '병장 조유환! 연대장님께 용무 있어 왔습니닷!'을 힘차게 외쳤다.

"들어와!"

그대로 문을 열고 들어가니 책상 위에 놓인 작업모의 무궁화 세 개가 별보다 더 크게 느껴졌다. 집무 책상에 돌덩이 같은 자세로 앉은 사람은 눈썹이 짙은 대머리의 사나이였다. 지금의 내 나이 또래인 사십 대 후반쯤 되겠지만 생각보다 더 늙어 보였다. 하긴 평소 일 년에 한두 번 작전을 떠나기 전 군장 검사 때나 먼발치서 바라보았던 지휘관이다. 철모를 쓰고 입을 굳게 다문 인상밖엔 별다른 기억이 있을 리 없다. 가까이서 보니 너무 늙수그레하다. 타군과는 달리 해병대는 계급정년 끝 무렵에야 겨우 턱걸이하듯 진급이 되니 그런 건가 싶었다.

"필승!"

일단 거수경례를 올려붙이고 제대 인사차 찾아들었다 이야기하니 그이는 그야말로 근엄 그 자체에서 환하디환한 마치 정겨운 삼촌 같은 얼굴의 아저씨가 되었다. 어쩌면 속으론 별놈이 다 있구나 싶었거나 아무리 제대하는 군졸이지만 겁도 없다 생각했을 수도 있다. 그렇다 해도 그는 내게 자리에 앉으라 친절하게 권했다.

기합이 단단히 든 자세로 응접 소파에 앉아 당번병이 타 온 커피를 마셨다. 짧은 만남 내내 그는 편한 자세로 호감을 보여주었다. 제대 후의 계획을 묻길래 복학해서 열심히 공부하여 나라의 동량이 되겠노라 당차게 대답하기도 했다.(안타깝게도 그저 그런 사내의 하나가 되어버렸지만.) 흐뭇한 미소로 내 어깨를 두드려 주던 그에게서 어디 가서든 전도양양한 젊은이, 해병의 기백을 잃지 말라는 당부도 들었다.

이제 자리에서 일어날 무렵이었다. 그가 번쩍 일어서더니 책상 위에 놓여 있는 작업모를 찾아 썼다. 그리고 군복을 빳빳하게 당겨서 입고 강철같은 차렷 자세를 취하더니 나의 마지막 경례를 힘차게 받아 주었다.

그야말로 빈틈없이, 해병의 전통과 기상이 살아 있는 팔각모를 똑바로 눌러쓰고 팽팽한 다림질이 날을 세우고 있는 완벽한 군복 자세를 보여주었다. 가슴에는 붉은 명찰이 빛을 발하고 해병 마크 위의 황금독수리가 찬란하게 날개를 펼쳤다. 그는 순식간에 강하고 근엄하며 자신감에 가득 차 있는 일선 지휘관의 모습이 되었다.

그때 나는 완벽한 해병대 상징에 육박하는 한 군인을 보았으며 그의 복장을 통해 살아 숨 쉬고 있는, 한층 더 강화된 해병의 혼을 보았다. 내가 얼마나 자랑스럽게 그 집무실을 나왔는지 모른다. 돌아오는 내내 부대를 몇 번이나 뒤돌아보며 벅찬 가슴을 안고 떠나왔다. 이렇듯 고양된 인품이 저절로 우러나와 복장과 적절히 배합되어 있는 상태, 그런 멋진 복격이라면 얼마든지 '대환영'이다.

오늘도 나는 옷을 입고 사람들을 만나고 일을 한다. 출근 때마다 거울을 보며 셔츠 깃을 단단히 당기고 넥타이를 다시금 매어본다. 어떤 경우든 내 옷차림을 통해 내게 관심과 호감을 표해주는 사람이-당시의 나 같은 사람이-분명히 있을 거라며.

(2005)

손씻이

 원래 면을 좋아해서 점심으로는 면 종류를 많이 먹는 편이다. 주로 구수하고 시원한 다랑어 국물의 우동 전문집이나 입맛을 돋우는 유니짜장이 소문난 중국집을 가기도 하지만 회사 근처의 작고 허름한 칼국숫집도 가끔 찾는다.
 출입문도 제대로 없는 시장길 가게이고 한 그릇 값이라 해 봐야 고작 2,500원이니 시장을 찾았던 할머니나 막노동하는 인부의 한 끼 식사로는 거뜬한 품이다. 겨우 2평 남짓의 작은 가게에는 테이블이 한 개, 벽에 붙여 놓은 식대가 있다. 열 명 정도만 돼도 한꺼번에 다 앉을 수 없다. 겨우 그릇만 올려놓고 먹는 식이지만 금방 내온 뜨거운 칼국수 맛에는 친구들과 함께 먹던 학창 시절의 추억이 서려 난다.
 작년 겨울의 일이었다. 바람이 맵고 어깨가 움츠러드는 한겨울의 점심으로는 뜨끈뜨끈한 칼국수 한 그릇이 그저 그만이다. 김이 무럭무럭 나는 진득한 국물에 푸른 대파와 애호박이 둥둥 뜨고 고소한 참기름에 짭짤한 양념장이 입맛을 기막히게 잘 돋워 준다. 그릇 속 살아 숨 쉬는 쑥갓 위에 통깨도 잘 올라앉았다. 그 위에 고춧가루도 치고 후추도 살살 뿌려준다. 나무젓가락으로 저은 후 일단 뜨거운 국물부터 맛보고 가락을 떠올려 먹으면 금세 군불 땐 온돌 아랫목에 등을 붙이고 누운 기분이 된다. 맛난 칼국수는 그런 맛의 향연이다.

점심시간이 되어 문득 그 생각이 떠올라 직원들과 함께 가자고 하니 하나 같이 고개를 흔들며 모두 급한 일이라도 있는 듯이 도망친다. 하긴 너무 허름한 가게라 뭐라고 할 수도 없는, 위생 불량에의 의심과 형편없는 식당 분위기에 질겁의 고갯짓을 하며 도망치는 게 충분히 이해된다. 하지만 뭐 어떠랴. 내 입성이 시장의 노무자들과 어울리지 못할 이유는 자갈치 뒷바닥을 온통 훑고 다녀도 찾을 길 없다.

군용 판초 우의를 입고 비가 투닥이는 흙바닥에 앉아 파란 깍두기 몇 점, 하얀 콩나물무침만의 반찬만으로, 철모를 타고 내린 빗물이 꽁보리밥에 뚝뚝 떨어져도 맛나기 짝이 없는 미제 '스푼'질을 하였는데 갖은양념의 한겨울 칼국수가 어찌 진수성찬이 되지 않을쏘냐.

회사에서 나와 두어 블록을 걸어가 가게로 들어섰다. 주인아주머니는 넥타이를 맨 내가 좀 부담스러울지 몰라도 나는 그녀가 반갑다. 달달 볶은 파마머리의 억척스러움에 삶의 역동이 그대로인 아름다운 사람이다.

입구 쪽의 자리를 찾아 '칼국수 한 그릇 주시오' 하고 앉으니, 안쪽에서 낯이 익은 아주머니 두 분은 열심히 젓가락질이다. 팥죽색의 유니폼을 입은 두 사람은 회사 건물의 청소부다. 가볍게 눈인사를 건넸지만, 두 분은 아는 내가 불편한가 보다. 더 이상 아무 말도 하지 않고 색바랜 '알루미늄 오봉'에 날라져 온 칼국수를 나도 씩씩하게 들기 시작했다.

칼칼했던 목이 즉각 시원해지고 뜨거운 국물이 차가운 구두 속의 발가락까지 꼬물거리게 한다. 밖에는 칼바람이 불어치건만 김이 펄펄 이는 커다란 국솥의 칼국숫집은 더운 기운이 가득 찼다. 열기에 굳은 볼이 다 풀린다. 국숫발과 김치 조각을 부지런히 우물거리면서 눈을 돌려 보니 주방 칸막이에 밀가루 손자국이 잔뜩 묻어 있다. 시멘트벽의 다 떨어져 나간 가격표가 밖의 바람에 흔들거린다. 벽지 대신 광고지도 발라놨다. 바닥엔 흘린 국물이나 휴지 조각도 보인다. 고단한 삶의 흔적이 가게 전체에 숙명처럼 달라붙어 있다.

맛나게 먹고 있는 차에 아주머니들이 먼저 일어나신다. 두 사람 점심이 겨우 5,000원이면 푸짐해진다. 값을 치르려고 하기에 얼른 주인에게 내가 일렀다.

"저기, 제가 드릴 테니 그냥 가시도록 하세요."

두 사람이 약간 어리둥절하며 자기들이 내겠다고 다시 말하는 것을 제지했다.

"우리 사무실에도 오시잖아요? 제가 사드리고 싶어서 이러는 걸요. 괜찮습니다."

그제야 어쩔 줄 몰라 하던 얼굴이 풀리더니 고맙게도 공손히 내게 인사를 하고 가게를 나서는 두 사람이었다.

"손씻이는 아끼지 말라, 적은 돈으로 사람을 사게 된다."

이건 선친께 배운 교훈이다. 그 시대 어른은 품이 한참 컸다. 특히 가난한 사람에게 쓰는 돈은 후하게 쳐줬다. 6·25가 터져 피란민들이 남포동 길가에 오갈 데 없이 줄을 잇고 앉아있자, 사설 주먹밥을 해내어 자선을 베풀었다. 비 맞은 우산 장수 아이에게는 비닐우산값을 두 배로 줬고 열심히 광을 내준 구두닦이에게도 가욋돈을 쥐여 줬다. 그게 손씻이다.

어떻게 보일지는 몰라도 나는 거스름을 잘 받지 않는 편이다. 어디서 숙박을 해도 침대 한편엔 돈을 두고 나왔다. 택시는 동전을 받지 않고 수고한 남에게 건네는 적은 돈은 아끼지 않는다. 겨우 몇천 원, 기껏해야 오천 원쯤의 돈으로 그들로부터 존중받게 된다.

상대의 수고에 대한 예상치 못했던 배려. 주는 자나 받는 자나 기분이 좋아지게 마련이다. 특히 베푸는 자는-적고 손쉬운 돈으로-한결 여유로운 대인의 풍모로 인정받을 수도 있다. 물론 그런 대접을 기대하고 돈을 건네지는 않지만 어떤 경우든 결과는 좋다. 그저 내 기분뿐이겠으나 손씻이의 효과는 의외로 크다.

이후로도 아주머니들은 건물 안 곳곳에서 나와 마주쳤다. 주차장에서도 화장실 앞에서도 그리고 비상계단에서도 우연히 만났다. 그때마다 그들은 겨우 2,500원의 점심을 샀던 내게 그럴 수 없을 만큼의 고마운 미소를 보내준다. 쑥스럽기까지 했지만, 그런 응대와 그런 사람들이 좋다. 적은 돈, 작은 배려에도 감동하며 잊지 않고 기억해 주기 때문이다.

나는 비록 영악했는지 몰라도 적어도 그러한 습관은 그 누구에게도 해가 되지 않음을 안다. 동시에 수고해 준 사람들에게 더욱더 관용적이어야 함을 깨닫기도 한다. 작은 손씻이가 사람을 움직이게 한다. 그리고 자신에게 돌아오는 기쁨은 그 액수에 비할 바가 아니다.

(2005)

손가락

거래처 사장이 다쳤다는 전갈을 받고 공단 내의 병원으로 향했다. 경쟁사에 납품하던 그이는 우리 회사와의 거래로 인해 기존 납품처에서 쫓겨났고 그로 인해 어려움을 겪은 사람이었다. 당시엔 사실 나 역시 그리 편한 처지는 아니었지만 그래도 세상에는 신의가 있어 막막한 처지의 그를 하청 업체로 택했고 여태껏 꾸준히 거래하고 있다. 하지만 아무래도 경쟁사보다는 납품액이 적으니 미안하기도 했던 터였다. 손익계산을 떠나 그의 선택이 내게는 나름으로 고마운 점도 있어 모르는 척할 수 없었다. 더구나 큰 부상이라 하니 들여다봐야 할 일종의 의무감도 있었다.

공단 안에 있는 병원은 주로 상해를 입은 환자들을 다룬다. 나아가 안전부실로 인한 추락이나 절단, 심지어 폭발이나 화재에 의한 사고도 긴급히 대응한다. 그러다 보니 응급외과가 주종으로 공단병원은 입구부터 긴박감이 감돈다. 작게 꾸며진 정원에 환자복을 입은 몇몇이 상처 입은 팔다리로 목발을 짚고 다닌다. 휠체어에 링거를 매달고 앉아있는 사람도 유기견 같은 슬픈 눈동자를 하고 붕대를 감았다. 보는 가슴이 저려온다. 대부분 가난한 집의 가장들이 죽도록 일하다 다친 부상이다.

사람도 별로 없는 병실로 조용히 들어서니 침대 끝에 앉았던 그가 붕대를 감은 손으로 벌떡 일어나 반긴다. 손사래를 치며 인사를 하고 그를 도로 자리에 앉혔다. 손가락 두 개의 절단. 두 개라고는 하나 왼손, 다행히 끝마디만 잘렸고 두 번째 관절은 살아남았다. 물건을 집기가 한결 수월하니 불과 몇 밀리미터 차이의 행운이다. 불행 중 다행이란 말이 실감 나는 장면이다. 내게 사고 경위를 설명하는 사람이 겸연쩍게 웃는다. 본인의 실수도 아닌 사고였건만 외려 자신의 조심성 부족과 불운을 탓한다. 미안할 일은 하나도 없는데 그저 부끄러운 일이라 생각하는 모양새다.

반대쪽 맨손은 오랜 기간 공장에서 잔뼈가 굵은 사람의 상징 같다. 뭉툭하고 커다란 손, 손톱 밑에 기름때가 마치 노동자의 낙인처럼 박혀있다. 공고를 졸업한 이후로 기계를 만지며 쉴 틈 없이 살아온 팔뚝과 거친 손이다. 로봇의 팔인들 저만큼 정확하게 움직이고 많이 썼을까. 거기에 붉은 피가 뜨겁게 흐르는 팔이다. 가족들은 눈물을 흘리며 상심하겠지만 재활의 과정을 거쳐 더욱 부지런히 기름칠하고 용접불꽃을 튀어 오르게 할 손이다.

어쩌리. 어디 우리가 손 다친 사람 한둘 봤느냐며 별 쓸 모도 없는 위로를 하고 자리를 일어섰다. 성한 손을 굳게 잡고 얼른 나아 소주나 한잔하자고 '노가다'같이 이야기하고 나왔다. 밖으로 나오니 일하는 시간의 태양이 뜨겁다. 발에 걸리는 돌멩이를 걷어차는 마음이 울컥한다.

마침 점심이라 근처에 있는 예전의 단골집에 들르기로 했다. 조용하며 정갈하고 맛이 좋은 집이었다. 손님이 북적이는 곳도 아니고 깨끗한 방바닥에 앉아서 음식을 들 수 있는 곳이라 편하기도 하다. 계산대 근처에는 늘 신문을 쌓아 놓는지라 슬쩍 보니 몇 종류다. 관심이 가는 신문을 한 부 집어 들고 자리에 앉아 목하 세상사를 열심히 탐구하기로 했다.

시킨 음식이 나오고 여전히 변치 않은 반찬 맛도 즐기며 식사하는 중, 웬 중년 사내가 문을 열고 들어서더니 내 앞의 탁자에 털버덕 자리를 잡았다. 언뜻 쳐다보니 상당한 덩치에 반소매 티셔츠 아래로 나온 팔뚝이 굵직하다. 하지만 기름쟁이 노동자의 팔은 아니다. 그저 잘 먹어 두툼하게 살이 붙은 팔이다.

밥을 한 술 들고 다시 신문에 눈을 올리는 순간, 갑자기 그가 내 옆에 나타났다. 그의 두툼한 발이 내 곁에 서 있다. 희미하게 '신문 좀~'이란 소리가 끝나기도 전에 사내는 달랑 두 장의 신문만을 남겨 놓고선 그대로 들고 자기 자리로 가버린다. 제 맘대로 들고 간 신문을 쭉 펼치고선 의

기양양하게 앉아 이쪽은 쳐다보지도 않는다.

　황당하다. 입에 밥은 들었고 그렇다고 해서 대놓고 한 소리 질러버리기엔 작은 일 같다. 성질대로 핏대를 올리거나 큰소리라도 오갈 양이면 따뜻한 밥이고 맛난 반찬이고 간에 그대로 끝장이다.

　잠시 망설였다. 그래… 오랜만에 즐기는 식도락을 저런 무뢰한 때문에 냅다 걷어찰 수야 없는 일이지. 참자. 그렇다 해도 나 혼자 헛웃음이 나오는 건 어쩔 수 없다.

　"허 참 나…. 허허…."

　다시 벌레에게 뜯겨나간 듯한 신문이나마 그대로 열중, 식사를 끝냈다. 계산을 끝내고 믹스커피를 한잔 마시며 녀석을 쳐다보니 밥을 우물거리며 먹는 꼴이 양돈장 돼지 같다. 역겹고 괘씸하다. 훔쳐 간 신문에 열중인 그 친구에게로 갔다. 그리곤 내가 보던 달랑 두 장의 신문을 그의 식탁 위에 건네주며 던진 말.

　"여기 나머지 신문 있으니 많이 보시오."

　힐끔 쳐다본다 싶긴 하였는데 제대로 말도 없다. 내가 그대로 돌아섰기 때문인지도 모르겠다. 빌어먹을 신문짝을 들고 있던 그는 아무 움직임도 없다. 어쩌면 찔끔 미안을 느꼈을 수도 있겠지만, 처음부터 그 정도의 인격인 친구이니 이쪽에서 뭐라고 하든 눈도 깜짝 안 할 놈이다.

　내 눈에 들어온 그이의 손가락. 징그럽게 털도 붙은 데다가 기름도 잘 올랐다. 온 식구의 부양을 위해 밤낮으로 일하며 가장의 책임과 의무를 다하던 손가락은 피곤에 절어 아차 사고에 세상과 하직하여 버렸다. 하지만 댕강 잘라버려도 별로 아깝지 않을 그 돼지 인간의 손가락은 이기와 무례의 풀로 잘도 붙어있다. 식당 밖에 나오니 태양은 여전히 뜨겁다. 대체 신은 무엇을 하고 계시길래.

  신께서는 인간을 벌줌에 있어서 양심이나 예의가 있고 없고는 별로 중요치 않은 모양이다. 그게 아니라면 신의 손가락 형벌의 집행 실력은 그야말로 엉망이다. 대체 어디를 향해 조준하냐며 비난받아 마땅한 신이다. 멍청한 하느님을 향해 분노한 가운뎃손가락을 치켜들었다가 차에 시동을 걸고 다시 회사로 돌아왔다.

(2010)

돌아서는 이의 등

　사람이 살아가면서 남과 엮이지 않기는 힘들다. 다사다난한 세월을 살아가며 부대끼며 살게 마련이다. 대학 전공이 조선공학이라 학창 시절부터 관심이 있었지만, 지인이 권유하여 연맹에 가입했고 그냥 흘려보낸 세월도 경력이랍시고 이사라는 직함까지 달아 명함도 지니게 되었다.
　며칠 전의 일이다. 나를 연맹에 소개했던 지인에게서 전화가 왔다. 전횡과 회계상의 문제로 부회장을 갈아치워야겠으니, 긴급이사회를 열어 당사자와 진퇴에 관한 담판을 짓자는 기막힌 이야기다.
　부회장과 나는 각별했다. 연맹에 필요한 일이 있을 때면 부족한 내게 자문하기도 했고 대한요트협회의 전문위원으로 천거도 했던 사람이다. 그런 사람이 구설에 휘말려 후배들로부터 내침을 당해야 하나 생각하니 가슴 한편이 싸해졌다.

밤의 요트장은 황량했다. 배들이 정박해 있는 폰툰을 뚜벅뚜벅 걸어가는 마음이 평소와 같지 않다. 미리 알려준 낯선 배에 올라섰다. 아이러니하게도 선명이 '희망봉'이다. 캐빈에서 희미한 불빛이 비쳐 나온다. 허리를 굽혀 안을 들여다보니 해도 책상 앞에서 두런거리는 칠팔 명의 사내가 있다. 담배 연기가 자욱하다.

다 아는 면면들이다. 들어가 한쪽에 자리를 잡고 가만히 이야기를 들었다. '외부에서 부회장 혼자 다 해 먹는다고 욕을 해대서 창피해 죽겠다.' '돈을 어떻게 썼는지 몇천만 원이 빈다.' '경리 여직원도 연맹의 기밀을 자꾸 누설해서 이참에 잘라야겠다.' 설왕설래, 말이 길어지고 안 그래도 험한 인상들이 더 굳어졌다. 하지만 그리 조리 있게 들리지는 않는다.

한 마디 물어봤다. "어쩔 건데요?" "좋게 말하고 나가라고 하지 뭐, 안 나가겠다면 표결에 부치고." 좌장 격인 J 선장이 단호히 말한다. 그이의 구레나룻이 꿈틀거리는 것 같다. 나도 모르게 신음이 나온다. "너무 사람을 몰아세우진 마십시오. 많은 공이 있고 그만한 사람이 드뭅니다. 명예롭게 퇴진시킬 좋은 방도도 생각해야지요." 이른바 역적모의에서 조금 삐딱한 발언이 나온 셈이다.

내 말이 끝나자마자 다들 나를 미심쩍은 눈으로 바라본다. 똘똘 뭉쳐도 일이 될까 말까인데 동정표 같은 발언이라니 그들 마음에 들 리가 없다. 그러나 내게 당장 반격을 가하는 사람이 없다. 주동자가 둘 셋, 나머지는 피동적으로 손을 들고 있는 상태 같다. UDT 출신의 후배 하나가 돌격대같이 말한다. "아~ 씨~ 하려면 확실히 해야지요." 어디서 주워 입었는지 까만 군용 스웨터를 입고 있다. 머리엔 같은 색의 빵모자를 덮어쓰고 있으니 영락없는 현역 특수대원이다.

쏘아붙였다. "당신 맘대로 되는 거야? 확실이라니 뭐가 확실이야?" 까만 빵모자는 그냥 그대로 쏙 들어간다. 머저리 같은 놈.

내가 담배를 하나 꺼내어 무는 동안 이번엔 자기들끼리 갑론을박, 목소리가 커졌다 작아지기를 반복한다. 어쨌든 나만 빼고 임무가 하달되었다. 누구는 먼저 장부를 뒤져내 따지고 그 후엔 누가 물러나라 말하고 최종적으로 고문직을 권유하기로 정리되었다.

부회장은 혼자 자기 사무실에 앉아 있다가 우리를 맞았다. 다들 원탁에 둘러앉았다. 하지만 아무도 먼저 말을 꺼내지 않는다. 아까는 금세라도 깨부술 듯 기세등등하더니. 결국 부회장이 먼저 입을 열고 몇 가지 서류를 돌려 보인다. 연말의 수입과 지출 계산서, 간단한 회의록을 내어놓는다. 곁에서 보고 있으려니 안타깝기 짝이 없다. 하루아침에 불한당으로 낙인찍힌 꼴이라니. 난 아무 말도 하지 않고 그대로 있었다. 분담받은 역할도 없고 할 말도 없다. 서로 눈치를 보더니 결국 몇몇이 서류를 넘기며 입을 열었다.

"이거 문방구 값이 왜 이리 많이 들어갔습니까?" "차입금은 이쪽에 적을 것이 아니고 반대편에 적어야 하는 거

아닙니까?" 쥐꼬리만 한 연맹의 회계가 뭐 그리 대수인지 모르겠다. '이제 아까 작당한 대로 이야기들이 나오겠지…' 하지만 아무도 말을 제대로 시작하지 못한다. 의외로 부회장이 먼저 말을 꺼냈다.

"내 문제는, 나도 바쁜 관계로 이제 이곳에 와서 죽치고 앉아 있을 형편도 못 되고…. 난 그만두려고 했는데 회장님이 말리시니…." 허둥지둥한다. 얼굴은 붓기가 느껴질 정도로 굳었고 붉게 상기되었다. 시간은 자꾸 흐른다.

"조 이사님, 한마디도 안 하고 계시는데 뭐 어쩌면 좋겠습니까?" 웬 홍두깨? 난 매일 요트장에서 죽치고 사는 열성 당원도 아니고 그저 거수기 정도인데. 게다가 일은 자기들이 다 벌려 놓고선. 그러나 좋다. 어차피 자리에 앉아 있는 데다 빙빙 돌려 하는 말 가만히 듣고 있기도 힘들다.

"부회장님의 전횡과 회계 문제 때문에 진퇴를 논의하는 자리 아닙니까? 전 그리 알고 왔습니다." 그러자 다들 각자 맡은 임무를 완수하기는커녕, 반쯤 기어들어 가는 목소리로 엉뚱한 말만 해댄다. 결국 며칠 내에 회장에게 이사회의 의견을 들려주고 말씀을 들어보겠다는 얘기로 끝을 맺었다.

이 지경인데도 저녁 식사를 함께했다. 평소 같았으면 반주를 겸한 식사가 정겹기 마련이다. 형님 아우님 불러 가며 각자 모험담 비슷한 얘기도 해 가며. 하지만 오늘은 다들 쓸데없는 농담을 하며 억지 미소를 짓고 있다. 그 꼴을 바라보며 소주잔을 연거푸 두어 잔 들이켰다.

더 참지 못하고 말을 꺼냈다. 그가 어색하게 웃으며 나를 본다. "선배가 20년 넘게 혼자 이끌고 온 거 잘 압니다. 연맹을 위해서라면, 선배는 자기 돈도 다 털어 넣을 사람입니다. 하지만 운영에 급해서 차입한 돈을 이리저리 흩어지게 쓴 것 아닙니까? 실수한 겁니다." 그이의 얼굴이 일그러진다. 자책과 당혹감이 엉켰다. 좌중은 내 입만을 보고 있다. "인제 그만 손 놓으세요. 뒤로 물러 있어도 명예는 챙길 수 있습니다." 그는 물끄러미 소주잔만 쳐다보고 있다. 가슴에 드는 회한을 어찌 말로 설명하리. 선배가 불쑥 일어났다. 눈가가 벌겋다. 바라보는 내 눈이 쓰렸다. 먼저 자리를 일어나겠노라는 그를 내가 배웅했다.

밖의 거리엔 찬바람이 여전하다. 비 오는 현해탄을 건너며 얼음 같은 파도를 덮어쓰고도 웃으며 배를 조종했던 사람이다. "형님, 세상인심 탓할 것 없어요, 이젠 그만 후배들에게 물려줍시다." "알아, 잘 알지!" 그는 연맹의 자료가 들어 있는 가방을 들고 뚜벅뚜벅 뒤도 돌아보지 않고 뒷골목을 걸어 나갔다. 한참을 바라보다가 자리로 돌아오니 시끌벅적이다. 서로 잘하지 못했니 할말을 못했니 따지고 있다.

갈 사람은 가고 남을 사람은 남는다. 어차피 때가 되면 떨어져 나가야지. 세월에도 중력은 작용한다. 버티는 데도 한계가 있다. 돌아선 그의 등에 하얗게 내려앉던 달빛, 아직도 가슴이 서늘하다.

(2006)

燈夫

2

Sound the Trumpet

최후의 심판
왕이 되려던 사나이
Million Dollar Baby
Brassed off
프랭키와 쟈니
Sound the Trumpet
슈타들러(Stadler) 클라리넷 5중주
정경(情景)-풍경과 사람들의 이야기
수묵으로 빛을 열어 내리다
시벨리우스와 나
백경(白鯨)

최후의 심판

　순례자와 관광객이 뒤섞여 경사진 복도를 따라 긴 행렬을 잇고 있었다. 따가운 태양 아래였어도 대기는 습하지 않아 기분 좋은 날씨였는데 그만 사람들에 지쳤다. 다리도 아프고 맥도 풀려 함께 간 현지 가이드의 설명도 잘 들어오지 않는다.
　하지만 시스티나 소성당, 미켈란젤로가 그곳에서 나를 기다리고 있었다. 15세기에 만들어진, 폭보다 높이가 더 큰 직사각형의 회당. 여러 가지 색깔의 대리석이 박혀있는 바닥이 이채롭다. 그러나 여기서 누가 바닥의 장식 따위에 관심을 둔단 말인가. 세기를 지내오며 칭송받았고, 앞으로도 영원한 찬탄의 대상인 천장화와 벽화들이 성스러운 신의 영역으로 인간들을 끌어가고 있는데.
　붉은 옷을 입은 신부가 단상에 서서 나지막이 그러나 엄숙히 알린다. "조용히 하십시오!" 잠시 뒤에 또 "조용히 하십시오!"이 신성한 곳에서 시끄러운 자는 제단 앞에 꿇려서 심판하고 무서운 지옥으로 끌고 가 버리겠다고 외치는 듯하다.

천장에는 구약이 있다. 독단적이며 열정에 가득 찬 천재가 고독의 4년 5개월 동안 기형적으로 몸이 비틀어진 후에 마침내 신의 영광을 올려놓았다. 빛과 어둠, 해와 달, 물과 땅의 분리. 아담과 이브의 창조, 금단의 열매, 낙원으로부터의 추방. 노아의 제물, 대홍수, 술에 취한 노아가 장대히 펼쳐져 있다. 천지창조와 원죄 그리고 궁극적으로 신과 인간의 화해라는 대주제가 전성기 르네상스의 위대한 예술가에 의해 활자로부터 해방되어 신전에 현시되었다.

수십 명 인물의 모습이 묘사된 이 그림은 시스티나의 천장이라는 조화된 건축의 틀 속에서 살아 움직이는 거대한 유기체처럼 느껴진다. 미켈란젤로에 의한 이 그림의 외적 구성과 내적 통일성은 성경의 내용을 거대한 파도로 만들어 관람객들을 한 번에 다 쓸어가 버리는 듯하다. 신에 대한 경외심과 인간 미켈란젤로를 존경하는 마음이 나를 높은 천장으로 당겨 올리고 놓아주지 않는다. 겨우 목을 돌려 정면의 벽을 보았다. 눈앞에서 최후의 심판이 내려지고 있었다.

음울한 푸른 바탕 위에 적갈색으로 무리 지은 자들, 구원받았든 저주받았든 모두가 움츠려 몸을 떨며 자비를 바란다. 무덤에서 불려 나와 창조자의 심판을 받고 바닥으로 떨어지고 있는 자들은 곤혹과 비탄에 뒤덮여 있다. 강을 건너

천형의 나락으로 쫓겨나고 있는 죄인에겐 절망과 공포가 등을 후려친다. 구원조차도 두터운 대기를 뚫고 불안하게 상승하고 있다. '천지창조'로 생명을 내려준 신이 '최후의 심판'으로 선악을 다루는 절체절명의 순간이다.

엎드려 어쩔 줄 몰라 하는 군상의 영혼 위에서 젊고 건장한 신이 심판하고 있다. 굳게 다문 입과 높은 콧대, 단정한 이마와 거역할 수 없는 눈매에서 권위와 분노가 드러난다. 최후의 날에 인간을 심판하는, 근접하기 어려운 무한의 존재다.

곁에서 안타까워하는 성모 마리아가 있다. 구원받지 못하는 인간에 대한 연민을 담고 있는 표정이지만 신의 위엄 앞에서 그녀 역시 숙연할 수밖에 없다. 요한, 베드로, 바울 같은 성인과 실재인물도 많이 등장하고 있으나 모두가 오로지 경배하며 두려워할 따름이다.

순간 나는 신의 얼굴에서 피렌체 광장에 서 있는 젊은 다비드를 보았다. 골리앗을 노려보는 눈매와 종속물을 내려다보는 눈길의 차이는 있을지언정 전체적인 윤곽은 다르지 않다. 왜 둘을 닮게 했을까? 정의를 관장하는 신과 신의 정의를 실행하는 인간, 이 둘을 하나의 모습으로 생각한 결과가 아닐까?

다시 천장을 쳐다보았다. 네 귀퉁이의 삼각형 공간, 골리앗의 목을 치는 청년 다비드가 있다. 쓰러진 거인의 등에 발을 올리고 머리를 잡아 칼로 치는 장면이다. 혹시 승리한

다비드를 천장에서 벽으로 당겨내려 그 이미지로 심판자의 역할을 맡긴 것이 아닐까? 그렇듯 내 눈에는 신과 다비드가 동일인이었다.

벽화는 천장화보다 작업이 수월하다. 그렇다 해도 '최후의 심판'은 수많은 인물로 구성한 대작이다. 이미 노쇠한 미켈란젤로에게는 6년에 걸친 고난의 강제노역이었다. 축복받아야 할 천재성이 오히려 저주받게 된 셈이다. 무엇이 그에게 작업을 끝낼 수 있도록 만들었을까? 자신을 핍박하는 바티칸의 추악한 권력자들을 신에게 고발하고 동시에 젊고 빛나는 신으로부터 자신의 고단한 삶을 구원받으려 했음이 그 답이다. 그리고 그런 징후는 작품 곳곳에 존재한다.

어두운 조명. 다시 한번 「최후의 심판」을 바라본다. 허리가 굵은 단순한 몸통의 인물들이 고뇌하는 모습이다. 생기나 활기가 하나도 없다. 볼수록 한숨이 나온다. 최후의 날에는 저럴 수밖에 없으리라.

옆의 늙은 수녀가 오랜 세월 동안 그녀와 함께해 온 묵주에 입을 맞추며 흐느끼고 있다. 현실로 나타난 감동이 그녀에게 쏟아지고 있기 때문이다. 어쩌면 천사들의 웅장한 나팔 소리와 그들의 주를 찬양하는 노랫소리가 온통 그녀를 감싸고 있는지도 모른다.

나도 울컥했다. 거룩한 신성 때문은 아니다. 부여받은 천재성 때문에 평생을 고난으로 지냈던 미켈란젤로의 인생 역정과 작품 속 얼굴 가죽에서 우리 존재의 허망함을 느꼈기 때문이었다. 이럴 땐 생각에 잠기는 것보다 눈 감고 기도해야 한다. 신의 영광이 그의 아픈 영혼을 영원히 감싸 안아주기를. 아멘.

(1998)

왕이 되려던 사나이
(The man who would be king)

 좋은 영화는 때로 글을 쓰고 싶게 만든다. 내용이 좋아서만이 아니라 배우가 좋아서 게으른 내가 굳이 글을 쓰기도 한다. 이 영화가 그렇다.
 두 명의 주연배우가 나오는 영화다. 둘 다 영국인이고 톱스타이며 우열을 가리는 일은 불가능하다. 어느 영화에 나오더라도 무게감을 더해준다. 아무튼 남성적 매력을 지닌 배우를 꼽으라면 이 두 사람은 반드시 목록의 위쪽에 두어야 한다. 별표도 붙여두면 더 좋다.
 우선, 마이클 케인(Sir. Michael Caine). 영화 「줄루(Zulu)」에서 19세기 영국군 빨간 군복에 하얀 피스 헬멧을 쓰고 나왔다. 오만하면서도 자신감 넘치는 장교 배역이었는데 여자들이 한눈에 반할 만큼 아주 근사했다.
 이후에 출연한 영화가 「국제첩보국((The Ipcress File)」이었다. 과묵한 스파이 역으로 두꺼운 뿔테 안경을 끼고 나타났다. 영화 내내 의심과 갈등이 긴장감 있게 계속됐고 싸늘한 무표정으로 사람을 흠칫거리게 했다. 겨울, 톱밥 난로가 있던 삼류극장의 객석이었지만 주머니에 넣은 손이 진땀으로 미끈거렸다. 이후 배트맨 시리즈나 다른 영화에도 출연했으나 역시 국제첩보국의 '해리 파머' 역이 그의 대표적 인상이다.

또 유명한 숀 코네리(Sir. Sean Connery). 워낙 유명해서 굳이 언급할 필요조차 없지만, 007시리즈의 초대 제임스 본드, 가장 007답고 최고로 섹시한 이미지의 본드였다. 나이 들어 액션 영화배우론 끝인가 했는데 한참 후에 「더 록」에서 대머리에 하얀 수염을 기르고 나온 모습은 그야말로 중년의 롤모델, 더 멋있어졌다. 나중엔 인디아나 존스의 아버지 역으로도 나왔는데 정작 주인공인 해리슨 포드보다 훨씬 나았다.

두 스타는 빈한한 가정 출신이다. 하지만 이들은 성공한 사람이 흔히 그러하듯 특유의 의지로 끈질기게 기회를 포착하고 부단히 노력하는 삶을 살아온 사람들이다. 그래서인지 팔뚝이 굵은 남성상에 딱 들어맞는, 터프한 개성이 제대로 살아 나온다.

당연히 외모와 연기도 중요하지만 내가 그들을 좋아하는 이유는 다른 곳에도 있다. 그들의 발음과 목소리 톤이다. 빠르고 높은 스타카토의 잉글랜드 발음과 배 속으로부터 웅얼거려 목에 차는 듯한 스코틀랜드의 억양을 한 영화에서 동시에 맛보는 즐거움이 있기 때문이다. 마치 유니콘이 힘차게 평원을 달리고 사바나에서 갑자기 사자가 튀어나와 으르렁대는 격이다. 게다가 이 두 사람은 각자의 어투에 기막히게 잘 어울리는 표정과 제스처까지 그야말로 표본적 매력을 지닌 사람들이다. 그것이 내가 이 영화를 보는 주요 관점이다.

그런 점을 충분히 고려한 인물 설정으로 20세기 초쯤의 인도 주둔 영국군의 퇴역하사관이 그들에게 주어진 배역이다. 무슨 일이든 어떤 경우에도 침착하게 처리할 듯한 예리한 눈을 가진 사나이, 냉정하며 흔들림 없는 눈초리가 마이클 케인이다. 이에 반해 짙게 뻗은 눈썹을 지니고 과감하게 몸을 던지는 사내가 숀 코네리다. 입술을 살짝 벌려 말하면서도 그 속의 어금니는 지그시 다물고 있다.

마이클은 숨을 죽이고 차갑게 대응하는 쪽이고 숀은 거친 숨소리를 내며 과감하게 달려드는 사람이지만 두 사람 모두 신사의 면모를 잃지 않는 태도가 그들의 매력이다.

영화 내용도 재미있다. 친구이자 전우이며 같은 소셜클럽의 회원인 두 남자가 있다. 그들의 꿈은, 히말라야의 한 나라를 찾아내어 정복하고 왕이 되는 삶이다. 의기가 투합되자 둘은 인도 북부의 험난한 오지로 거침없이 떠난다. 가진 것이라곤 싸움의 기술과 배짱뿐이지만 험난한 눈보라를 뚫고 알렉산더 대왕만이 넘었다는 고산을 넘어 전설 속의 나라에 도착한다. 기지를 발휘하여 그곳을 통치하는 미개한 부족장을 굴복시키고 마침내 왕이 되어 숨어 있던 보물을 몽땅 차지한다. 여기까지가 행운과 실력에 의한 전반부다.

후반부에서 이야기는 달라진다. 자만에 판단이 흐려진다. 실리에 약은 잉글랜드 남자는 보물을 들고 돌아가자고 한다. 하지만 운명에 어리석은 스코틀랜드인은 그곳에 남아 왕위를 누리려 한다. 우여곡절을 겪지만, 피할 수 없는 종말이 찾아온다. 왕 노릇을 하던 한 명은 죽음을 맞게 되고 또 다른 이는 깊은 계곡에 굴러떨어진 친구의 해골을 찾아 들고 다시 그들 약속의 입회인이 있는 곳으로 돌아온다. 필사의 귀환은 3년이 걸렸다. 불구의 거지가 되기까지 걸린 시간이다. 영화가 끝나자 깊은 한숨이 나온다. 회한이 가득한 결말이다.

그 전에 이 이야기를 미국 출장길에 오르는 어느 친구에게 들려주었다. 남자란 이래야 남자라며. 그 억양이 주는 매력은 이랬다고 하며. 그리고 영화의 비디오테이프를 꼭 구해 달라며 사정하다시피 했으나 연락이 없었다. 어쩌랴 나는 다시 남자 아닌 '남자 인간'의 일상에 파묻혀 들어갈 밖에.

그러다 이 영화를, 아니 남자의 세계를 다시 보게 되었다. 관람 내내 귀 기울이며 자신만만한 목소리와 말투, 운명적 모험에 함께 부대껴 갔다. 내게 돼지 꼬리만큼 남아있는 원시적 기질도 불쏘시개 삼아 남성적 상상에 불을 질러 갔다. 다시 봐도 역시 두 사람은 남자였다.

시대가 그런 건지도 모르겠다. 어려움 따위는 잊고 사는 게 제일 마음 편하다 한다. 징징거리며 알랑대고 두려우면 피하고 본다. 녹작지근하게 허물어진 고구마가 이 시대 남자들의 자화상이다.

 누가 남자들의 **뼈**를 흐물거리게 녹여 버리는 걸까? 근육의 힘은 무식하게 보이고 강하면 거칠다고 말하는 요즘이다. 수레바퀴의 강철 축처럼 버티는 인내, 거친 파도에 뛰어드는 도전은 대체 누가 밥 말아 먹어 버렸나?

 운동이나 더 해봐야겠다. 일단은 쉽게 지지 않을 원시적 힘부터 필요하겠지. 꿈에라도 왕이란 게 되고 싶다면 말이다.

(2005)

Million Dollar Baby

 우선 영화의 줄거리 자체는 놀랄 만큼 기발하거나 대단하지 않다. 극적인 반전이 일어난다거나 가슴 떨리게 웅장하지도 않다. 그러나 사람을 끌어당긴다.
 모험보다는 선수 보호가 우선인 나이 든 관장 프랭키(클린트 이스트우드), 그는 과묵하고 너무 신중하다. 그와 함께 청춘을 보내온 한쪽 눈을 실명한 퇴물 복서 스크랩(모건 프리먼)은 체육관의 관리를 담당하고 있다. 하지만 그는 늘 청소하고 또 사실 청소부 대접을 받는다. 그리고 어느 날 낡아빠진 체육관을 찾아온 프로복서 지망생인 매기(힐러리 스웽크)-무려 31살의 식당 웨이트리스-가 극의 중심에 있다.
 이 셋을 엮어 이야기를 만들어 나간다. 열의로 가득 찬 매기는 어렵사리 프랭키의 트레이너 승낙을 받아 미친 듯 연습하고 시합에 나선다. 첫 시합은 도박장 같은 곳에서 벌어지지만, 일취월장에 승승장구로 마침내 챔피언까지 도전하게 된다.

그러나 마지막 매치에서 남자보다 더한 근육의, 더 못된 악질 표정의 상대 여자 선수에게 결국 패한다. 경기를 잘 이끌어갔지만, 비열한 챔피언의 반칙 펀치에 쓰러져 목뼈가 부러진다. 그리곤 그녀의 복싱은 끝이다. 몸은 쓰지 못하고 한쪽 다리도 자른다. 좌절감과 절망을 견디다 못해 혀를 물어 자살을 기도하기도 한다.

시합에 내보낸 자책감과 딸같이 생각하는 매기의 불구에 프랭키는 괴로워한다. 최선을 다한 간호였지만 희망은 없다. 하고 싶었던 것을 이루었고 더 바랄 게 없으니, 현재의 불행을 안락사로 마감시켜 달라는 매기의 소원을 들어준다.

흔한 소재들 중의 하나이다. 하지만 이 영화는 끝까지 진중하고 차분하며 사람의 감정을 아무렇게나 건드려 어디론가 몰고 가는 것이 아니라 슬픔을 참아 내게 하는 삶의 달관이 느껴진다.

울지 않고는 못 배기게 만드는 유치함이 아니다. 간신히 주체할 수 있을 만큼의 감정 조절로 사람의 말문을 닫게 만든다. 터뜨리지 않고 묵직하게 속으로 울음 울게 만든다. 그것은 감독의 역량이기도 하고 특질이기도 하다. 클린트 이스트우드 감독은 그래서 매력이 충분하다.

화면 구성은 정감 있는 장면들의 배합으로 우리를 끌어당긴다. 불이 번쩍거리며 튀어드는 장면의 연속이지도 않으며 화려하지도 그리 아름답지도 않다.

복싱이라는 운동을 존경하게끔 만드는 체육관. 블록이 그대로 드러나는 하얀 페인트 벽면. 그 벽에 붙어 있는 표어. 테이프를 칭칭 감은 오래된 샌드백. 낡은 트레이닝복을 입고 줄넘기와 펀치볼을 치는 선수들.

그곳에는 체육관보다 더 늙은 관장과 청소부가 있으며 돈을 지향하는 선수가 있고 날라리 건달들도 주먹을 단련한다. 이곳을 찾아 든 31살의 여자 복서 지망생. 머리를 뒤로 묶고 탄탄한 엉덩이로 버티고 서서 샌드백 펀치 훈련을 혼자서 열심히 한다.

'Winners are simply willing to do what losers won't.'
'Tough ain't enough.'

특히 억센 것만으로는 부족하다는, 복서들에겐 딱 맞아 들어가는 경구 옆에서 그녀의 눈이 빛난다.

조엘 콕스의 편집도 상당히 세련됐다. 약간 지루한 감이 드는 병실 간호 부분도 있지만 사실 그것은 우리 마음이 급해서이지 편집 자체의 템포가 느리다고 할 수는 없다. 음악 선정도 한몫했다. 유명한 가수의 노래로 인상 깊게 하는 수법을 쓰지 않고 그저 컨트리 스타일의 통기타 소리가 담담히 흐른다. 사람을 잔잔히 싸 안는다. 알고 보니 편집과 음악도 아카데미상에 후보지명 되었으며 역시 그리될 만했다.

카메라는 빛과 어둠으로 양분된 장면을 줄곧 인상적으로 잡아냈다. 그 의도는 절망 속에서 희망을 바라는 하나의 염

원처럼 느껴졌다. 어쩌면 그것은 늘 무언가를 선택해야만 하는 인간의 삶을 의미했는지도 모르겠으나 보는 사람들을 차분하게 만들어 무언가 깊이 있게 생각하게 하는 힘이 있었다.

영상은 올리브그린, 회색, 약간의 블루, 그리고 짙은 갈색이 주종이다. 얼핏 가라앉은 색 같지만, 노련한 시각의 색임을 알려준다. 하지만 아일랜드의 화려한 녹색과 글러브의 빨간색은 화면을 다시 생동감 있게 밝혀준다.

클린트 이스트우드는 강인함으로 나타나는 전형적인 남성상을 보여준다. 낮고 거친 허스키 보이스. 찌푸리며 옆으로 뜨는 눈. 세로로 난 입가의 주름살, 원숭이처럼 길고 탄탄한 팔뚝을 흔들거리며 걷는 걸음은 여전하다. 모건 프리먼은 늘 무언가를 속에 지닌 표정으로 상황을 파악하고 시니컬한 농담을 할 줄 아는, 따뜻한 맘을 지닌 내레이터 역할이다. 힐러리 스웽크는 이마 아래 눈이 깊고 강하다. 펀치를 날리는 동작은 약간 어설프나 그럴싸해 보인다. 잘 웃고 실망하는 표정에도 물이 올랐다. 극중 인물에 적격인 캐스팅이다.

힐러리 스웽크는 도전적인 대사를 내뱉는 장면에서 관객의 마음을 흔든다. 시종일관 모건 프리먼은 감정의 굴곡을 드러내지 않는다. 그러나 이를 악물던 클린트 이스트우드는 결국 눈물을 쏟아 낸다. 강한 것이 부러지는 장면은 안타깝지만 보다 더 인간적이란 것을 시사한다. 남우주연상을 주어도 나쁘지 않았을 것이다.

거의 완벽했지만 옥에 티랄까, 얼치기 연습생이 페트병에 든 얼음을 보고 하는 질문 장면은 없었어야 했다. 유머가 아니라 재해였다. 마지막으로 '모쿠슈라'라는 게일어를 아는가? 영화의 결정적 키워드이다.

이 영화는 어떤 일이든 희망을 품은 낙관주의가—성공 가능성이 높은 일이라 해도—대부분은 현실 앞에서 처절하게 패배한다는 사실주의 작품이다. 동시에 현실에서의 시련과 실패를 담담하게 받아들이는 삶에 대해서도 생각하게 만드는 영화다.

밀리언 달러 베이비* 내게도 그런 행운이 찾아와 줄까? 단 하나의 의미라도 이룰 수 있다면, 그것만으로도 일생이 가치 있을 수 있겠다. 그리고 이 모든 것을 뛰어넘는 연륜의 인생은 너무나 멋있다.

* 1센트짜리 물건만 모아놓은 1센트 상점에서 백만 달러 이상의 값어치가 있는 물건을 찾아낸다는 1970년대 미국의 노랫말에서 따온 것으로 전혀 기대하지 않았던 곳에서 보물을 얻는다는 뜻.

(2006)

Brassed off

「브래스드 오프(Brassed off)」. 영국영화이고 따로 번안 제목 없이 원제 그대로이다. 구태여 직역하면 '무지 열 받는다' 정도인데 분노한 브라스밴드가 등장하는 내용이므로 기막힌 제목 선택이다.

감독은 마크 허만, 잘 모르는 감독이다. 배우는 탄광 밴드의 리더 대니 역으로 피트 포스틀스웨이트(아버지의 이름으로란 영화에서 다니엘 데이 루이스와 열연했다) 밴드 단원인 앤디에 이완 맥그리거, 전 리더의 딸 글로리아 역에 타라 피츠제랄드가 등장한다. 셋 다 유명한 연기파 배우이고 조연진도 연기가 무르익은 사람들이다. 이쯤 되면 영화는 뜨거운 커피와 설탕, 향이 연한 위스키와 차가운 생크림이 모두 들어있는 아이리시 커피와 같은 영화가 된다. 보는 맛이 있다는 얘기다.

다만 내게는 그런 제작 정보나 출연진이 중요한 게 아니라 당시 탄광 노동자들이 견뎌내야 했던 실제 삶의 모습이 궁금했다. 1992년 영국의 한 탄광촌에서의 일, 보수당 정부의 정책들이 정점을 향해 가고 있던 시절이다. '철의 여인' 대처가 밀어붙인 신자유주의는 10년 넘게 노동조합을 사회악으로 규정했다. 특히 석탄산업은 경제성이 없고 미래지향적이지 못하다며 직격탄을 맞았고 그에 따라 폐광이 잇따랐다. 이 영화는 그녀와 보수당의 정책에 항의하는 메시지를 담았다. 이른바 '프레카리아트(precariat)'라 지칭되는 무산계급 노동자가 처절하게 살아가는 모습이 펼쳐질 걸로 생각했기 때문이다. 그리고 과연 절절했다.

저녁 무렵에 신문을 펼쳤다. 볼 만한 티비 프로그램이 없나 해서였다. 아, 그 영화. 브래스드 오프. 사실 내용은 흔하다면 흔한 소재이고 또 위대한 주제를 다루지도 않았다. 하지만 감독이 썩 좋았다. 물론 원작자의 의도는 충분히 있었겠지만, 영화를 끌고 가는 힘은 어디까지나 감독의 의지이고 역할이다. 음악은 당연히 양념 역할을 톡톡히 해낸다. 게다가 영국인 특유의 위트와 유머가 어떤 경우에도 삶에 닿은 끈을 놓지 말라며 사람을 바로 세운다. 그 점이 돋보인다.

대강은 이렇다. 요크셔지방에 탄광이 있다. 더 이상 경제적 가치가 없는 산업이다. 회사는 문을 닫기 일보 직전이다. 가난한 광부들은 구조조정에 힘들어한다. 폐광에 대한 찬반투표를 앞두고-사실 내부적으로는 몇 년 전에 벌써 폐광이 결정되어 있었지만-명퇴금을 받고 그만두느냐 아니면 끝까지 투쟁할 것이냐로 서로 힐난하며 다투기도 한다. 하지만 그들은 동료애를 잃지 않는다. 그 구심점은 그들의 브라스밴드며 밴드의 정점은 리더인 대니다. 영국다운 100년의 전통을 간직한 밴드, 탄광이 생긴 후 곧이어 탄생한 밴드라 보면 된다.

그때 나타난 여자는 전 악단장의 딸, 글로리아다. 그녀가 새로이 가담하여 밴드에 활기를 불어넣는다. 그럼에도 생계의 현장은 더욱더 어렵게만 이어져 간다. 밴드 단원 간에도 서로 얽힌 가슴 답답한 이야기가 전개된다. 예컨대 빈익빈의 현장이다.

그런 중에 대니가 진폐증으로 쓰러지지만, 그가 얼마나 음악과 밴드를 사랑하는지 잘 알고 있는 단원들은 의기투합하여 브라스밴드 경연대회에 참가한다. 드디어 앨버트 홀에서 본선 진출 자격을 얻고 돌아오나 결국 폐광이 결정되어 사람들은 뿔뿔이 흩어진다. 악기를 파는 단원이 생기고 가족이 떠나버리는 경우도 생겨난다.

우여곡절을 겪지만 결국 최종결승 경연에 참여하여 영광의 우승을 차지한다. 우승 소감은 다 죽어가는 대니의 몫, 그의 말에 당시 노동자의 삶과 그것을 바라보는 감독의 시각이 고스란히 나타난다.

"제게 음악은 소중합니다. 그러나 뭔 헛소리랍니까? 인간의 소중함에는 비할 바가 아닙니다."(I thought that music mattered. But does it? Bollocks! Not compared to how people matter.)

　뒤이어 탄광산업과 함께 몰락하는 자신들의 처지를 한탄하고 가해자에 대한 신랄한 비판을 내뱉은 후 식장을 떠난다. 무개 버스에 올라탄 밴드가 국회의사당의 시계탑 밑을 지나며 엘가의 '희망과 영광의 땅'을 연주하는 장면이 엔딩이다. 우리의 일터는 쓰러져가지만, 우리 자신들은 절대 쓰러지지 않겠다는 의지가 그들의 얼굴에서 그대로 드러난다.

　변화되어 가는 사회에서 결국 소외되는 사람들. 고달픈 삶의 단면과 살아남기 위한 인간적 고뇌가 고스란히 펼쳐진다. 차마 죽을 수 없기에 택해야 하는, 삶에 대한 피동적 의지가 안쓰럽다. 하지만 포기할 수 없는 삶 속에서도 곳곳의 작은 감동이 관객을 놓아주지 않는다. 그것에 더해 인생의 진정한 가치는 뭘까, 치열한 경쟁 사회에서의 지도자들은 대체 어떤 식으로 국가를 경영해야 하나를 생각하게 만든다.

　대부분 사람은 불안정한 생활 가운데에서 도덕적 의지에 의한 결심을 쌓아가며 자신의 인생을 만들어낸다. 이 영화는 어려움에 그대로 무너지느냐 아니면 무언가라도 인생의 낙을 삼아 끈질기게 살아가야 하느냐는 선택을 내어 보인다. 결론적으로 대책 없이 떠밀려 살아도 그럭저럭 삶을 이어갈 수 있다는 체념의 미학을 우리에게 보여주고 있는지도 모르겠다. 인생살이에 아무리 힘든 상황이 닥쳐와도 한 알의 해열진통제 같은 '감동의 순간'으로 그나마 잘 넘길 수 있다며 울먹이는 듯하다.

  대영 제국의 영광을 온몸으로 떠받쳤던 영국의 석탄산업은 1990년대에 완전히 몰락한다. 그 결과로 25만 명의 탄광 실직자가 생기게 된다. 만약 영화의 대사처럼 다른 동물이 그 수만큼 죽게 된다면 그야말로 온 세상이 떠들썩했을 것이다. 몰인정과 냉대로 인해 무너져가는 우리의 동류, 그중에서도 몰락하는 인간은-프레카리아트라 불리는 하층계급-어떤 도움을 받을 수 있을까? 동정받지 않고도 희망적 삶을 꾸려가는 방법은 도저히 없겠는가? 불행하지만 그 누구도 제대로 된 설명이나 해결책을 장담할 수 없다. 어쩌면 그들이 다시 일어설 기회는 우리들이-비록 같은 약자이지만-그들의 야위고 떨리는 손을 굳게 잡아줄 때 생겨날지도 모른다. 어떻게든 될 거라며 다리에 힘을 주고 굳게 일어설 수도 있다. 약자에게 건네는 우리의 손을 나는 감동이라 부르련다. 그리하여 세상 곳곳에서 그들의 브라스밴드가 연주하는, 위풍당당한 행진곡을 다시 들을 수 있게 된다면.

(2004)

프랭키와 쟈니

「프랭키와 쟈니」란 영화가 있다. 원제는 「Frankie & Johnny」. 재작년인가? 우연히 티브이 영화를 보았다. 더구나 처음부터도 아니고 중간 어디쯤에서 보기 시작했을 뿐, 금세 영화에 빠져들어 가지도 않았다. 티브이에서 방영하니 엔간해서는 질 낮은 영화가 아니겠지만 다만 좋아하는 배우, 그것도 두 사람이 모두 주연으로 등장하는 영화였고 그들의 배역도 특이하다면 특이해서 눈길이 간 영화였다.

프랭키, 쟈니 어찌 보면 모두 남자 이름 같지만, 프랭키는 미셸 파이퍼, 쟈니 역에는 알 파치노가 등장했다. 정신없이 바쁘게 돌아가는 뉴욕의 한 레스토랑이 주무대이고, 스치는 장면 장면마다 상대에 관한 관심을 드러낼 듯 말 듯하지만 이른바 '신경 끄고' 밝게 일하는 두 사람이었다.

'재미나는걸? 어떻게 될까?' 궁금했지만 사실 나는 영화를 제대로 다 보질 못했다. 심지어 방영 채널을 다른 곳으로 옮기기도 하고 또다시 들여다보기도 했으니 집중해서 봤다고 할 수 없다. 다행히 결정적인 장면만큼은 다 본 듯하다.

고함을 치며 음식을 조리하는 주방과 전쟁터같이 음식을 주문받고 나르는 웨이트리스들, 각자의 직무에 맞게 행동하면서도 서로 손발이 척척 맞아들어가는 장면들. 파티장에서 나와 꽃가게 앞에서의 키스 장면과 프랭키 집에서의 하룻밤 장면이다. 이 영화의 백미로서 두 사람의 운명과 인연을 예감하게 한다. 나머지는 다 곁다리다.

프랭키와 쟈니는 고단하고 외로운 삶을 살아내고 있다. 펜실베이니아 출신으로 수표 사기를 쳤다가 옥살이하고 나온 사람이 쟈니다. 18개월의 감옥살이에 마누라는 재혼했다. 아이는 새아빠 집에서 참으로 행복하다. 그는 이제 외롭지 않을 수 없는 사람이 되었다. 하지만 그는 대책 없을 정도의 낙천주의자. 따뜻한 품성인 쟈니는 늘 주위 사람에게 기쁨을 주는 활달한 모습이다.

고등학교를 중퇴한 프랭키는 아름답다. 하지만 그녀는 남자로부터 상처받은 여자였다. 전 남편의 구타로 아기를 가질 수 없는 여인, 이젠 사랑이 두렵다. 고독한 독신주의자가 아니라 더 이상 상처 받고 싶지 않아 도피한 여인이다. 작은 집에서 함께 지내는 개와 티브이가 유일한 안식이다. 그럼에도 그녀는 어디선가 멋진 왕자가 자신을 찾으러 오는 희망을 놓지 않았다.

사랑을 두려워하는 소심한 웨이트리스와 감자를 장미 모양으로 깎아주는 손재주가 고작인 요리사는 신이 정해준 운명대로-둘은 딱 맞는다-사랑의 탐색전을 시작하게 된다. 주변 인물들도 왔다 갔다 한다. 그들은 오가며 사건을 만들기도 하고 둘을 엮기도 한다. 두 사람도 마주쳤다가 멀어지고 또 서로 당기는 진행이다. 화면 구석마다 세심하게 짜인 인물과 장치들이 재미난다. 조연들도 빛나고 따뜻하다.

 감독인 게리 마샬은 눈 크고 입 큰 여자가 나오는 '귀여운 여인'을 만든 다음에 이 영화를 만들었다. 허무맹랑한 이야기로부터 그야말로 사실주의, 실제 존재하는 사람들의 이야기를 펼쳐 놓았다.

 둘 다 따뜻한 시각의 영화니만큼, 감독 역시 삶과 사랑에 대한 희망을 품고 사는 사람일 것이다. 그래서인지 영상은 전반적으로 밝다. 때로는 매우 화사하다. 조명 기술이 좋고 카메라워크와도 잘 어우러진다. 밤의 장면에서도 외롭고 차가운 장면만은 아니다. 고독한 상황이라 해도 등장인물의 모습에 밝은 희망을 심어 놓았다. 관객이 등장인물을 포기하지 않게 만들어냈다. 착한 감독이다.

 다 떠나서 남녀 주연배우가 워낙 뛰어나다. 감독이 누구든 조명이 어떻든 음악이 무엇이든 배우의 카리스마와 아름다움이 기막히다. 연기력은 누구나 다 아는 얘기고. 결국 다 좋았다. 특히 라디오 방송국에 전화를 걸어 두 사람 관계를 알리고 음악신청을 하는 장면은 보통의 가난한 연인이 누릴 수 있는 행복의 백미같이 느껴졌다. 우리에게도 그런 시절이 있었던가? 라디오 신청 음악이 우리를 행복하게 했던 그 시절이 새삼 그립다.

사랑은 이들에게 필수 불가결의 위안이다. 그것은 감미로운 환상일 수만도 없고 마냥 멋질 수만도 없다. 하지만 사랑만이 그들에겐 유일한 안식처다. 아니 사랑은 그들에게만이 아니라 이 시대를 살아가는 우리들, 어찌 보면 누구나 혼자인 우리들이 갈구하고 소망하며 때로는 뛰어들고 싶은, 물결치는 생명의 강물이다.

어두운 방, 지하철이 쿵쾅거리며 지나가는 소리가 들리고 창으로는 앞 건물의 네온사인 등이 명멸하는 어수선한 방 안, 둘은 조잡한 침대 위에서 사랑을 나눈다.

발가벗은 영혼, 발가벗은 몸 위로 쏟아져 들어오는 달빛. 짧은 속삭임과 깊은 호흡과 눈을 감고 서로의 몸을 찾는 두 사람의 뜨거운 열기와 그리고 그들이 나누는 진실한 교감 위로 달빛이 푸르게 흐른다. 삽입된 음악, 드뷔시의 피아노곡 'Clair de lune(달빛)'이 더욱 아름다운 곡이 되는 순간이었다.

상처 입은 여인의 소심함을 적극적으로 풀어내려는, 상실의 아픔으로 괴로워하던 사내. 비슷한 처지의 동병상련 위에 펼쳐진 진실한 사랑은 따뜻한 나눔이며 위안임을 알려준다. 동시에 희망을 향한 몸짓이 어떻게 펼쳐지는지 해피엔딩의 감미로움도 전해준다.

누구든 사랑하여 행복할 수 있다. 하지만 행복은 엄청난 금액의 은행 통장에 들어 있지도 않으며 명품을 둘러메고 있지도 않다. 가난한 시절에 주고받는 작은 선물에도 담겨 있으며 남과 여, 함께 밤하늘로 띄워 올리는 작은 노래 같기도 하다. 사랑한 다음 날 아침, 칫솔을 물고 서로를 바라보며 양치질하는 두 사람처럼. 그게 '프랭키와 쟈니'의 행복이었듯.

이 세상 모든 웨이트리스와 주방 직원에게 사랑을! 그와 같은 모든 이들에게도 사랑을!

(2004)

Sound the Trumpet

 토론토 어린이 합창단의 아름다운 화성과 함께 영화는 문을 열었다. 테니스 영화 '챌린저스'의 오프닝 장면에서 나온 노래, 익숙한 노래다. 영화는 생각보다 별로였다. 기억 나는 장면이 없다. 다만 내가 아는 음악이 나왔다는 게 전부다.

 필리핀에서 3년 반, 난 지루한 참호전을 치러내는 늙은 연대장 같았다. 가슴 어딘가에 총알이 박혀있고 어깨엔 대포 파편이 두어 개쯤 녹슬어가고 있었을지 모르겠다. 마치 진흙탕 참호에서 기어 나오듯 매일 아침을 이 음악과 함께 열었다. 음악을 들은 게 아니라 일종의 알람 소리처럼 덜 깬 상태에서 온몸으로 받아냈다. 이른바 기상 음악, 나름의 선택이었다.

 침대에서 겨우 일어나 반쯤 뜬 눈으로 컴퓨터를 틀면 가늘고 강한 쇠줄 여럿을 작대기로 치는 듯한 하프시코드의 경쾌한 도입부 연주가 나온다. 조금 더 정신이 들어 볼륨을 올리면 곧이어 카운터테너의 맑고 힘찬 노래를 따라 웅장하게 뽑아내는 트럼펫 소리가 올라붙는다. 잠시 후 젊은 여자가 나와서 밝고 힘찬 영국영어로 자신들의 녹음에 관해 설명한다. 금발에 붉은 뺨을 지닌-영리하게 보이는-그녀는 세계적 트럼펫 주자 '앨리슨 발솜(Alison Balsom)'이다. 워너 클래식(Warner Classics) 유튜브 채널에서 나오는, 그녀의 홍보 영상이 내 아침의 방에서 한껏 울려 퍼진다. 이때쯤이면 이미 나의 잠은 아파트 뒤쪽의 울창한 정글 숲으로 꽁지가 빠지게 달아나 버린 후다.

영상 속의 주요 음악은 '헨리 퍼셀(Henry Purcell)의 'Sound the Trumpet'과 헨델의 '신성한 빛의 영원한 원천(Eternal Source of Light Divine)'이다. 제목에서 알 수 있듯 음악이 이끄는 분위기도 그렇다. 전자는 사람을 힘차고 기분 좋게 만드는 경쾌함이 가득하다. 그러나 가볍지만은 않고 엄숙한 면이 버티고 있다. 후자는 맑고 곧고 진지하다. 지성과 영성으로 가득 찬 빛이 이마를 부드럽게 만지며 위안을 주는 듯하다. 두 음악만으로도 나는 전투에 임하는 기사의 갑옷을 입고 여왕 곁에서 위엄을 갖춘 귀족이 된다. 그것이 아침마다 이 음악을 꼭 들어야 할 필수의 이유였다.

헨리 퍼셀은 영국의 위인으로 불리는 작곡가이며 무려 200년이 지나 '위풍당당 행진곡'의 에드워드 엘가가 등장하기 전까지는 그 누구도 그의 명성에 근접하지 못했다. 불행히도 퍼셀은 막중한 책무와 과로에 시달려 불과 36살의 나이에 유언도 남기지 못하고 죽었다. 천재는 요절하기 쉬운 법, 그래도 우리에게 남긴 유산은 컸다.

'Sound the Trumpet'은 메리 2세의 생일을 기념하기 위한 곡인 'Come Ye sons of Art'가 1694년에 초연되었는데 세 번째 곡이 바로 이 뛰어난 곡이다. 카운터테너 둘이 듀엣으로 부르기도 하고 단독이면 트럼펫과 함께인 경우도 많다. 어떤 식이든 사람의 흥을 돋운다.

헨델은 누구나 다 아는 작곡가지만 오히려 그의 곡에 대해 잘 모르는 사람도 많고 제대로 듣는 이도 드물다. 마치 애덤 스미스의 '국부론'을 알기는 알지만 읽어보지는 않았다는 사람이 절대다수인 것처럼, '왕궁의 불꽃놀이' 앞부분이나 제대로 들었으면 다행이라 할 정도다. 아무튼 '음악의 어머니'라는 헨델이 1713년 앤 여왕의 48세 생일을 기념하여 축가를 작곡했는데 그중, 가장 유명한 아리아가 바로 'Eternal Source of Light Divine'이다. 조용히 치솟아 오르고 낮게 깔리는, 신의 위무가 가득한 곡이다.

트럼펫을 연주하는 발솜과 한때 팝스타가 되고자 했다는 영국의 카운터테너 이에스틴 데이비스(Iestyn Davies), 두 사람의 공연은 조화롭고 활달하다. 당시 아침에 이 음악을 들으면 다리에 힘이 쑥쑥 솟아나면서 어려운 회사를 구하러 나아가야겠다는 괴상한 사명감도 깨알만큼 생겨나곤 했다.

편곡과 하프시코드 연주를 맡은 트레버 피노크(Trevor Pinnock)가 결성한 'The English Concert Orchestra'와 함께 하는 영상에는 다른 곡도 여럿 있다. 세미 오페라인 퍼셀의 '요정의 여왕(The Fairy Queen)' 중의 'Plaint', '아서 왕(King Arthur)' 1막 3장의 'come if you dare' 연주가 나온다. '페어리 퀸'의 또 다른 모음곡도 새롭게 편곡하여 연주한다. 이어지는 레퍼토리로 헨델의 Water Piece, 오보에 협주곡도 로열패밀리의 무게가 충분히 실려있는 모두 다 우아하고 경건하며 생동감 있는 곡이다.

바로크 음악은 음악 자체도 화려한 면이 있지만 악기들도 화려한 소리를 낸다. 동시에 오래전 악기라서 그런지 이후의 악기들보다 더 따뜻하고 소박한 느낌도 든다, 하프시코드, 클라비코드, 오르간, 여러 개의 비올라, 초기의 바이올린 등 고전음악 시기와 비슷하지만 보다 더 향수를 불러일으키고 부문별 강조가 느껴진다. 특히 '잉글리시 콘서트 오케스트라'는 연주 인원이 현대의 관현악단처럼 많지 않아서인지 더더욱 그런 느낌이다.

앨리슨 발솜은 클래식 트럼펫 연주자로 널리 알려져 있고 게다가 밸브를 사용하지 않는 '바로크 트럼펫' 연주에서도 빼어난 실력을 뽐낸다. 미인이라서 더 알려진 감도 있고 명랑한 영국식 영어와 밝은 미소로 사람들을 끌어당기는 매력도 있다. 사실 사람은 외모를 우선 대하다 보니 어떤 경우에는 자칫 실력이 가려지는 일도 많이 있다. 그러나 그녀의 경우에는 다행히 실력과 외모가 조화를 이루어 더 많은 팬층이 생겨나 있다.

데이비스는 이전에는 몰랐다. 알고 보니 유명한 카운터테너로서 이미 세계 정상급인 성악가다. 카운터테너가 꽤 있지만 부드럽게 끌어 올리고 내리는 그의 소리는 헨델의 곡과 기막히게 잘 어울린다. 다른 이들의 연주도 들어봤지만 역시 데이비스가 이 곡의 이미지에는 가장 잘 들어맞는다. 개인적으로 가장 좋아하는 카운터테너는 'Filippo Mineccia'지만 이 곡만큼은 어쩔 수 없이 데이비스가 제일 낫다고 인정해야 한다.

　남쪽 나라 필리핀 수빅, 그곳에 자리 잡은 한진중공업. 30년이 지나 첫 직장으로 돌아간 셈이어서 모든 일이 낯설었다. 마치 실수로 엘리베이터에 올라탄 도마뱀 같았다. 도로 나가기도 힘들고 그대로 있기는 더 불안하고 힘들었다. 언젠가는 문이 활짝 열리는 날이 올 거라며 천장 근처 모서리에 붙어서 숨을 할딱거리고 있었는지도 모르겠다. 사원 아파트 곳곳에 그런 도마뱀이 붙어서 살고 있었다. 임원이었던 나도 힘들었고 부하였던 그들도 안타까운 나날이었다.

　그 무렵 어슴푸레한 새벽에 나를 일어나게 하고 회사 작업복을 입혀 움직이게 한 음악이 매일 아침의 퍼셀과 헨델 그리고 발솜과 데이비스였다. 요즘도 가끔 이 음악을 듣는다. 역시 정신이 맑아지고 답답했던 가슴에 숨이 쉬어진다. 웅장하고 힘찬-왕의 권위를 상징하는-trumpet 소리가 내 온몸의 혈관을 따라 통쾌하게 sounding 된다.

(2024)

슈타들러(Stadler) 클라리넷 5중주

　사람들에게 클래식 음악을 좋아하냐고 물어보면 대부분 고개를 가로젓는다. 왜 그럴까? 접할 기회가 별로 없어서 그렇다는 게 내 생각이다. 게다가 곡이 길고-짧아서 들어도 되지만 사람들은 일단 길게 생각한다-가사가 없어서 내용을 모르니 감정을 일으키거나 빠져들기 어려워 흥미가 안 생기는 듯하다. 대부분의 고전음악이 '절대음악'이므로 그냥 음률 자체를 즐기면 되는데 뭔가 의미를 찾아내려고 하니 그만 어려워질밖에.
　하긴 반대의 경우로 저명하신 방탄소년단, BTS의 음악일지라도 나로서는 사랑하기 쉽지 않다. 젊은 친구들이 나더러 그저 음악의 비트를 즐기거나 댄스에 신이 나면 되지 왜 가사 내용을 신경 쓰느냐고 따진다면 나 역시도 할말이 없다. 이리되면 그쪽이나 이쪽이나 세대 간의 간격만 확인할 뿐이다. 문제는 세대 차가 아니라 개인의 직접경험에 따라 친숙도가 크게 차이가 난다는 데 있다. 사람들이 클래식 음악과 별로 친하지 않다고 하지만 실제로는 영화나 드라마에 배경음악으로도 자주 쓰이고 광고에도 심심찮게 등장한다. 늘 닿아있지만, 자신들이 그 사실을 느끼지 못했을 뿐이다.

혹시 별 관심이 없더라도 한번 들어보겠냐고 권하면 나름 흥미는 생기는지 '어디 한번.' 하기는 한다. 그럴 때 들려주는 곡이 바로 모차르트의 클라리넷 5중주, 일명 '슈타들러' 5중주다. 막상 1악장의 앞부분만 잠시 들려줘도 고개를 끄덕이며 '아, 좋네요.'라고들 한다. 어디서 들어본 듯하다고 하면, 영화「아웃 오브 아프리카」에서 극 중 삽입곡과 비슷한데 이건 다른 곡이라고 알려준다. '그렇군요, 참 좋네요…'라고 다시 감탄하게 마련이다.

안 좋을 수가 없다. 모차르트 자신이 워낙 클라리넷을 좋아했다고는 하지만 그의 몇 안 되는 관악 협주곡 중에서도 클라리넷 작품은 '시대를 넘어서는 명곡' 그 자체. 잘 몰라서 그럴 뿐, 한 번이라도 제대로 들으면 사랑하지 않을 수 없고 들으면 들을수록 더욱 빠져드는 '사이렌'의 노래와 같다.

'슈타들러 5중주'는 클라리넷과 현악 4중주가 협주하는 실내악이며 다들 한 번쯤은 들어봤다는 클라리넷 협주곡 A 장조는 오케스트라와 협연하는 곡이다. 단언컨대 둘 다 완벽하며 클라리넷의 매력을 극대화한 불세출의 명곡이다. 특히 '슈타들러 5중주'는 역사상 클라리넷을 위한 실내악곡 중에서 다른 작곡가의 작품과 비교 불가의 우위에 서 있다. 100년쯤 지나 브람스가 클라리넷 5중주를 내어놓았지만 역시 모차르트에 비할 수 없다. 연주 내내 단 한 번도 음을 통한 감정의 흐름이 끊어지거나 애매하지 않고 듣는 이를 몰입하게 만든다. 천재의 작품은 누구든 접해 보면 아무리 문외한이라 해도 저절로 감동하게 된다.

학창 시절에 잠시 학교 브라스밴드의 일원으로 활동했다. 다루던 악기는 왕권을 상징하는 트럼펫이었으나 워낙 기초가 없었고 악보와 손이 따로 놀았다. 당연히 실력은 형편없었다. 흥미가 떨어지자마자 진학을 핑계로 그만두었다. 그래도 꾸준히 활동하는 친구가 몇 있어서 한 친구 집에 놀러 갔는데 녀석이 가지고 있던 악기가 클라리넷이었다. 학교 소유의, 공공의 악기에서 느꼈던 감정과는 천지 차이가 났다. 자신만의 아리따운 여인을 소유한 느낌, 바로 그것이었다. 그렇듯 이 멋진 악기를 개인적으로 소유하는 행복감과 사적인 취미로 즐기기에 매우 훌륭한 악기임을 그때야 알게 됐다.

금관악기는 소리가 워낙 커서 집안에서 연주할 물건이 못 된다. 그러다간 동네에서 쫓겨나기 십상이다. 하지만 실내에서 적당한 소리로 맘껏 연주할 수 있는 목관악기, 그중에서도 중성적인 매력-요즘은 유니섹스나 젠더리스가 유행이니 더욱더 현대적이고 세련된-의 클라리넷은 잘 닦아놓은 흑진주같이 황홀했다.

생김새부터 화려했다. 검게 빛나는 흑단 나무 몸체에 달라붙은, 은색으로 빛나는 키와 각종의 부속들이 번쩍였다. 피콜로같이 작은 체구도 아니고 오보에같이 불기 어렵지도 않고 바순처럼 덩치가 크지도 않은, 검은 얼굴의 클레오파트라 같았다. 더구나 친구 녀석이 악기를 입에 물고 조용히 내는 음색이 얼마나 이뻤던지 그놈을 냅다 때려눕히고 들고 튈 만큼 부러웠다. 그때 녀석이 자랑스레 LP판으로 들려준 곡이 바로 슈타들러 5중주였고 나는 한순간에 이 악기와 모차르트 클라리넷 곡의 예찬자 아니 숭배자가 되고 말았다. 집에 돌아와서 잠자리에 들었어도 현악기와 클라리넷의 선율에 휩싸여 몸살을 앓듯 했다.

모차르트의 클라리넷 5중주는 1789년 당시 친구이자 이 악기의 '비르투오소'인 '안톤 슈타들러'(Anton Paul Stadler)에게 헌정하는 방식으로 만들어졌다. 친구에게 주는 곡이라고는 하나 클라리넷이라는 악기의 독특한 음색에 반한 모차르트가 악기 그 자체에 찬란한 생명을 불어넣고 지닌 매력을 최대한 발휘하게 했다. 결국 그의 천재성에 힘입어 클라리넷은 목관악기 중 영광의 최고 반열에 오르게 된다.

곡은 주인공 격인 클라리넷과 바이올린 2대, 비올라, 첼로가 등장한다. 모두 4개의 악장으로 구성되어 있으며 약 35분간의 연주가 현란하게 이어진다. 1악장은 통상 교향곡의 형태가 그렇듯 알레그로 템포로 작품의 전체 분위기를 설정한다. 2악장은 느리게 진행되는 라르게토, 3악장은 미뉴에트, 피날레인 4악장은 6개의 변주로 이루어졌다. 전체적으로 밝고 경쾌하고 아름다운 곡이지만 제2악장 라르게토는 클라리넷 특유의 우수에 찬 음색을 견지하며 서정적으로 연주된다. 악장들끼리 서로 조화를 이루고 기승전결의 흐름을 훌륭하게 마무리한다. 모든 청중이 벌떡 일어서서 감격에 찬 박수를 보낼 수밖에 없다.

당시 계속되는 역경과 심각한 경제적 파탄에 허덕이던 모차르트였지만 이 곡에서는 그런 고통이 전혀 나타나지 않는다. 오히려 모든 악장마다 유려한 현악 연주가 오르내리고 그 사이를 수시로 넘나드는 클라리넷 소리가 사람을 놓아주지 않는다. 윤택한 화음을 자랑하는 5중주의 협주는 따스한 김을 올리며 접시에 담겨 오는 최고의 요리이며 악장이 바뀔 때마다 또다시 새로운 요리를 내어놓아 흠씬 냄새 맡고 맛보는 즐거움을 선사한다.

세계적인 클라리넷 연주자들이 여럿 있지만 자비네 마이어(Sabine Meyer)의 연주를 최고로 쳐본다. 여성임에도 힘이 있고 특유의 부드러움도 갖췄다. 물론 열정은 말할 것도 없겠고. 하지만 연주자가 누구이든 슈타들러 5중주는 언제나 내게서 사랑받는다. 왜냐? 40년을 넘게 들었어도, 두 번 세 번 연달아 들어도, 곡이 끝나고 한참이 지나도, 여전히 흥얼거리고 있는 나를 흠칫 알아차리게 되기 때문이다.

(2024)

정경(情景) - 풍경과 사람들의 이야기

 이사를 하고 집을 꾸미겠노라니 그림이 필요했다. 여러 경로를 생각하다 가장 게으른 방법인 옥션을 이용하여 온라인에서 구매하기로 작심하고 평소 관심이 있던 화가의 작품에 용약 입찰했다. 솔직히 그리 뛰어난 작품이 아님에도 경쟁자는 숲길의 초파리처럼 끈질기게 따라붙었다. 통상 두세 번이면 끝날 입찰 경쟁이 무려 아홉 번을 갔다. 성가신 초파리 녀석도 나만큼 작품에 눈이 돌아간 모양이었다. 그 바람에 시장가보다 높이 지급하게 되었지만, 상대방이 한숨을 쉬며 모니터 앞에서 쓰러지는 상상과 최종 낙찰이라는 승리감에 온 방을 뛰어다니며 어퍼컷 세레모니를 펼쳤다. 작품명은 설종보 화가의 「꽃 파는 여인」이다.

 물론 이 그림을 사랑하지만, 사실 그의 작품 중 마음에 드는 그림은 따로 있었다. 눈이 번쩍 뜨이는 풍경화가 한 점 있었고 나름의 분위기가 있는-약간의 쓸쓸함과 따뜻함이 교차하는-작품이 있었지만 둘 다 사들이는 데 실패했다. 풍경화는 큰 크기만큼 가격이 상당했고 후자의 그림은 옥션에 등장하지 않았기 때문이다. 더구나 내가 너무 꼼꼼히 그림을 들여다보고 생각하느라 그만 입찰 시간을 놓친 탓도 있다.

  아무튼, 거실에 걸려 있는 이 그림의 작가, 설종보는 부산지역에서는 꽤 많이 알려진 중진 화가다. 아쉽게도 평단의 대단한 주목을 받는 작가도 아니며 전국 단위의 인물도 아니지만 꾸준히 자신의 화풍을 나름으로 견지하고 성실히 작업을 하는 사람이다. 그나마 전시회가 있을 때 언론사에서 인터뷰를 실어주기는 하나 아직은 유명 인기 작가가 아니다. 게다가-작가에겐 좀 미안한 이야기지만-다작으로 희소성도 좀 떨어지고 같은 테마라 해도 완성도가 꽤 차이가 나기에 세심하게 살펴서 상대적으로 수준이 떨어지는 작품은 피해야 한다. 그러다 보니 전문 미술품 투자자들로서는 그만 외면해 버리는 작가가 될 수도 있다.

  하지만 그림을 사들이는 '보통 사람'의 경우, 대부분은 그저 그림이 자기 맘에 들기만 하면 그만이다. 피카소라도 싫으면 어쩔 수 없고 손녀딸이 그려준 괴상한 할아버지 얼굴이라도 좋아서 함박웃음을 짓는다. 그런 식이니 그림이 내포하고 있는 철학이나 미학, 창조적 작가정신이 그들에게는 큰 관심이 아니다.

  게다가 너무 비싼 그림은-많게는 수천, 더 많게는 억대의 그림은-입만 벌리고 손만 떨릴 뿐이다. 크기도 자기 집에 걸어둘 10호, 좀 더 크게 마음먹으면 20호 정도가 상한선이다. 금액으로 치면 적게는 50만 원, 더 넘어서 300만 원 정도이니 그것만 해도 개인 소장용으로는 큰맘 먹고 한 투자다. 그런 대강의 추산에 맞는 그림이 설종보 작가의 그림이라 할 수 있다. 맘에 들고 크기도 적당하며 구입가도 엄청나지 않으니 나 같은 얼치기 미술 애호가로서는 딱 들어맞는 선택이 된다.

그러나 설종보 작품의 매력은-알아주는 사람에게는-그 어떤 유명 작가보다도 뒤처지지 않는다. 그는 자기 말처럼 '정이 듬뿍 담긴 풍경'을 그려낸다. 어디선가 본 듯해서 꼭 기억해내고 싶은 풍경이다. 사람과 이야기가 담긴 풍경은, 있는 그대로보다 훨씬 더 온화하고 잃고 싶지 않은 어린 시절의 설렘을 담고 있다.

낡고 힘들게 살지만 자신들이 살고 있는 공간에 정붙이고 살면서 행복을 바라는 소시민의 이야기가 그림 속에 오롯이 담겨있다. 늦은 시간 일 마치고 집으로 돌아오는 아버지, 그를 기다리며 마중 나온 가족, 아기를 업고 딸과 함께 동네 어귀를 서성이는 아낙네, 구멍가게 주인, 자전거를 타고 가는 아저씨, 은색 달밤에 뱃놀이하는 식구, 수국이 가득한 정원을 바라보며 도란도란 얘기하는 부부, 한옥 마을의 불 켜진 저녁 풍경, 숲속을 걷는 아버지와 아들, 철길가의 아이들과 널려진 빨래….

감상자가 그림 속의 아이가 되고 그림 속 아버지가 그들의 아버지가 되어 손을 잡는다. 정겹던 동네 사람들이 하나 둘 다가오고 기억 속의 사람들이 되살아나와 웃으며 말 걸어주는 행복을 느끼게 한다. 그들의 세상을 바라보는 작가의 따뜻한 시선과 소망이 화폭 속 여기저기서 반딧불이 불빛처럼 깜빡거린다.

이른바 정이 흐르는 풍경, 정경(情景)을 그려내는 작가는 따뜻한 색, 아크릴 물감으로 뭉뚱그리며 채워 넣는 붓질을 한다. 부드러운 색들이 함께 모여 그림 속에서 행복하게 살아가고 있는, 그만의 붓으로 그려낸 화풍이다. 평범한 삶의 행복을 따뜻하게 그려냈던 미국 할머니 화가 '그랜마 모지스(Grandma moses)'를 연상하게 한다. 그녀는 기억이 화가라며 자신의 기억을 그려냈으니 비슷한 맥락이 아닐까 싶다. 잊고 싶지 않은 기억의 풍경, 현재의 풍경을 영원히 잊지 않기 위해 남겨 놓는다는 설종보의 작업과 일맥상통하는 점이 있다.

사람만을 그려낸 작품도 많다. 여전히 따뜻하고 긍정적인 시선이 작품에 드러난다. 꽃 파는 소녀, 생선 장수 아줌마, 과일 광주리를 머리에 인 젊은 여자가 나오더니 물질을 끝내고 집으로 돌아가는 해녀까지 나온다. 모두가 결코 삶에 대한 희망을 놓지 않은 모습이다. 그리고 이제 내 집에는 '꽃 파는 여인'이 나를 보며 미소 짓고 있다. 정성을 들인 흔적이 역력하다. 같은 소재로 여러 장을 그려내긴 했지만 내 눈에는 전시회 출품작이었던 이 작품이 제일 나아 보였다.

노랑 저고리에 행주치마를 입은 여인과 그녀의 발치에

하얀 강아지가 앉아 있다. 함석 대야에 가득 찬 꽃들이 둘을 둘러싸고 있다. 비록 길가에 나와 꽃을 팔지만 꽃보다 더 꽃 같은 미소와 고운 자태를 지닌 여인이다. 혀를 내놓고 눈웃음 치는 강아지도 주인을 닮아 사람을 따르고 꼬리를 잘 흔들게 틀림없다. 여인은 어쩌면 어머니 아니면 시집간 누나, 나처럼 혼자된 사람은 먼저 간 아내를 떠올리게도 한다. 혹 닮은 구석이라도 있나 하는 맘에 한참을 눈여겨보게 만든다.

어디에 걸어둘까 고심한 끝에 거실 입구 벽에 걸었다. 방문한 모든 이에게 그녀가 환히 웃으며 꽃을 건네주는 상상을 했기 때문이다. 물론 그녀는 내게도 '어느 꽃이 맘에 들어요?'라며 고운 손으로 꽃을 내민다. 내 얼굴에도 온통 미소의 꽃이 핀다.

아는 화가가 있다. 이른바 중견작가로 맹활약 중이다. 언젠가 그녀와 환담 중에 설 작가 그림이 참 좋더라며 얘기했더니 입이 삐죽했다. 적어도 친분이 있는 자기 작품이 먼저 언급될 줄 알았던 모양이다. 작품의 수준과는 상관없이 어디까지나 나의 취향이다. 차라리 그림을 평가하는 내 수준이 낮다고 말해주었으면 아무래도 좋았다만. 뛰어나서 탄복하는 그림보다 그저 함께 있고 싶은 그림, 나와 함께 이야기를 나누는 그림이 더 좋다. 설종보는 그런 온정을 가득 품은, 눈이 깊은 작가가 틀림없다.

(2024)

수묵으로 빛을 열어 내리다

　수묵화는 감상의 재미가-서양화에 비해 상대적으로-별로 없다. 다양한 색에 의한 '끌림'도 없고, 사실적 장면 구성에 의한 '즐거움'도 찾아보기 힘들다. 하품 나는 정적 이미지, 그것이 내겐 수묵화고 한국화였다. 더구나 문자와 글을 하나로 취급하여 선비정신을 불어넣었다는 전통적 문인화는 시대의 흐름과는 아무 상관도 없어 보인다.

　서양화는 무수한 변화를 추구하고 끊임없는 실험으로 새로운 사조를 만들어 가며 발전해 왔지만, 전통 수묵화는 대를 이어 낡은 붓질만을 해왔다는 생각이 든다. 한마디로 구닥다리, 근원적 변화가 전혀 느껴지지 않는다는 뜻이다.

　그러던 중, 벼락같이 제대로 된 임자를 만났다. 중견 작가 홍푸르메의 일련의 작품이다. 작가는 이른바 에너지가 살아나오는 특유의 작품세계에서 쏟아지는 빛을 따라 눈부시게 생존하고 있었다. 그게 내 눈에 꽂혔다.

작가의 2012년 제17회 부산국제영화제 포스터는 활화산의 폭발처럼 강렬하다. 화폭 중앙의 빛이 폭포처럼 쏟아져 감상자의 정수리에 내리꽂힌다. 작품 전체가 아니라 그 일부분을 빌렸음에도 불구하고 압도적인 힘을 그대로 들이붓는다.

영사기에 의해 스크린 가득 들어차는 빛의 세계를 단숨에 연상시키는, '몰입과 열광'이라는 이미지에 완벽히 들어맞았다. '새로운 도약을 추구하고자 하는 영화제의 열정과 에너지를 한국적 시각과 감성에 담아냈다'라는 주최 측의 설명이 적확하다.

이 작품을 계기로 한국화가 홍푸르메가 일반에게 본격적으로 알려지게 되었다 해도 과언이 아니다. 전통적 문인화의 새로운 해석을 끊임없이 시도하는 그는, 독창성이나 참신성 같은 일반의 평가 기준을 벗어나 일종의 구도자로서의 면목을 유감없이 드러낸다. 심지어 작품활동 외에는 그 무엇에도 구애받지 않기 위해, 대학의 강단을 떨치고 나오면서까지 자신의 작품세계에 천착하는 사람이다. 단순히 프로 작가를 지향하는 것이 아니라 작품활동을 통해 일종의 신앙 같은 삶을 택한 사람이 되었다는 의미다.

대형 화선지 위에서 특유의 붓질을 시도하는 그의 작업은 일시에 검은 먹으로 혼돈을 휘감아 단숨에 하얀 여백 속으로 던져 보낸다. 그럴 때 먹은 힘차고 단호하며 여백은 더욱 빛나고 깊어진다. 특히 여백은 비움인 동시에 채움인

공간으로 완전한 空이고 滿이 된다.

　여백이 무엇이 되느냐는 작가의 의도가 무엇이냐에 달려 있다. 언젠가 작가와 나눈 대담에서 그의 여백은 순수와 치유의 빛으로 채워져 있다는 느낌을 받았다. 나는 공감했고 다시 본 그의 그림은 빛의 세례, 그 자체였다. 물론 동양화가 표현하는 여백의 의미는 누구나 알만한 얘기겠지만, 비워서 만들어 낸 여백을 온전히 자신만의 주제로 구현해 내는 역량은 홍푸르메 외의 작가들에게서는 매우 보기 힘들다.

　작품을 더욱 열심히 들여다본다. 먹은 우뚝 솟아나서 바위나 산을 표현하기도 하고 점점 가늘게 이어져가서 강가의 풀처럼 그려져 있기도 하다. 여백은 단순한 허공을 표현하지 않고 빛이 폭포처럼 쏟아져 내리거나 하늘에 가득 들어찬 느낌을 준다. 온몸으로 환한 빛이 덮어 오는 상태가 된다. 무언가 밝고 건강하며 청결해진 느낌을 받게 되며 그것이 홍푸르메 작품의 매력이다.

　작가의 여백은 아무것도 보이지 않는 현상이지만 그 너머에는 채워진 본질들이 가득하다. 그 공간 내에서 無用之用의 각성이 구름처럼 흘러가고 用之無用의 상념이 나비의 날갯짓으로 너울거린다. 마치 온갖 색이 프리즘을 통해 문득 한줄기 백색 자연광으로 모여져 홀연히 사라지게 되는 경험과도 같다. 바로 작가가 먹과 여백으로 만들어 내는 신천지다. 감상자는 그 새로운 땅에서 빛과 함께 새롭게 태어나는 경험을 하게 된다.

홍푸르메의 작품에서 흐르는 빛의 두께 역시 다른 작가들과는 큰 차이가 느껴진다. 여백에 의한 그의 압도적 빛의 운행은 인간에 대한 연민과 치유의 의지를 그대로 드러내고 있다. 미의 창조에 그치지 않고 창조한 미를 통하여 감상자의 정신적 위생을 가능하게 하는 작품이란 뜻이다. 당연히 안정감이 뒤따르고 평화로운 마음 상태가 된다.

어찌 보면 작가는 사물이나 감정이 아니라 신성한 빛 자체를 다루었다고도 볼 수 있다. 하나의 근원이며 만물을 관장하는 빛의 존재를 기적같이 드러내는 작업에 온 힘을 기울인다고 해도 과언이 아니다. 그리고 그 작업은 우리를 감동하게 만든다.

숱한 노력의 결과로 존재의 원형회귀를 가능케 하는 먹선들은 더욱 순진무구해졌다. 먹에 의해 힘차게 그린 공간은 굳건하고 여백은 작가의 예상대로 치유의 빛을 쏟아냈다. 작품 속의 빛은 그야말로 '리바이벌'을 위한 생명과 희망, 그리고 영적 회복을 위한 필요충분 요소로 자리 잡았다. 동시에 여백만으로도 절대 의미를 갖추게 되었으며 그의 작품을 접한 관객 대부분의 경험으로 치유의 효과는 증명되었다.

이른바 '소통과 치유'의 작품은 2000년 전후로 등장했다. 실천적 유용성을 위한 프래그머티즘(pragmatism)이 빛의 형태로 작품 전면에 표현되었다. 그에게 영향을 미쳤다는 요셉보이스(Joseph Beuys)의 작품이 보여주는 치유적 의미가 그렇다.

  작가는 이러한 육체적, 영적 치유를 위한 미술 행위를 동양화인 수묵의 세계에 적용하면 훨씬 더 큰 '울림과 안정'을 감상자에게 전달할 수 있다고 확신한 듯하다. 더 나아가 그의 작품들은 요셉보이스의 불안정한 조형과 전위적인 퍼포먼스와는 달리 동양화 특유의 고요한 아름다움과 균형감 있는 구도를 통하여 재창조되었다.

  국내외 숱한 전시회를 통해 작가의 이미지는 나름의 명성을 얻었다. 그의 의도는 확고히 완성되었고 더 많은 성취를 위해 끊임없이 붓을 들고 화선지 앞에 선다. 다행히 젊은 기백과 체력이 그를 이끌고 있기에 또 다른 변신도 기대해 본다.

  작가는 먹을 아는 사람이다. 먹이 지닌 치열한 힘으로 빛의 길을 내고 흐름을 이끌며 한국화의 새로운 세계를 열어가고 있다. 수묵을 통한 장엄한 빛의 세계에서 영원한 치유의 공간을 열어가는 구도자. 그 사람이 홍푸르메다.

(2024)

시벨리우스와 나

 스톡홀름에서 핀란드의 투르쿠(TURKU)로 향한 것은 18년 전 구월의 어느 날 밤이다. 오전에 출발하는 작은 프로펠러 비행기도 있으나 일부러 여객선, 그 유명한 '실자라인'을 택했다. 하룻밤을 천천히 발트 해협을 건너는 호화 여객선의 멋을 누리기 위해서였다.
 배는 컸다. 하얀 몸체의 넉넉한 폭과 깊이를 지닌 우아한 배로서 타이타닉호를 연상케 했다. RORO FERRY(차도 싣고 사람도 수송하는 여객선—카페리)로서 스웨덴과 핀란드 간의 중요한 해상 라인을 연결하고 있는 배이다. 이튿날 아침 햇살이 비치자, 바다 안개가 서서히 걷히며 투르쿠 항이 눈에 들어왔다. 웅장한 스톡홀름과 비교할 수는 없지만 특유의 단출한 정취가 있다.
 투르쿠는 오랜 기간 스웨덴의 지배를 받았던 도시다. 핀란드에선 헬싱키 다음으로 큰 항구도시이고 가장 유서 깊은 도시다. 그런 이유로 주민들 대부분이 스웨덴 말을 쓸 줄 안다. 전설적인 장거리 주자인 누루미(Paavo Nurmi)의 고향이고 핀란드의 국민 작곡가인 시벨리우스 박물관이 있는 곳이다.

배에서 내려 호텔로 가는 길은 그리 멀지 않았다. 낮은 집들, 베이지색의 건물과 짙은 비둘기색 지붕. 간혹 보이는 고성들, 강을 따라서 작은 돌이 박힌 자동차길. 한가히 떠 있는 작은 요트, 거룻배들도 많다. 어디를 가나 물 위에는 백조나 거위가 있고 물가에는 북구 특유의 짐승들이 보인다.

다음 날 새벽, 커튼을 열고 밖을 보았다. 안개가 자욱하다. 커다란 광장에 많은 사람이 모여있다. 새벽시장이 열렸다. 채소를 팔러 나온 사람들과 장바구니를 들고 서성이는 아낙네들. 어깨가 떡 벌어지고 무표정한 사내들. 특이하게도 생선을 걸어놓고 파는 수레도 많다. 발트 헤링(청어의 일종)이 유명한 곳이라더니 과연 그런 모습이다. 안개 속에서 조용히 사고팔고 마치 북구 특유의 정물화를 보는 듯했다.

안개는 낮에도 계속됐고 밤에도 가득했다. 그러기를 이틀 후 아침에 일어나 보니 햇살이 가득하다. 자리를 박차고 일어나 스웨터를 걸치고 바지를 꿰찼다.

밖은 걷기 좋았다. 거리엔 워낙 사람이 없다. 유모차를 끄는 할머니나 뚱뚱한 아줌마들이 가끔 지나갈 따름이다. 회사 직원이 권한 바도 있어 시벨리우스 박물관을 방문하기로 했다. 지도를 들고 인상 좋은 사람들에게 묻기도 해 가며 신출내기 여행자처럼 길을 찾아갔다. 그리 멀지는 않았다. 단층의 회색 벽돌집이 큰 나무 아래 묵직하게 자리를 잡고 나를 맞았다. 법률을 공부했다는 시벨리우스의 이미지, 근엄한 그의 인상과 그대로 닮았다.

 아직 이른 탓으로 문은 닫혀 있었다. 산책하기 좋은 앞마당에서 잔디를 밟으며 다람쥐 구경을 했다. 큰 나무에서 내려오더니 곧장 달아나는데 길 건너 교회당 앞의 다른 나무로 냉큼 올라가 버린다. 다시 좀 있으니, 이쪽으로 달려와서 또 옆의 나무로 올라간다. 외지인이 무서웠든지 아니면 개관을 기다리며 나처럼 서성댔는지도 모르겠다. 시간이 되자 나이 든 아줌마가 반달형의 돋보기안경을 끼고 와서 문을 연다. 곧장 걸어가 티켓을 샀다. 뻣뻣한 녹색 종이 위에 검은 줄로 그려진 대머리 시벨리우스가 인상을 쓰고 있다.

 안으로 들어서니 역시 북구 특유의 갇힌 공간, 복도 끝 정면에서 조명을 받은 그의 데드마스크는 마치 독재자처럼 강렬하다. 깊이 고뇌하는 예술가의 모습, 인중이 길고 또렷하다. 강한 턱선에 굳은 의지가 엿보인다. 하얀 대리석 바닥이 끝나자, 참나무로 만든 바닥을 걸어 나갔다. 전체적으로 검은색과 갈색의 고요한 공간. 완전히 가라앉았다. 우울하고 아늑하다.

 음악 감상실이 상당히 넓다. 콘서트홀로도 쓰는 모양이다. 한쪽 공간에 오래된 악기들과 시벨리우스가 쓰던 피아

노, 그의 유품들이 박제품처럼 진열되어 있다. 나무 의자에 잠시 앉으니, 하나밖에 없는 입장객인 나를 위해서 간단한 박물관 소개가 스피커로 흘러나온다. 주위에 사람이 없어서 이상하기도 했지만, 평일에 이른 시간이라 그런가 보다 했다.

그때 곧바로 그의 교향시 「핀란디아」가 홀 전체를 진동시키며 웅장하게 터져 나왔다. 유리창 밖의 자작나무 숲이 하얀 말들이 눈부신 갈기를 날리며 달려가듯 일시에 움직였다. 낙엽이 음악을 따라 한쪽으로 쏠려 뒹굴며 가고 다시금 바람 따라 불려 왔다. 가슴 속에서 울컥하는 뜨거움이 올라와 목젖을 흔들었다.

사실 그때까지 한 번도 들어본 적 없는 곡이다. 중학 음악 시간에 핀란드에 시벨리우스가 있었다고 했다. 그가 작곡한 유명한 곡으로 핀란디아가 있다. 애국적인 음악가라 했다. 시험을 치려면 그걸 외워야 했다. 그게 내가 아는 시벨리우스고 핀란디아의 전부였다.

그러나 그려 보라. 고향에서 멀리 떨어진 이국땅 핀란드에서 늦은 구월의 맑은 아침에 자작나무숲 옆의 시벨리우스 박물관, 외로운 콘서트홀에서 의자에 홀로 앉아 때론 폭포같이 터져 나오고 때론 강물처럼 흐르는 그의 곡을 한없이 듣고 있는 나의 모습을. 곡이 끝나고도 한참을 앉아 있다가 감격에 찬 걸음으로 복도를 지나 다시 밖으로 나왔다.

내가 투르쿠에서 가진 기억은, 신기했던 남녀 공용의 사우나나 맛있었던 새우 전채요리나 길거리에서 타지인을 꼬여 지갑을 털어가는 순진하게 생긴 십 대들이나 빨간 우체통같이 생긴 광고판이나 금발의 여자들이 가슴을 덜렁대는 나체쇼나 온 도시를 싸고돌던 아침 안개가 아니라 대머리에 눈가 힘줄을 굵게 세우고 고뇌에 찬 인상을 한없이 찡그리고 있는 핀란드의 작곡가, 바로 시벨리우스였다.

그가 세상을 떠나기 9개월 전에 내가 태어났으니 우리는 동시대를 살았다고 할 수도 있다. 만약 그가 살아있어 만날 수 있었다면 얼마나 좋았겠는가. 아쉬운 일이나 그날의 핀란디아를 통해 나는 그와 조우했다. 그것만으로 충분하다. 그 후로도 여러 번 투르쿠를 방문했으나 그때의 감동은 다신 없었다.

(2005)

백경(白鯨)

 내가 과문한 탓인지는 모르겠으나 우리나라 최초의 영화 평론서는 고 장갑상 선생님의 『영화와 비평』(1970, 삼신서적)으로 선생께서 저서 편찬에 심혈을 기울인 책이다. 장 선생님은 전 소형영화동호회 회장을 역임하셨고 한국영화평론가협회장을 지내신 허창, 박두석 선생과 함께 5, 60년대의 영화 평론을 이끌어 오셨던 분이다. 또한 해방 직후 타블로이드 배판 신문(2면짜리)에도 신문 영화평을 우리나라에서 처음 개척하여 정기적으로 기고하셨다.
 사실 책의 제본이나 인쇄 상태들은 초라하기 짝이 없지만 그 내용은 독보적인 영화론과 아울러 5, 60년대 국내 상영 영화 약 270편을 망라한 선생 특유의 평론이 유감없이 게재되어 있다. 그럴싸하게 감성을 자극하는, 겉멋만 들어있는 평이 아니라 딱딱하리만큼 느껴지는 학술적 접근을 하셨고 그것이 영화에 대한 고인의 뜨거운 애정에서 발로되었음은 누구도 부인하지 못한다.

영광스럽게도 나는 대학 시절 영화연구회(1956년에 발족한 교내동아리)에서 선생님의 지도하에 회장으로 활동한 경험이 있다. 단구의 꼿꼿한 몸가짐에 형형한 눈빛을 지니셨던 선생님은 한국 소형영화가 발상한 부산에서 대학 강단(부산대 영문학과)을 지키면서도 우리나라 영화예술을 위해 부단한 노력을 기울이고 크게 이바지하신 분이다.

평소 시나리오에 카메라 위치까지 나타내어야 한다고 하실 정도로 영화의 내용 비평보다 기술 비평의 중요성을 강조하신 것으로 기억하는 바, 즉 '무엇'을 보다 '어떻게'를 더 깊이 비평해서 종합할 때 비로소 영화에 대한 참된 감상과 비평이 가능하다고 우리를 가르치셨다.

1977년 여름방학 때였다.

"조 군, 자네 오늘 2시까지 미 공보원으로 가야 해. 백경이야, 합평회 예정이고, 비평문이 필요해. 월요일 오후에 내 교수연구실에 들르도록."

"네 교수님, 안 계시면 영문학과 사무실에 둘까요?"

"안돼, 만나고 가야 해."

"네, 잘 알았습니다."

(지금 다시 만나 뵈어서 이런 말씀이라도 나눌 수 있다면 얼마나 행복할까.)

플라타너스 가로수가 줄지어 선 대청동, 미 공보원 지하실은 영화를 감상할 시설이 되어 있었다. 약 70석이 들어설 수 있다. 한여름, 에어컨도 없는 지하실은 정말 더웠다. 초대받은 사람들이 웅성거렸으나 곧 불이 꺼지고 영사실에서 필름이 돌아가기 시작했다.

 '좌르르' '띠르르르' 필름이 풀리는 소리가 그대로 들려왔다. 머릿속의 비평 요령, 사운드, 영상미, 몽타주….

 유치한 듯한 음악이 구식 스피커로부터 울려 나오고 영화는 시작되었다. 검푸른 파도와 회색의 물거품들이 화면을 가득 채웠다. 검은 뱃전과 짙은 나무색의 갑판, 기이한 형상의 사나이들이 눈앞에서 오갔다. 마구 휘날리는 바람 속에서 배는 어지러이 흔들리고 돛대의 하얀 천은 찢어져 나부꼈다.

 음산하고 낮은 소리, 굵게 쉰 목소리의 고함. 고래 뼈 의족이 절뚝거리며 갑판을 걷는 소리 "뚝- 쿵 뚝- 쿵", 휘이잉 바람 소리, 쏴아아아아 하는 성난 파도 소리. 빠르게 달려가는 사운드, 롱과 쇼트를 환상적으로 배분한 카메라 워크, 그리고 앵글, 현재와 과거를 넘나들고, 시공을 잘 배분한 멋진 몽타주.

 창백하고 음산한 에이허브 선장의 광적인 노기. 멜빌의 남성적 원작에 박진감을 그대로 실었다. 그리고 무서운 눈알의 흰고래! 작살줄과 함께 바닷속으로 딸려 가는 선원들. 공중으로 솟구쳤다가 파도에 휘말리는 가랑잎 같은 나무 보트.

 러닝타임 1시간 50분 동안 더위는 어디론가 사라지고 없었다. 한글 자막 없는 원어 상영이었지만 화면만으로 충분했다.

「백경(白鯨)」(장갑상 선생님의 비평)

　원제명 대로 '모비딕'이라는 이름을 붙인 크고 흰고래에 한쪽 다리를 빼앗기고 고래 뼈의 의족을 한 포경선의 선장 에이허브(그레고리 펙)는, 그 고래를 잡아 죽이겠다는 복수심에 대양을 헤매다 드디어 태평양상에서 그것을 만나 결사적인 도전을 하다 단 한 명만 남기고 다 죽게 된다는 이야기를, 그 유일한 생존자의 회고담으로서 화면을 전개시킨다.

　복수심으로 광적인 선장의 지나친 행동과 그의 사심에 제물이 되려는 전 선원의 안전을 도모하는 신앙 깊은 항해사(레오 젠)와의 대립 속에 나타나는 상반되는 인간상을 묘사한다. 해양 신, 회색이 많은 색채감, 발자국 소리, 파도 소리 등의 음향효과가 잘 조화되어 실감을 준다.

　'펙'은 미지근하나, 조연들은 살아있다. 흰고래를 자연의 상징이라고 하면, 이것은 자연과 인간의 대결 속에 인간의 이성과 감성의 갈등을 표현한 비극이라고 하겠다. 스펙터클로서나, 원작을 잘 살린 연출(존 휴스턴)의 매력으로서도 잘 짜인, 남성만의 해양극으로서 이색적인 작품이다. 러닝타임 1시간 50분.　　　　　　　　(1958년 8월 17일 부산일보)

선생님은 가고 아니 계시다. 저명한 유현목 감독님과는 절친한 영화계 친구로서 두 분의 우정은 돈독했다. 거친 감이 있는 창작가와 깐깐한 비평가. 두 분을 함께 모셨던 77

년은, 참으로 가슴 뿌듯했던 학창 시절이었고 행복한 제자였음이 틀림없다.

선생님 문상 다녀온 후 숱하게 많던 스틸사진은 모두 영화연구회 후배에게 건넸다. 지금은 몇 장이나 남았는지 모를 일이지만 그 장면 장면은 모두 내 맘에 있다.

그리고 선생님이 건네주신 『영화와 비평』은 지금도 서재 한편에 나의 식어버린 열정처럼 꽂혀있다.

(2007)

3

등부

등산 단상
우산
끽연기
등부(燈夫)
사진 두 장
큰바위얼굴
김성탄과 나
생활의 발견
굴곡
인간 등고

등산 단상

 등짐으로 피난 가듯 지리산을 종주한 적이 있다. 40여 년 전의 일, 기능성 등산복이란 그런 개념 자체가 없던 시절이겠고 등산화도 스틱도 제대로 된 배낭도 없었다. 발에 걸리는 대로 꿰찬 70년대의 아디다스 러닝화를 신고 벽장 속에서 발굴한 '니꾸사꾸'에 냄비며 숟가락 일체를 넣었다. 쌀자루나 김치도 분명히 집어넣었으리라. 이른바 '산걸뱅이'의 행색이었다.
 시외버스를 타고 어디론가로 가서 차를 갈아타고 구례까지 갔다. 화엄사에서부터 '쿨리'처럼 등짐을 지고 올라가 성삼재를 지나 노고단에 다다랐을 땐 이미 해가 기울었다. 산자락이 어둑해지자, 한식날 봄의 산장 앞에는 서늘한 산 기운이 들어찼다. 서양인이 지었다는 별장의 돌기둥에 기대어 부들거리는 손으로 담배를 피워 무니 그제야 살아났다 싶었다. 산을 그만큼 몰랐다.

일단 한쪽의 정상에 오른 다음엔 이어지는 능선과 오르내리는 계곡을 지나 숲길을 걷고 바위를 무수히 탔다. 그렇다 해도 다른 쪽 정상은 한참 멀었고 지리산은 오지게도 변덕스러웠다. 운무는 아름다웠지만 차가웠고 세찬 비와 벼락은 수시로 능선길에 떨어졌다. 지친 몸으로 천왕봉을 겨우 오르고 구름에 반쯤 가린, 오백 원 동전만 한 일출의 태양을 2~3분쯤 봤던 것 같다. 삼대가 덕을 쌓아야 본다고 하더라만 별로 대수롭지도 않았다. 그리고 중삼리로 나는 새가 떨어지듯 뛰다시피 내려왔다. 어떻게 친구들과 헤어지고 집에까지 왔는지 생각나질 않는다. 며칠을 아팠고 그 후로 높은 산은 다니지 않았다.

작년에 은퇴하고 대학 동기와 트레킹팀을 발족하여 매주 몰려다닌다. 비록 끝난 후에 낮술을 좀 하시지만, 굼벵이 체력 단련과 명랑한 사회활동의 완벽한 컬래버레이션이다. 그렇게 1년 남짓을 다니다 보니 다리에 제법 힘이 붙었다. 더 나이 들기 전에 고봉을 한번 올라 보면 어떨까 했다. 즉각 의기가 투합되었다. 다릿심 붙은 것보다 간이 더 부은 셈이다.

물론 알프스나 히말라야가 아닌 것은 불문가지의 일. 결국 알프스는 알프스지만 대한민국의 영남알프스가 채택되었다. 1,000미터를 넘어선 높은 산들이 어깨를 맞대고 솟아있는 곳이다. 수월한 곳은 아니지만 못 올라갈 특별한 이유도 없다. 다만 갑종 합격으로 빛나던 몸이 세월에 따른 음주

흡연 경력으로 분명히 불합격 받을 처지라 그것이 걱정일 뿐.

산은 오를 때가 힘들다. 특히 모르는 산길의 초입 부분이 힘들다. 숨이 차서 어찔하고 허벅지가 뻣뻣해지며 종아리에 경련이 오기도 한다. 산신령이 나 같은 홍진에 썩은 무리를 좋아하지 않는 탓이다. 앞서가는 동행들이 야속하기도 하다. 좀 쉬엄쉬엄 가면 좋으련만 야속하게도 얼른 따라오라는 재촉에 입이 탄다. 다리와 자존심은 아무 관계가 없음을 실감하게 된다. 그 모든 상황을 잘 알고 있으면서도 산은 그저 말없이 무심하다.

군대의 졸병 시절에도, 졸업 후 신입사원 시절에도 인생은 그렇게 악전고투였고 세상은 무심했다. 후배를 위해 주는 듯했던 선배도 다 제 갈 길이 바빴다. 나 역시 후배들은 다 자신이 알아서 하려니 했다. 먼저 올라서면 다행이고 뒤따라오면 또 먼저 올라가 버렸다. 그런 중에 잠시 꿀맛 같은 휴식을 맛보기도 했다. 하지만 인생의 정상이 까마득하여 다시 오르기에 정신이 팔렸으니 주변을 돌아다볼 여유도 없었다. 오직 발아래 흙과 막히는 숨소리만 있었다.

인생행로이건 산행이건 아무리 힘들어도 포기하지만 않으면-재수도 좋아야 한다는 전제가 있기는 하다-결국 정상에 다다른다. 그 정복의 기쁨, 멀리 발아래 있는 온갖 문명과 인간을 개미처럼 가소롭게 만들어 버리는 정상의 위력에 숙연한 마음이 들기도 한다. 그러나 최고봉에서의 기쁨은 절대 오래가지 않는다. 하산길은 더 힘들다. 이미 지쳐있는지라 경치도 별 의미 없다. 조심해서 내려오지만, 마음이 바빠진다. 얼른 돌아가 쉬고 싶은 마음만 가득하다.

1박 2일간의 영남알프스 순환 종주는 힘겨웠다. 산 아래에서는 볼 수 없는 진경이 가득하지만 쉼 없이 오르내려야 하고 발목과 무릎의 연골을 걱정하며 체력 유지에 신경을 써야 한다. 서로 묶어 두는 로프가 혈관같이 이어져 있어 마치 혈육 같은 산 동무라고 한다던데 함께 가는 도반들은 도무지 의리가 없다. 각자 늙수그레한 제 몸 챙기기에도 바쁘다.

첫날 산행을 마치고 아랫동네로 내려와서는 고관절 부위의 근육이 찌를 듯이 아팠다. 잠인들 제대로 잤을 리 만무하다. 그리고 새벽에 겨우 일어나 다시 올라간 산봉우리에서는 화살처럼 날아드는 비를 맞고 서리 같은 바람에 맞섰다.

왜 따라나서서 이 고생을 하나 싶었다. 사실 같은 동기생이라고는 해도 그들은 줄곧 산을 타던 친구다. 동네 뒷산용인 등산화를 신고 산길에서 주운 작대기 하나를 짚으며 싸구려 얇은 방풍 재킷을 입은 나와는 차원이 다른 사람들이다. 그렇다고 뒤처질 수도 없는 노릇, 이를 악물고 따라다녔다. 이 산 저 봉우리, 이 계곡 저 능선, 가는 곳곳마다 경치는 아름다웠지만 내게는 군 시절 유격훈련과 다름없었다.

하산 완료. 큰길로 내려서자, 만신창이가 된 다리만 남았다. 한참을 걸려 기차를 타고 집으로 돌아왔다. 쓰러지듯 방문을 열고 들어와 땀과 흙먼지로 가득한 옷을 벗고 샤워를 하고 소파에 드러누웠다. 그리고 언뜻 쳐다본 엄지발톱. 봉숭아꽃이 피었다. 인내의 표상, 내게는 멋진 훈장과 같았다.

산을 왜 오르내리는가? 산이 거기 있어서? 인간에게 과연 높은 곳을 오르고 싶어 안달하는 본능이라도 있단 말인가? 그럴 리 없다. 사실은 산이 인간을 유혹하기 때문이다. 노래를 부르는 사이렌과 같이 산은 사람을 유혹한다. 맑은 공기와 나무, 풀과 바위와 계곡의 물, 눈과 비바람, 온갖 소리와 숲의 냄새로 인간의 약한 마음을 요정처럼 끌어당기고 귓가에 도전과 투지의 영광을 속삭인다. 바다에 바람이 세질수록 물결이 크게 일어나듯 사람은 역경과 고난이 있을 때 더 날래고 강해진다. 고통이 사물들에 가치를 주기 때문이란 말은 그래서 옳은 말이다.

동시에 산은 인간에게 적절히 포상한다. 가벼운 하이킹엔 건강과 성취감을 부여하고 험한 등정에는 자부심과 영예를 수여한다. 설산 정복을 고통과 절제를 연결하여 완성한 인간 의지의 표상이라며 세상이 칭송하게 만든다. 이러니 산에 오르지 않을 수가 있겠나. 도시 곳곳에 산과 강이 들어찬 금수강산 대한민국 땅에 사지가 멀쩡하고 건강하다면, 너도나도 알록달록한 등산복으로 멋을 부리고 등산로로 접어드는 충분한 이유가 된다.

산악인에게 산은 일종의 성지다. 정상이 곧 천국이다. 산

자체가 종교적 존재가 되었다는 산꾼의 너스레를 듣는 요즘이다. 하지만 나는 산보다 산을 함께 다니는 친구가 좋고 그들과 나누는 한담이 좋으며 내려와 먹고 마시는 여흥이 또 좋고 그래서 집으로 돌아와 편한 휴식의 즐거움까지 다 좋기만 하다. 대체 산행이 아니라면 그 어디서?

(2020)

우산

 원래 스웨덴에서 공장의 환기를 위해 특별한 연구와 노력 끝에 개발한 시스템이 있었다. 그 기술을 일본의 현지법인에서 주차장 환기에 연계시켜 더욱 간단하고 저렴한 설치비용의 새로운 응용시스템을 개발했다. 우리나라와 비슷한 생활환경, 우리에게도 적절히 잘 쓰일 아이템이었다. 그것에 주목하여 기술 협의 차 동경의 자매회사를 방문한 적이 있었다.

 시내의 회사 빌딩에서 연일 세미나와 협의를 해야 하는 일정이라 결국 도심 한복판의 비즈니스호텔에 숙소를 정하게 되었다. 복잡한 도심 호텔이 마뜩잖기는 하지만 명색이 동경, 문밖으로 나가기만 하면 심심치는 않다.

 그날도 저녁을 마친 다음 혼자 외출하였다. 큰 거리를 돌아 나와 작은 뒷골목으로 접어들었다. 이면도로에는 나름 오랜 세월 동안 한 자리에서 장사를 해 온 가게가 많다. 방

랑자처럼 걸어가다 문득 들어간 작은 가게. 무어라 정확히 이름 붙일 종류의 상점은 아니다. 굳이 말하자면 '회사원 용품점'이라고나 할까. 회사원의 일상에 필요한 물건들이 작은 소지품부터 진열되어 있다.

첫눈에 들어온 물건이 우산이었다. 까만색이 주종이었으나 짙은 녹두색이 특이해서 단숨에 골라 들었다. 수제의 꼼꼼함과 튼실함이 그대로 느껴지는 물건이다. 무척 가볍다. 바니시 칠이 된 원목의 손잡이는 손에 착 감기면서도 따뜻하게 달라붙는다. 우산살 끝에도 앙증맞게 나무를 깎아 붙여 두었다. 고급의 품위가 있다.

'팡' 하는 소리가 날 정도로 단번에 활짝 펼쳐진다. 부드럽게 올라가고 확실하게 고정된다. 방수가 제대로인 우산 천, 살과 천을 한데로 묶은 단단한 실과 마무리. 균형이 잘 잡혀 이리저리 기우뚱거려도 다시 바로 잡는 데 무리가 없다. 아쉽기로 조금 작다 싶긴 했지만, 어차피 많은 비에는 큰 우산을 써도 다리 부분이 젖는 법, 외려 큰 사이즈는 소지하기에도 불편하다.

주인을 불러내어 가격을 물어보니 너무 비싸다. 런던의 버버리 상점 우산보다 더 나가는 값. 게다가 흥정할 엄두도 못 낼 만큼 주인은 단호한 얼굴이다. 잠시 망설였다. 하지만 장인의 작품, 다시 만나기 힘든 물건이다. 내 맘에 들면 세 곱, 아니 네 배인들 못 살 일도 아니다. 결국 손에 넣었다. 비록 마른 날이긴 하였지만 우산을 지팡이 삼아 또닥이며 호텔로 걸어오는 길이 자못 가벼웠다.

한국에 돌아온 이후로 우산과 함께 다니는 빗길은 늘 즐거웠다. 펼치면 펼친 대로 접으면 접은 대로 사랑스러웠다. 연두색 콩같이 독특한 색깔도 색깔이려니와 완벽한 균형감과 일체감은 써 본 사람만이 알 수 있다. 그것에 더해 신사는 우산마저도 일체가 되어 스타일을 갖추어야 한다는 생각이었기에 나만의 우산에 더욱 애착이 갔다. 사실 나란 사람이 우산 하나 멋지게 들었다고 남들 눈에 그리 뜨일 리 만무한 일이긴 하지만.

여하간 내 것과 닮은 우산을 들고 다니는 이를 여태껏 우리나라에서는 본 적이 없다. 그간의 우산이 하나둘이 아니었지만, 이만한 물건이 없었다. 색이 맘에 들면 재질이 불만이었고 재질이 그럴싸해도 무게가 맘에 들지 않았다. 납작해서 미적 감각이 떨어지거나(적당한 깊이가 있는 반월형이 보기 좋다) 내구성에 문제가 있어 살이 약간씩 휘어지기도 하는 물건이었다. 또 2단으로 접히는 제품은 비가 그칠 때에는 들고 다녀야 하니 그대로 성가신 짐이 되어 버렸다. 게다가 조잡한 비닐 제품을 들고 다닌다면 나 자신이 정말 싸구려가 되는 기분이 아니겠는가?

하여, 그 우산은 비 오는 날 나를 대변했고 내 부실한 인격 위에 품격을 더 얹어 주어 빛을 발하게 했다. 애지중지, 잘 싸서 보관해 두었고 어디를 가나 비 오는 날에는 나와 함께 했다. 남이나 식구들에게도 빌려주는 법 없이 오직 혼자만 지니고 다녔다. 애장품 목록에 꼭 끼워둔 빗길의 동행이었다.

몇 년 전이던가? (사람이 이렇다. 그리 아끼던 물건도 눈에 안 뜨이면 감감하다.) 친구의 회사에 들렀다가 그만 잃어버리고 말았다. 비가 올 때 찾아 들어가 이야길 나누었다가 비가 그쳐서 밖으로 나가 식사하며 시간을 보내다 깜빡해 버렸다. 나갈 때에는 다시 돌아와 찾아가리라 하였건만 낮술 반주를 걸치다 보니 도도한 취흥에 집으로 곧장 직행했다. 며칠을 두고 친구 회사를 가서 다시 찾아오나 하였다가 어쩌다 보니 근 열흘 후에나 찾으러 가게 되었다.

없다! 이리되면 낭패다. 그 많은 직원에게 고작 우산 하나, 누가 가져갔는가를 물어보기는 창피한 노릇이다. 내가 참으로 아끼는 물품이니 돌려 달라, 찾아 달라며 방송하기도 민망하다. 결국 일이 있어 둘러보는 척 책상 사이를 걸어 다니며 곁눈질로 찾아보다가 그만 씁쓰레 웃고는 실연한 사람처럼 돌아 나왔다. 이럴 줄 알았으면 동경의 가게 주소라도 알아 놓을걸. 하다못해 사진이라도 한 장 찍어 놓을걸. 아깝고 분해서-늦게 찾으러 간 내 잘못은 깡그리 잊고-한동안 잠을 제대로 이루지 못했다.

비 오는 날마다 우산을 찾다가 울화통만 터졌다. 그간 정이 들어도 단단히 들었다. 쭉 뻗은 자태와 고운 옷을 입은 여인 같던, 내 팔짱을 꼭 끼고 다녔던 그 자태가 그립고 아쉬웠다. 그렇게 세월 보내고 지금의 우산을 들고 다닌다.

그러나 본인 전용 우산은 아니다. 이것저것 손에 걸리는 대로 대충 들고 다닌다. 아끼고 자시고 할 것도 없다. 잃어버려도 그만이고 부서져도 애달프지 않다.

이쯤에 다다라 생각해 보면 내가 아끼던 물건을 잃어버린 적이 한두 번이겠는가. 소중히 광내며 사용하던 만년필이나 책장 접어가며 읽던 책도 있었겠고 라이터도 있고 손수건도 있었으며 고급 지갑도 잃어버린 적이 여러 번 된다. 어디 물건뿐이랴 늘 잊지 말자며 교제하던 친구도 있었고 존경하여 꼭 찾아뵙자던 선생님도 계셨다. 숨 막혀 못살 만큼의 사랑도 있지 않았던가 말이다.

그러나 늘 비 오는 날이면 그 우산, 내 머리 위에서 경쾌한 빗소리를 들려주던 그 친구를 이렇듯 잊지 못하고 기어이 떠올리고야 만다. 세월이 병인지 약인지 잘 모르겠다. 잃어버리고 시간 지나면 그만 어렴풋해지지만 그러다가 기어이 가슴 저리게 되살아난다.

(2007)

끽연기

 고등학교 2학년 여름방학을 맞아 친구 녀석들과 남해의 상주 해수욕장을 가게 되었다. 바닷가를 따라 줄지어 선 송림 아래 텐트촌이 유명하고 가까운 금산으로 등산도 즐길 수 있기 때문이었다.
 이것저것 거지같이 주워 모으고 찢어진 친구 형의 군용 텐트도 빌려 배낭을 꾸렸다. 드디어 출발일! 여객부두에서 꽤 큰 배에 올라타고 출항, 미끄러지듯 서쪽으로 나아갔다. 부산항을 빠져나가면서 노래를 부르고 상갑판 하갑판을 왔다 갔다 하다가 대부분이 졸기 시작하는 가운데 혼자만의 시간이 왔다. 하늘에서는 몇 점의 작은 구름이 서쪽으로 나를 따라 천천히 움직이고 부드러운 바람은 멀리서부터 다도해의 섬들을 돌아와 이마를 간지럽혔다.
 청포 비단같이 고운 물살이 뱃머리로부터 너울거려와 죽죽 갈라져 하얀 포말로 변해 멀어져 가고 이따금 지나치는 배들이 울려주는 고동 소리로 기분이 더없이 고조되어 가고 있을 때였다. 선미 갑판에 말아 놓은 로프 위에 앉아 남쪽 바다의 풍광에 망연한 나의 어깨를 툭 치며 친구 녀석이 말없이 무언가를 건넸다. 일련번호가 가늘게 찍혀있는, 한 치살같이 미끈한 하얀 담배였다.

"아, 난 못 피워." 하고는 얼굴이 붉어졌다. 미숙한 녀석이라 놀림을 받을까 봐 그랬는지도 모른다.

"그래? 하하 별거 아냐. 이렇게 불을 당기고(화약 냄새가 치익 하며 달겨든다) 한 모금 빨아서 입을 약간 벌리며 숨을 들어서 마시면 돼. 후욱 소리가 나야 제대로 되는 거야." 이쯤 되면 물러설 수 없다. 녀석이 건네준 생애 최초의 '비둘기'를 최대한 우아한 포즈로 입술 가장자리에 비스듬히 걸쳐 물고 턱을 들어 보였다. 영화에서 보고 배운 흉내다.

"야! 너 완전 말론 브란도야!" 녀석이 웃었다. "그으래? 그럼 불 좀 댕겨봐."라며 거드름을 피우곤 녀석이 시킨 대로 입안에 연기를 머금었다 후우 하고 뿜었다. 연기가 눈앞에서 쑥 뻗어 나가는 것이 멋있었다. "임마아! 후욱, 이렇게 훅 들이마시라니까!" 하며 녀석이 다그쳤다. "알았어." "훅~ 후욱." 가슴을 크게 하고 들이마셨다.

코가 좀 따갑다 싶더니 순간 커다란 불개미 한 마리가 목구멍을 비집고 들어왔다. 몸을 움츠리며 숨을 멈추었다. 허사였다. 발작하듯 기침과 함께 목을 잡았다. 눈물이 주울 흘렀다. 파랗던 하늘이 노랗게 들어왔다. 바야흐로 눈물을 찔끔거리는 애연 행로의 서곡이었다.

　담배는 동지섣달 아궁이 군불 때듯 점점 더 늘어갔다. 다락방에서 한 대씩 필 때마다 몸이 뜨끈해지며 아늑한 기분이 들었다. 대학에 들어간 이후로는 맘껏 피웠다. 하루 세 갑을 피워대신 아버지께서 담배 한 '보루'를 사 주신 적도 있었다. 말하자면 애연 동지요 공인받은 성인 흡연자로 등극한 셈이다. 이때부터 새로 나온 담배는 필히, 종류를 막론하고 책을 잡혀서라도 전격 구매하여 엄숙한 시연식을 가졌었다.

　담배라 해도 종류가 여럿 있다. 파이프 담배, 곰방대에 피워문 담배, 필터가 있고 없고도 차이가 있었다. 선친이 사용하시던 수입품 잎담배도 몰래 방문을 걸어 잠그고 파이프에 다져 넣어 피워 봤었다. 하지만 이건 상당한 손기술과 입질의 조화가 필요했다. 열심히 뻑뻑대도 벌겋게 제대로 달아오르지 못하고 매번 퍼석하니 꺼져버리는 통에 입속만 따가울 정도로 씁쓸했을 뿐, 맛을 들이지 못했다. 결국 손쉬운 궐련에 길들게 되었다.

　우선 궐련은 그 몸체부터가 날씬하다. 코코아 냄새가 살짝 섞인 달곰씁쓸한 향도 그럴싸하고, 손가락에 닿는 가볍고 건조한 필터의 촉감도 묘한 쾌감을 선사한다. 비닐 포장을 풀어 뜯어낼 때는 가슴 설레는 기다림이 있고, 약간 빠른 손가락질로 은박종이를 찢어낼 때의 소리는 듣기 좋은 경쾌음이 내 심장을 울린다. 뜯겨 나온 종잇조각을 기분 좋게 튕겨 내기 바쁘게, 담뱃갑을 검지로 톡톡 가볍게 두드리면 한 개비 담배만 살짝 올라와 말갛게 웃으며 나를 쳐다본다. 그걸 쓱 뽑아내어 코밑을 쓰윽 스치게 해서 연한 향을 머릿속까지 들이마시고 난 후, 흥분한 입술에 물리고는 휘발유 냄새가 솔솔 풍기는 라이터 불로 처억 붙인다. 그리고 '메인 디시'격으로 입을 오므려 쑤욱 피워 올리는, 그 전 과정에 걸쳐있는 약간의 흥분과 적절한 중독의 유혹은 비흡연자는 도저히 알 수가 없다.

게다가 손가락에 끼워 멋진 포즈라도 연출할 때면 흡연의 마력은 더할 나위 없이 강력하게 발현된다. 밤에 어두운 곳에서 성냥불을 당겨 올리면 일시적으로 환히 얼굴을 비추다가 빛이 사그라질 때와 그 직후 빨간 불꽃이 껌뻑이며 연기가 춤을 출 때면 특유의 신비한 분위기가 그대로 나타나게 된다. 영화감독들이 좋아할 수밖에 없는 장면 연출이 된다.

끽연이 일상화되자 그때부터는 긴 수술 후 어두운 다락방에서 허탈하게 피워 올리는 파리의 불법체류자 '라비크'의 담배 맛이나 20년 전의 약속을 지키기 위해 비바람 치는 뒷골목 벽에 기대어 '지미'를 기다리는 '봅'의 담배 피우는 모습도 연상해 가며 하루 한 갑의 담배를 꼬박꼬박 처리해 왔다. 고작 몇 푼 들지도 않는 담뱃값에 비하면 그 향유의 즐거움은 열 배도 더할 돈 쓰는 맛이 있었다.

이제 나의 끽연 여행도 이미 이십여 년을 넘어섰다. 오랜

관행은 당연히 그 전통의 잔해가 남아있기 마련, 그간 담배와 함께하면서 있었던 사고의 흔적들은 내 주위 곳곳에 그대로 남아있다. 내가 동그랗게 때로는 타원형으로 멋지게 만들어낸 바람구멍 장식 바지는 어림잡아 스물여 벌이다. 열심히 독서 삼매경에 빠진 증거로 나타나는 책상 위 여기저기의 인장들이 검고도 분명하다. 완독을 자신 있게 보여주노라고 군데군데가 태워진 아끼는 애장서도 많다. 자동차 시트에 형성되어 있는 기계공학적 배치의 동그란 구멍들 역시 빠질 수 없다. 남자로서의 터프함을 그대로 나타내는 중지와 검지의 살이 고통스럽게 타들어 간 흔적, 마치 찬란한 훈장과도 같은 손톱과 치아의 고색창연한 갈색의 배임은 내 몸에 새긴 '애연 문신'이다.

　이만큼의 지적 외양 자산을 갖추기 위한 필수적인 사건 사고가 얼마나 많았던가. 신나게 고속도로를 주행하다 사타구니께로 떨어지는 불똥으로 혼비백산하여 급정거시킨 일이 기하이며, 밤늦게 담배 가게문 두드린다고 동네 사람들에게서 들었던 비난의 아우성과 어이없던 일전, 모두가 퇴근한 사무실에서 담배 찾느라 남의 서랍 뒤지다가 다음날 오해의 싸늘한 눈초리는 또 기하였던가! 애꿎게 찢겨나간 밀조 담배를 위한 질 좋은 사전 쪽지들은 몇십 페이지겠으며, 그를 위한 꽁초 분해 작업으로 보낸 날밤들은 또 얼마나 애달팠던가.

　그럼에도 꿋꿋했다. '끽연가는 금연가에게 육체적 손해를 끼치지만, 금연가가 끽연가에게 끼치는 낭패는 정신적이다' 라는 임어당 선생의 말을 십분 이용, 내 고귀한 정신에 민폐를 끼치지 말라며 뻔뻔하게 항변하고 다녔다. 윈스턴 처칠은 줄담배를 피고도 구십을 넘겼노라고, 담배로부터의 위안과 행복감이 전쟁 수행의 엄청난 스트레스를 풀어주었기 때문이며 전쟁 같은 이 세상에서는 어쩔 수 없는 일이라며 큰소리치고 다녔다. 그러나 신나게 그럴싸한 이유로 포장할 수 있을진 몰라도 이건 분명히, 사이렌같이 유혹하며 춤을 추는 니코틴 여신 때문이다. 솔직히 스스로 끊을 수 없는 정신병의 중독 현상일 뿐 잘난 지적 우월성 때문은 절대 아니다. 처절한 과학적 사실 앞에 그저 여린 마음만 아플 뿐이다.

하지만 내 목구멍을 자극하는, 흡연이란 마조히즘이여! 예찬해 마지않는 멋진 기호여! 라이터여, 재떨이여, 마주할 때마다 차마 뿌리칠 수 없는 나의 고상한 흡입의 조건반사여! 아아, 언젠가는 생이별해야겠거늘.

(2004)

등부(燈夫)

　사람들에게 '등부'라고 나 자신을 소개하니 그게 무엔가 한다. 달리 특별한 뜻이 있지는 않고 그저 燈夫, 등을 들고 서 있는 사내 또는 등을 켜러 다니는 사내랍니다라고 일러 준다. 그제야 대개는 아하 하며 고개를 끄덕이지만, 혹시 세상을 밝히겠노라는 그런 뜻으로 만드신 건가 하고 되묻는 이들도 있다.

　내가 그런 능력을 갖출 만한 그릇이 아니란 건 불문가지이다. 무슨 여신상처럼 거창하게 찬란한 횃불을 들고 있지도 않고 엄청난 양의 럭스 크기로 도시의 밤을 화려하게 이루어 내는 능력도 없는 사람이다. '겨우 발 앞을 비출 수 있는, 어설픈 등을 하나 들고 서 있는 사내'라고나 할까, 간신히 자기 앞가림이나 할 정도이다. 당연히 자신의 앞길을 훤히 밝힐 만한 그런 재주는 있을 리 없다.

　글을 본격적으로 쓰기 시작하면서 호라는 게 하나 있으

면 좋으련 했다. 누군가 멋지게 지어 내려주면 좋을 일이겠으나 누가 나 같은 못난이를 아끼고 알아주어 어려운 수고를 해주겠나. 그럴 만한 스승의 친애도 없고 선배나 친구들의 정성도 못 받는 사람이다. 그렇다고 하여 억지로 부탁하기도 염치없는 일이어서 어쩔 수 없이 자작을 택했다.

  자작은 사실 여러 사람이 그리들 한다. 더구나 나쁜 목적으로 짓지 않으니 조금 머쓱한 일이긴 해도 흠은 아니다. 나름의 인생관을 세우고 매번 이름 불릴 때마다 다시금 명심하게 되니 말이다.

  여하간 이 호로 불리는 나는, 동구 밖으로 갓 씌운 등을 하나 들고 비틀거리며 밤길 걷는 사내라 해도 좋겠다. 아니면 전혜린의 글에도 나오듯이 '슈바빙'의 어둑해지는 저녁 포도 위를, 자전거 타고 가며 가로등 불 밝혀 가는 사내라 해도 그럴싸하다. 기실 바라기로는 내 맘속에 진실의 등불을 켜고 다니는 사람이라면 좋겠다만 그거야 반드시 '디오게네스'의 비웃음을 살 일이니 감히 언급할 수 없다.

  사실 등부란 호는 조부의 자에서 그 단초를 얻었다. 온갖 고사나 시에서도 별 무소득이었기 때문이다. 게다가 고향 뒷산이라도 좀 그럴싸하면 그 이름이라도 차용할 수 있었겠지만, 출생지가 부산 중구 남포동이다. 도시의 번화가 한가운데에서 태어났으니, 호로 쓰기에는 품위가 영 아니올시다이다. 기껏 주변의 자연이라고는 용두산, 자갈치와 붙어 있는 동네인데 용두, 자갈로는 아무래도 우스꽝스럽다. 수석 취미도 있어서 일석, 해석 등을 떠올려 보지만 워낙 흔하여 결국 집안으로 찾아 들어갔다.

자랑스럽게도 고조부께서 예조참판 벼슬을 하셨다. 동지중추부사로 왕명을 수행하기도 하셨으니 만만치는 않은 인품이었다. 증조부께서는 평생 조정에 출사하지 않으셨다. 음서나 대가제로 적당한 벼슬을 내려받아 행세깨나 하고 다녔을 수도 있었겠지만 뜻을 세워 향리의 선비로 학행, 문집을 두어 권 내셨다. 다들 똑똑하고 출세하고 기개도 출중한 분들이라 닮고 싶기는 했으나 안타깝게도 어른들의 호는 별 매력 없었다. 게다가 선친이시라면 당신의 할아버지였으니 일 편의 감회란 게 있을지도 모르겠지만 나로서는 너무 멀기만 했다.

증조부의 뜻에 따라 평생 선비 처사로 지내신 조부의 호는 만회(晩悔), 늦게야 뉘우친다, 뒤늦은 후회를 일삼는 사람이란 뜻이겠다. 스스로 낮추고 경계하고자 했겠지만 동시에 그런 후회를 하지 않도록 살아가겠다는 결심도 엿보인다.

그나마 할아버지는 가까우니 그것을 흉내 내보려 했다. 옥편을 들고 밤을 새워가며 뽑아본다. 만오(晩悟), 만각(晩覺), 한참을 끄집어내 봤지만 아무래도 절 생활하는 이 같다. 결국 할아버지의 자인 징부(澄夫)에서 얻어 쓰기로 했다. 맑을 징에 사내 부이니 맑고 곧게 살라고 지었을 성싶다. 그러나 내가 그런 인품이겠나. 맑은 맘이 나에게 있을 턱이 없다. 결국 고심 끝에 비슷한 글자로 등부를 택하고 겨우 작호를 마쳤다.

조부께서는 대단히 까다로운 분이셨다고 한다. 정자관을 쓰고 매서운 눈으로 의자에 앉아있는 사진을 보면 지금도 내 목이 움츠러드는 기분이다. 부산이 임시수도인 시절 이승만 박사를 만나서 바둑을 두고 오셨다고 큰누님은 곧잘 할아버지 자랑을 했다. 돌아가셨을 때도 부통령의 만장이 걸리는 등, 대단한 장례를 치렀다고 한다. 그랬을 법도 하지만 큰누나는 원래 허풍이 좀 있고 내가 안 봤으니 확신할 수 없다. 어쩌면 요새 인구에 회자하는 '기억의 왜곡'인지도 모른다. 그렇긴 해도 사진 속의 그이는 심지가 깊고 기개가 높은 풍모다.(솔직히 성질 고약한 영감 같지만.)

아들은 둘이다. 큰아버지와 아버지신데 그 이름자가 나름으로 뜻이 있다. 순상(舜相), 우상(禹相)이라고 한다. 태평 시절의 임금 이름자를 아들들 이름에 붙여주었으니 내 짐작으로는 집안과 나라를 위해, 둘이 사이좋게 나란히 무언가 해주기를 바라지 않았을까 싶다. 이렇듯 집안 내력에 이름자를 각별히 신경 쓰는 유전자가 깃들여 있다. 하지만, 조부의 작명 의도와는 달리 두 분의 우애는 별로 좋지 않았다.

선친은 글을 짓지는 않으셨다. 그러나 필체는 대단하셨던 걸로 기억한다. 학교에 결석계라도 써줄 일이 있어 받아 들고 가면 담임선생들께서 내 결석 사유보다는 글씨의 생김새에 감탄하셨던 만큼의 좋은 필체를 지니셨다.(명필 아버지의 글씨 덕분에 야단맞기보다 그저 건강하란 소리만 들었다.) 그런 연유로 아버지에게 붓글씨를 배우긴 했는데 길 영(永) 자 하나만으로도 신문지 수십 장을 버렸고 내 필세가 워낙 조악해서 그만 가르치기를 포기하셨다. '넌 힘들겠구나.' 그리고는 더 이상 날 괴롭히지 않으셨다.

내가 쓴 글씨를 나도 잘못 알아볼 때가 많다. 난필에 졸필이니 악필의 대명사다. 아이들 숙제나 통신표에 몇 자를 적어줄 때는 진땀을 흘린다. 여하간 어른들의 그런 기상과 기품은 물론 내겐 없다. 나라는 사람은 맑고 곧고 너름을 택하여 수양에 정진할 끈기나 신조도 없다. 맺고 끊음이 분명하고 여유로운 정신으로 자신의 삶을 써낼 수 있는 인생 필력도 없다. 한마디로 조상에 부끄러운 졸장부이다. 용이 지렁이를 낳았고 호랑이가 개를 낳은 꼴이다.

다만 내 앞가림만이라도 제대로 하며 살고 싶었다. 험난한 세상, 모진 인정에 흔들리지 않고 어른들이 닦아놓은 길을 따라 실수 없이 가고 싶었다. 가다가 옆으로 새어 버리거나 굴러떨어지지 않도록 조심조심 제 발 앞이나 제대로 비추어가며 살아갈 수 있으면 고맙고 다행한 일이다. 그리 겨우 만들어낸 호가 등부이다.

세상을 위해 잘못들을 나무랄, 눈빛이 형형하여 지배를 철할 만한 태생도 아니고 하늘을 찢어 버릴 듯이 일갈할 배포도 능력도 없다. 그런 연차로 그저 바라건대 나를 칭하길 '등부'라 할밖에.

(2002)

사진 두 장

　가고 싶어서 간 군대는 아니지만 끌려간 것도 아닌 군대. 유신 말기였다. 대학의 문예부장을 맡아 발간을 준비하던 내가, 편집장이라며 기고한 권두언이 문제가 되었다. 사실 그 글은 당시 권력을 향한 반항이나 확고한 부정이 아니고 그저 '개폼'만 잡은 어설픈 글이다. 머리글이란 것에 덜떨어진 내 머리를 굴려 넣었으니 보나마나 뻔하다. 하지만 내용을 이리저리 외눈박이로 쫓아가면 파래김 두 장 두께만 한 오해가 생길 수도 있는 '좀 색깔이 안 좋은' 문장이긴 하다.
　제목은 '새로운 창조', 내용은 '양의 동서를 막론하고 유사 이래로 모든 시대가 그러했듯 우리의 시대도 하나의 과도기'라는 식이다. 하긴 신이 창조하신 우주의 질서보다 더 완벽하게 돌아가야 하는 유신 시절에 과도기라는 표현이 문제가 될 수도 있었겠다. 더구나 변화의 모델로 내세운 것이 하필이면 프랑스 대혁명 당시의 '조르주 당통'이었다. 그런 세기적 혁명아를 언급하며 '구두 밑창에 조국을 붙이고 도망갈 수는 없는 노릇'이라고 써댔으니 당시 사찰 당국의 눈에 곱게 보일 리 없다. 그러나 설령 그런 의도가 있다고 해도 한창 열정적인 청춘 무대를 뛰어다니는 대학생의 한 편 글을 두고 그렇게까지 매정하게 대할 일은 아니었지 싶다.

이후 학생과로 불려 갔다가 그길로 경찰서행이었다. 다행히 달랑 하룻밤 만에 나왔고 게슈타포같이 생긴 형사에게 괜히 잘난 척 대들다 몇 대 얻어맞은 게 전부다. 다시는 까불지 않겠다는, 반성문이라는 항복문서를 얼른 써주고 고개 숙여 인사하고 나왔다는 얘기다. 의지가 굳은 사람에겐 관계없는 얘긴지 모르겠으나 그날 밤 이후로 '매에는 장사 없다'라는 격언을 뼈에 새겼다. 아울러 무시무시한 고문을 이겨내고 소신을 지킨 순국열사들이 얼마나 존경스러운지 눈물을 줄줄 흘릴 지경이었다. 그리고 며칠 후 덜컥 친구 녀석과 함께 찾아간 곳이 부산 중앙부두 앞 해병대 모병관실이었다.

그렇기에 '무적 해병'에 지원한 이유는-내가 '껄렁해서' 또는 '쪽 팔리기 싫어서' 모진 군대를 찾아간 게 아니라-억지로 끌려 들어가지는 않겠다는, 깨알만 한 반항심의 발현이었다. 말하자면 너희들 시키는 대로 살지 않고 나 자신의 온전한 자유의지로 살겠다며 달팽이 뿔을 들이댄 방구석 레지스탕스 운동이었다.

오늘 오후에 사진 두 장을 찾아냈다. 둘 다 군 시절의 사진이다. 한 장은 79년 초 진해 신병훈련소에 들어가자마자 본격적으로 얻어터지기 시작해서 일주일쯤 지난 모습이다. 군복을 수령하고 줄을 지어 찍은 흑백사진으로 촬영 직전까지 기합을 받았다.

　일부러 악에 받친 해병대원 모습을 찍으려고 훈병들을 괴롭힌 게 아니다. 당시 조교나 교관은 무조건 고함을 질러대고 두들겨 패고 이리 굴리고 저리 뛰게 만드는 일이 가장 중요했다. 따라서 사진을 찍든 식사 시간이든 전혀 개의치 않았고 훈련병에게 고통을 주는 일에 아무런 기술적 어려움이나 인간적 갈등이 없어 보였다. 중고등학교 때 덜 떨어진 분노조절장애 선생들이 이른바 교화랍시고 눈이 반쯤 돌아가서 애들을 때리던 것과는 차원이 달랐다.

　겉으로는 애국심과 사명감의 훌륭한 간판을 걸어 놓고 안으로는 얼차려를 통해 멀쩡한 청년을 외려 얼빠진 동물로 -돼지가 제일 대표적이다- 만들어내고 있는 곳이 훈련소였다. 그리고 그 일을 능숙하게 담당하는 사람들은 대부분 심각한 폭력중독자거나 아예 폭력에 무감각한 우울증 환자들이었다. 그럼에도 훈련병들은 뭉쳐버린 다리와 피멍 든 엉덩이, 주먹에 얻어터진 볼때기로 목이 쉬도록 군가를 부르며 기막히게 적응해 갔다.

　이제 거의 30년이 지나 다시 보는 내 모습, 작대기 한 개의 팔각모를 쓰고 멀리 천자봉을 배경으로 탄띠 벨트에 손을 올려 놓았다. 단독군장의 자세는 그럴싸하나 일주일

만에 턱이 돌아갈 정도로 볼이 홀쭉해졌다. 마치 지옥 나락에라도 떨어진 사람처럼 불안과 고통에 시달린 모습이다.

하지만 이 사진은 내게 소중하다. 부모님을 훌쩍 떠나와 파시스트 독재자의 하수인에게 직사하게 얻어맞고 고생의 문턱으로 들어선 저 얼굴. 국가와 민족에 대한 충성심의 발휘인지 아니면 권력에 대한 맹종의 의무인지를 분간 못 하는 어정쩡한 모습이다. 둥지를 떠나 불안한 날개를 펴는 어린 새의 두려움이 고스란히 남아있다. 이른바 군대 갈 수밖에 없었던 '어둠의 자식' 군에 속한 운명이다. 저런 묘한 표정의 사진은 퓰리처상에 도전해 봐도 좋겠다.

두 번째 사진은 노숙하다. 이 사진을 찍기 몇 달 전만 하여도 나는 살이 제법 오른 빡센 사나이 같았다. 근데 다시 볼이 홀쭉해졌다. 물론 훈련소 입소 당시와는 비교가 안 되지만. 이유는 있다. 제대를 한 달도 채 남기지 않은 순검 열외의 말년이었으니 속칭 짬빱, 그게 먹기 싫었다. 일일 식사량이 PX에서의 우유 두어 잔과 사병 식당의 주계병-타군의 취사병-이던 동기생과 끓여 먹던 라면이 고작이었으니.

원활한 사회복귀를 위한 짬밥살 빼기. 쉰내 나는 찐 보리밥과 고춧가루 몇 개 붙은 콩나물무침과의 작별. 게다가 식판을 달그락거리며 미친 듯이 먹어야 하는 식사 시간이 너무 싫었기 때문이다. 향토예비군 마크가 붙어 있는 제대복에 날마다 다림질하던 때이니 고작 '군바리' 짬밥이 뭐 그리 대수였겠나.

하지만 저 표정은 뭘까? 스물셋 어린 나이에 온갖 세상사 제대로 겪어본 녀석의 모습 같기도 하고 비록 낡았어도 노숙한 고참의 옷매무새, 이른바 '자세'가 딱 나와 있다. 바지 주머니에 두 손을 찔러 놓고 비스듬히 서서 만들어낸 말년의 표정도 그대로 살아있다.

두 장의 사진은 인생 한때, 그것도 고난의 시작과 끝을 여실히 보여준다. 첫사랑이 태화 말표 고무신을 거꾸로 신어도 탈영하지 않았고, 훈련소 시절 모자나 미제 스푼을 잃어버리는 황당한 사고도 당하지 않았다. 기관총 총알이 머리 위로 날아다니던 진흙 구덩이 속을 굴렀어도 아무런 부상 없었고 제대 정문을 나설 때까지 떨어지던 오동잎도 피해 가며 묵묵히 잘 버텨준 내가 정말 고맙다. 돌이켜 보면 저 청춘의 한때, 전전긍긍하던 훈련병의 얼굴과 여유로운 전역 예정자의 포스가 언제 다시 내게 찾아들겠는가. 그 시절이 온통 고스란히 그립기만 하다.

이 사진 두 장을 나란히 놓고 보면 새벽 어스름에 날 기다리고 계시던 아버님도 덜컥 생각이 나고, 내게 고함을 치며 말리던 형, 함께 지원했다가 떨어져 버린 의리 없던 친구 놈, 어리석은 나보다 더 어리석었던 못생긴 동기생 녀석, 울며불며 내 팔을 잡고선 눈물 뚝뚝 흘리던 철없는 첫사랑 계집애, 장발을 그대로 밀어 버린 훈련소 정문 앞 이발관, 모래밭에서 사정없이 날아들던 군홧발, 초소 옆에서

밤바다를 바라보며 졸병과 같이 끓여 먹던 삼양라면도 생각난다.

  무엇보다도 더 생각나는 건 입대하는 차 속에서 내 입에 누나가 넣어주던 오월의 제철 딸기, 붉고 커다란 그 딸기가 왜 이리 그리울까? 청춘의 딸기 같은 열정을 회억하는 이 시간, 그 시절의 사람들이 온통, 고스란히 떠오르는 것일 저!

(2007)

큰바위얼굴

친구들이 공인해 준 바, 나는 미남이다. 인물이 훌륭해서 인가 하겠지만 그건 아니다. 우선 친구들의 대부분은 반 또는 거의 머리카락이 없다. 따라서 60대 남자 미모의 첫째 기준은 머리숱의 양이라는 게 그들의 일치된 의견이다. 아무리 이목구비가 뛰어나도 앞이마나 정수리께가 텅 비어 있으면-안타깝지만-곧바로 미남 후보군에서 탈락이다. 살이 쪘으면 저팔계며 말랐으면 사오정이라는 준엄한 평가가 내려진다. 아무리 못생겼어도 서로 감정 상하지 않도록 '오징어'라는 표현은 삼간다.

내 경우에는 다행히도 빈 구석 없이 머리칼이 꽤 풍성하게 붙었다.(자동으로 손오공 레벨이 된다.) 게다가 흰머리도 고르게 나 있어 이른바 'salt and pepper'의 중후한 멋이 있다. 미모는 눈썹에도 붙어 있다. 윤기가 자르르하고 쭉 뻗어서 썩 훌륭하다.

건강한 신체도 한몫 거든다. 다른 이들처럼 거북목이거나 굽은 등도 아니고 학창 시절부터 단련한 가슴근육도 상당한 편이라 그것도 평가에 상관관계가 있다고 한다-약간의 뱃살은 전혀 흠이 되지 않는다고 덧붙여주었다-얼굴로 치자면, 갸름한 쌍꺼풀에 콧대가 우뚝하며 입 모양새도 야무지니 어찌 미남이 아니겠냐며 입을 모아준다.(그들이 진정한 내 친구일 수밖에 없는 확실한 증거다.)

잘생긴 외모뿐이랴. 허세와 착각까지 맞춤으로 갖추었다. 더구나 요즘 들어서는 웬만한 세상 이치가-대중교통이 훨씬 낫다는 깨달음-한눈에 다 보인다. 이해와 용서가 필요한 일에도, 술 한잔 얻어먹으면, 유연하기 짝 없다.

심지어 천문 지리에도 혜안이 생겨나 그에 걸맞은 대응책을 금세 수립해 낸다. 비 오기 전 일찌감치 우산을 준비하거나 따뜻한 옷을 미리 갈아입는 준비성도 철저한 데다 널어놓은 빨래를 소나기 직전에 걷어 내는 민첩함도 갖추었다. 이만하면 제갈공명이나 토정 선생과도 견줄 만하다.

건강한 미남으로 자연의 이치마저도 통달한, 사려 깊은 노년의 자부심은 눈부신 젊음도 부럽지 않게 만든다. 거울을 볼 때마다 자부심에 턱이 저절로 치켜들어진다. 그것에 더해 근 40년간의 직장생활-자발적 노예 생활-에서 해방되어 풍광 좋은 소도시로 이사까지 감행했다. 게다가 그렇게나 무섭다는 마누라도 없이 무위도식하며 행복을 만끽하니, 이렇게 복 많은 팔자가 또 어디 있단 말인가!

신언서판, 어디 하나 빠질지 하며 혼자 한참을 웃다 보니 사레가 들어 캑캑거린다. 대체 이러한 허풍과 자부심은 어디서 왔을까? 우선 선친의 창창한 머리숱과 어머니의 고운 피부를 잘 합성한 '하이브리드 유전자'이리라. 아울러 늦둥이 막내아들에게 쏟아진 부모형제, 나아가 일가친척들의 눈먼 사랑이 보태진 덕분이다.

밖으로부터의 전폭적인 지원만이 아니다. '별것 아니야'라는 뻔뻔한 태도와 '어떻게든 되겠지'라는 태평무사 정신, 그 둘을 완벽히 통합해 낸 나 자신의 부단한 의지도 있으렷다. 하지만 아무래도 이것은 신의 자비이고 영험한 사주팔자로부터 비롯된 내 운명의 필연적 선택임이 틀림없다.

이러한 극단의 편파적 결론은 일종의 배타적 습성과 이기심 그리고 험난한 세상에서 살아남기 위한 자기 세뇌로부터 왔겠지만, 아무튼 내 진단은 때로 매우 확고하다.

'큰바위얼굴'은 그런 점에서 내게 인격 수양과 평안의 명약이 된다. 나다니엘 호손의 작품 내용이 다 기억나지는 않지만, 마지막에 사람들이 어니스트를 보고 큰바위얼굴이라며 칭송하는 모습들과 언젠가는 자신보다 훨씬 더 나은 사람이 큰바위얼굴로 나타나리라 그가 읊조리던 장면은 기억난다.

어릴 때부터 나도 그런 사람이 되고 싶었다. 예복습도 착실히 했고, 어른들 말씀도 잘 들었으며, 용돈으로 학용품을 사서 부모님의 칭찬을 유도했다. 오로지 큰바위얼굴이 되겠노라 다짐한 인생행로였다.(결과는 별무소득이다만.)

솔직히 젊은 시절에는 아무 생각 없이 살았다. 생각 자체가 없었다. 그저 학교를 가거나 회사에 다니고 결혼하고 아이를 가져도 매일매일을 마구잡이로 살았다. 신기하게도-큰 문제 없이-정작 본인은 무척이나 행복해하며 살았다. 죽도록 일만 하고 사는 개미보다 이렇듯 하고 싶은 대로 맘대로 사는 베짱이가 훨씬 나은 인생이라며.

생각 없이 살아온 인생, 그것을 깨우친 지도 얼마 되지 않는다. 아이들과 그나마 가깝게 지내는 편이라 얘기를 나누다 보면 요즘 젊은 사람들이 얼마나 영민하고 현실적이며 따라서 실용적인지를 알게 된다. 그런 중에 자연스레 나의 옛날을 떠올리게 되고 그 시절의 내가 어리석고 부끄러워서 한탄하지 않을 수 없게 된다.

겉으로는 그들을 향해 나약하고 싹수없다며 평가절하하지만, 속으로는 참으로 한심한 내 청춘이라 슬쩍 떨리기까지 한다. 이 나이, 젊음은 통째로 나를 버리고 떠났다. 다시는 돌아오지 않으리라 진저리를 치며 떠났다. 돌봐주지 않았던 내 젊음에 그저 미안하고 송구할 따름이다.

솔직히 미남 소리를 들으면 뭐하나. 이미 깊은 주름이 얼굴을 덮어 나가고 예전처럼 힘도 제대로 쓰지 못한다. 훌륭한 사회생활은 진즉에 포기했고 몇몇 똑같이 어리석은 친구놈들과 마냥 노닥거리며 지낸다. 그러면서도 이만한 행복이 어딨냐며 서로 최고다, 네가 제일 낫다 치켜세우며 산다.

아무튼 사람 하나는 좋아졌다. 예전에는 비난 일색, 요즘은 누구에게나 칭찬 일색이다. 비난하던 마음에는 늘 분노가 일었지만, 칭찬하는 마음엔 함께 웃고 즐기는 행복감이 가득하다. 뒤늦게 배운 술이 잘도 넘어가고 안주 맛도 기막히게 좋아진다.

큰바위얼굴이 따로 있나? 이럴 때의 얼굴들이 바로 미남이요 모두가 다 신식 큰바위얼굴이란 흐뭇한 결론에 다다를 밖에.

(2024)

김성탄과 나

정작 서상기를 읽어 보지는 못했다. 또한 '서상기 비해(西廂記批解)' 역시 접한 적이 없다. 그러나 성탄 김인서(聖嘆 金人瑞)는 안다.

그를 처음 알게 된 것은 린위탕의 '생활의 발견(the importance of living)'을 통해서였다. 서상기 비해의 '고염(拷艷)'편에 실려 있다는 '불역쾌재 삼십삼칙(不亦快哉 三十三則)'이 소개되었기 때문이다. 불역쾌재는 첫 대면부터 내 입꼬리를 귓불까지 올라가게 했다. 행복은 사소한 일에서도 얼마든지 꽃을 피우며 아울러 쾌 불쾌의 판단은 느끼는 자의 상황해석에 좌우된다는 지혜를 얻었다. 글이 워낙 유명한지라 무애 양주동의 문주반생기(文酒半生記) 중, 선생이 성탄의 이 명문을 번역한 적이 있었노라 하는 대목을 접하고 그 역시 나와 같은 즐거움을 느낀 동지라며 콩알 같은 문고판 책을 붙들고 감격하기도 했다.

불역쾌재 삼십삼칙은 세상에 많이 알려져 명말 청초인 당시 조선에도 널리 퍼졌다. 훗날 다산 정약용도 제목을 빌려 비슷한 글을 짓기도 했으니 요즘 같으면 대형 서점에서 작가 사인회가 열리고 베스트셀러 코너로 모셔질 책이다. 나도 그 줄에 당연히 끼어들어 가슴을 콩닥거리고 있을지 모른다.

이 글은 한참 후의 작품인 안톤 슈낙의 명문 '우리를 슬프게 하는 것들'과 대조된다. 내가 늙고 서영이가 크면 눈 내리는 서울 거리를 같이 걷고 싶다던 피천득의 '나의 사랑하는 생활'이나 이태동의 '우리를 기쁘게 하는 것들' 역시 비슷한 맥락이 있다. 사실 모방은 못마땅하나 다행히 내용은 모두 훌륭하다. 글의 사회적 의미를 생각할 때 우리 모두의 품성을 아름답게 가꾸어주었으니, 그리 이해하면 그만이다.

작년 말 거의 10년 만에 회사 일로 다시 상하이를 찾았다. 유장하게 흐르는 황푸강은 예전과 별반 다르지 않았지만, 주변 풍경이나 환경은 그야말로 상전벽해, 완벽한 거대 신도시의 면모였다. 유럽 열강의 오래된 조차지, 웅장한 근대식 건물도 벽을 청소하고 새로이 창을 갈아 끼우는 등 곳곳이 정비되어 근대 말의 귀족적 풍모에 현대적 감각을 더해 제국의 풍모가 한층 더해졌다.

짧은 일정 모두를 바쁘게 소화하고 난 후 마지막 날 밤의 일이다. 함께 간 직원들과 거나한 중국식 저녁을 마치고

로비에서 일행들과 헤어졌다. 엘리베이터를 나와 복도로 접어드니 벽에 붙어 있는 부조 작품이 그럴싸하다. 피곤한 데다가 취기도 올라 약간 비틀거리며 붉은 카펫이 깔린 복도를 몇 발 더 걸어가 작품 앞에 섰다.

목재의 조각 솜씨가 썩 뛰어나진 않았지만, 손질을 잘한 덕분으로 옻칠이 아주 반질반질하다. 옛 복식의 남녀가 정자에서 무언가 이야기를 나누는 듯한 조각의 내용은 별것 아닌 듯하다. 하지만 작품의 하단 부위에 있는 제목 글씨가 선뜻 눈에 들어왔다.

'西廂記'

그 자리에서 굳어 버렸다. 취한 눈을 크게 뜨고 몸을 굽혀 글자를 다시 보았다. 잘못 본 것이 아닌가 하여 다시 들여다봐도 분명히 서상기이다. 술이 확 깼다. 손끝으로 부조를 쓰다듬었다. 갑자기 김성탄이 그 속으로부터 신선같이 걸어 나와 내 어깨에 팔을 걸치고 함께 부조를 바라보며 흐뭇하게 웃고 있는 듯했다.

"성탄 선생님, 이리 만나게 된다니요…." 부조 앞에서 혼자 넋 나간 듯이 중얼거렸다. 훤한 달빛 아래 술동이를 옆에 두고 함께 노래 부르는 기분이었다. 몇 번을 더 쓰다듬다가 방으로 돌아왔다. 취기에 씻지도 않고 그대로 잠이 들었다. 꽃눈이 난분분한 뜰에서 그와 대작하며 가가대소하는 꿈을 밤새워 꿨다. 다음 날, 일정에 밀려 성탄을 그대로 두고 아쉬운 맘으로 상하이를 떠나왔다. 그리곤 그 인연에 대해 무심한 나날을 보냈다. 세상일은 바쁘게 돌아갔고 나는 더 바쁘게 일을 하며 지냈다.

어제저녁 티브이 보기가 시들해져 서재로 들어와 책을 하나 집어 들었다. 중국의 고전 산문을 번역한 책이었다. 김성탄은 그곳에서도 또 나를 기다리고 있었다. 그의 글 서상기서1(西廂記序一)의 통곡고인(慟哭古人)에서 서상기를 해석하고 판각하는 까닭에 대해 자문자답한 글을 만나게 된 것이다. 성탄은 그 일을 영원한 영겁 속에서 잠깐 현생의 심심풀이로 여겼다 했다. 그리고 그런 행위들은 물 가듯 구름 걷히듯, 바람 달리듯 하는, 금세 사라져 버리는 일이라며 따지고 보면 우리 인생도 우리의 인연도 그렇지 않냐고 이야기한다.

순간 그와의 인연을 특별하다고 생각했던 내게는-사실 몇 줄 안다는 오만한 자의식 외에 특별할 일은 하나도 없다-그러한 생각 자체가 허망했다. 속이 따갑도록 무안했다. 고개를 떨구면 눈물이 뚝 떨어질 지경이 되었다.

하긴 세상만사 다 그렇지 않겠는가. 부모 형제간의 인연이 특별하고 친구 간의 인연도 그러하며 이리저리 만나고 알고 지낸 사람의 인연 또한 깊지만, 따지고 보면 사정없는 세월 따라 결국엔 다 흩어져 사라진다. 그리 생각하는 그 밤 내내 허무하고 서러웠다.

그러다 동틀 무렵, 강물을 온통 누렇게 물들이는 햇살을 뚫고 잔잔히 노 저어 올라오는 황푸강의 나룻배가 떠올랐다. 돛은 낡고 뱃전도 닳았지만 의연하게 고물로 물살을 가르던 모습이 생각났다. 문득 그가 깨달았던 삶의 순리가 이제라도 운명처럼 내게로 와준 일이 어찌 서러워만 할 일이겠나 싶었다. 이 또한, 그야말로 즐거워해야 할 일이 아닌가 하는 생각에 닿자 나는 그만 크게 웃어버렸다.

(2006)

생활의 발견

임어당(린위탕)의 『생활의 발견』이라는 책은 너무나 유명하다. 그중에서도 김성탄의 불역쾌재 '삼십삼칙'에 대해서는 두 차례의 글을 발표하여 김성탄, 린위탕, 양주동 선생을 함께 인연 짓기도 했다. 또한, 상해의 호텔 복도에서 김성탄의 '서상기' 부조를 만났던 추억과 김성탄의 '서상기'에 관한 회심의 글도 본 적이 있어 그를 소개하기도 했다.

오늘 일이다. 일요일이고 무척 더운 날이기도 하여 가족 동반으로 근처의 찜질방을 가게 되었다. 누에고치 말리듯 뜨거운 바닥에 몸을 궁글리는 것을 별로 좋아하지는 않으나 막내는 어찌 된 일인지 그 짓을 좋아한다. 아마 색다른 경험이 아이를 즐겁게 하는 모양이다. 게다가 제 어미와 큰딸까지 나서 청을 하니 도리가 없다.

"좋아. 가기는 간다. 그런데 난 그저 책이나 몇 권 준비해 가서 밖에서 지내도 된다면 따라는 가주마."

그리곤 집을 나섰다. 식구들이 땀을 흘리는 시체처럼 황토 참숯 방에 드러누운 시간에 나는 에어컨이 시원하게 나오는 밖에서 책을 들고 누웠다. 황토색 찜질방 전용 복장을 하고 목에 수건을 두른 채. 그런데 책을 읽어 나가다 이 무슨 기분 좋은 발견인가.

『생활의 발견』의 일역 저자인 '사까모또 마사루(阪本勝)'와 김소운 선생과의 교류에 관한 글이었다. 그는 문인으로 정치에 입문하여 후에 효고현(兵庫縣) 지사까지 진출한 사람이다. 그런데 선생의 일화 중에 그가 번역한 임어당의 '생활의 발견'이 일본 독서계에서도 명역으로 알려져 있다는 대목까지 나왔다. 말하자면 이이가 인구에 회자되는 '생활의 발견'이라는 번안 제목을 창안한 이가 틀림없다. 여하간 이제는 그 책과 관계된 사람이 하나 더는 셈이다. 게다가 존경하는 김소운 선생과 연관이 있는 분이라면 또 하나의 기쁨이 아닐 수 없다.

사실 한국어 초판 브리태니커 사전에는 임어당 선생의 '생활의 발견' 발행 연도가 1904년으로 되어 있었다. 1995년 당시 이에 대해 내가 직접 편지를 내어 고치기를 종용했고(?) 그것에 대해 당시 한국 브리태니커의 박동혁 주간은 1940년의 표기 오류라며 정중한 편지로 내게 답을 했었다. 그를 믿었다. 그 정도의 책을 발간하는 회사의 주간이라면 충분히 책임 있는 답변으로 정확에 정확을 기했을 거로 생각했다.

내가 소장하고 있는 책은 장정판이지만 닳아서 겉표지를 풀로 붙인 초라한 모습이다. 1968년 문예출판사 발간, 안동민 역이다. 추천 서문은 선우휘 선생이 맡아 기품 있는 글-그 자체로 한 편의 훌륭한 작품-을 남기셨다.

어쨌든 역자 후기에서도 다른 작품의 발간 연도는 나와 있으나 '생활의 발견'은 없다. 다시 앞쪽으로 와 저자의 서문을 보았다. 내용은 교정과 색인을 본 사람까지 거명하며 '1937년 7월 30일 뉴욕에서.'라고 되어 있다. 이런. 한국 브리태니커사를 믿는다면 교정과 색인이 다 끝난 상태에서도 무려 3년이 지나서야 책이 발간되었다는 것이 된다. 말이 안 된다.

이렇게 되면 또 이놈의 끈질긴 파고들기가 시작되지 않을 수 없다…. 요즘 같은 세상에는 컴퓨터 검색이 제일 낫다. 검색란에 '임어당'을 치고 '생활의 발견'을 쳐서 넣고 또 발간 연도까지 집어넣었다. 사전항목에 뜬다. 역시 1940년, 망할 놈의 사전이다. 다른 항목들 모두를 샅샅이 뒤져 보았다. 게시판, 블로그, 신지식이 뭐니. 무려 4시간에 걸쳐 뒤져 보았지만, 어찌 된 영문인지 발간 연도는 희한하게도 감감이다. 다행히 우리나라에서 최초 발간 연도가 1962년이란 건 밝혀졌다.

집사람이 서재로 언뜻 들어섰다. 나를 바라보더니 또 시작이군 하는 모습으로 조용히 도로 나간다. 어쩔 수 없다. 아무리 시간이 더 걸린다 해도 외국의 자료를 뒤질밖에. 그 이름도 멋진 Wikipedia, Lin Yutang에 대한 제대로 된 설명도 있다.

'The Importance of Living'을 한역으로 '생활적 예술'이라 표기하고 1937년도를 발간 연도로 적어 놓았다. 그야말로 불역쾌재. 날아갈 듯한 기분이 되었다. 동시에 그가 한자판 타자기를 발명하고 특허를 받았으며 노벨문학상 후보에 자주 추천되었다는 사실도 적혀 있었다.(대체 한국판 브리태니커는 뭐 하는 백과사전이란 말인가?) 하지만 이제는 사전 하나만으로는 믿을 수 없는 노릇이다. 다시금 자료들을 뒤지기 시작하였다. 밤은 점점 더 깊어 가고 거실에서 잠을 자는 집사람은 조용히 코까지 곤다.

어느 웹사이트, 아예 임어당 선생을 'my spiritual guide and mentor'라 써 놓은 친구다. 선생의 문헌목록까지 만들어 놓았다. 역시 1937년 발간으로 확인된다. 어차피 내친 김이다. Amazon 책방까지 찾아 들었다. 찾아냈다. 물론 책은 있었다. 내용까지 일부 보여준다. Copyright 항목에 역시 1937년, 이제 더 이상의 확인이 필요 없는 듯했다.

커피도 벌써 세 잔째, 달은 점점 기울어져 간다. 나의 휴일 밤이 굳이 이길 누구도 없는데 이렇듯 전투상태가 되었다. 이번엔 logos library, 역시 1937년. 그것에 더해 영문판 브리태니커는 어떻게 되어 있나 찾아들었다. 잘난 놈의 브리태니커사는 개인정보와 카드번호를 써넣으란다. 제대로 만들기나 하지. 뻔한 장삿속이다.

이번엔 중국 웹사이트, Lin Yutang House(林語堂 故居) 역시 1937년, 이 정도면 어느 상대가 대적해 와도 충분하지 싶다. 게다가 만지게 된 떡고물 같은 정보, 또 하나의 발견. 안 그래도 이 어정쩡한 제목이 맘에 안 들었는데 유한수필(有閑隨筆)이라 훨씬 멋지게 정해 놓은 사람이 있다. 1939년에 번역한 일본 작가 영정직이(永井直二)다.

사까모또는 1년이 빠른 소화 13년, 1938년에 번역을 하여 동경의 창원사(創元社)에서 발간하였다. 결국 우리는 이 명저를 일본 사람보다 거의 30년 후에나 접하게 된 셈이 된다. 분하긴 하지만 20세기 중반에 그만큼의 문화적 격차가 있었다고 인정치 않을 수 없다. 시계는 새벽 3시 30분, 이번엔 내가 찜질방의 식구들처럼 그만 자리에 뻗어 버렸다.

다음 날 아침 출근을 서둘러 했다. 눈꺼풀이 무겁고 어깨가 뻐근한데도 한국 브리태니커사에 전화를 했다. 편집실을 대어 보니 젊은 친구가 받는다. 이러저러한 일이 있으므로 이를 교정해야 한다는 요지에 자기들이 '알아보아 처리하겠습니다' 정도이다.

대단한 접대와 영광을 바라지는 않았다. 하지만 적어도 백과사전을 출판하는 회사, 더구나 문화 지성의 대표 격이라 할 수 있는 백과사전을 내놓는 회사 직원이 이런 무성의한 업무수행이라니. 오자나 탈자가 아니라 정보의 오류다. 사전의 신용도를 급격히 떨어뜨리게 된다. 심각한 문제에 있어 덜떨어진 친구의 심드렁한 반응은 해도 너무했다. 그냥은 못 넘긴다. 나는 브리태니커의 고객이다.

"이 문제를 정확히 알아보고 교정한 후에 내게 필히 답을 해주세요. 비단 한국 브리태니커만의 문제가 아닐 수도 있으니, 영문판에도 그런지 살펴 주기 바랍니다. 언제까지 답을 주실 수 있겠어요?" 일주일쯤이면 일을 봐서 연락을 드리겠다고는 한다. 이름도 제대로 안 묻고 전화번호를 물어보는 정도다. 앞에 앉아있으면 곧바로 멱살을 잡았을 텐데.

통화를 끝내자마자–격정을 다스리고–다시 이메일을 썼다. 이른바 'hard copy'를 남겨 놓아 후에 따질 일이 생기면 그때는 엄히 따지리라는 의도였다. 모든 일을 다 끝내고 보니 허탈하기도 했다. 그렇다 해도 나는 한국인의 한 사람으로 '임어당' 선생에게 하나의 작은 선물을 안긴 셈이리라. 고인이 파이프를 물고 빙긋이 웃고 계시는 듯하다.

그렇다. 비록 나 혼자만의 하룻밤 광란, 허무한 촌극이긴 하지만 이제는 작고하신 한국과 중국과 일본의 현인, 문인들이 한 권의 저서에 이러저러하게 엮여서 교류하는 계기가 되었으리니. 그분들이 함께 모여 이런 나를 지켜보는 모습을 상상하면 그 또한 역시 즐겁지 아니하였겠는가!

(2007)

굴곡

 출장을 다녀오던 언양 국도 옆, 태화강 중류에 차를 세웠다. 탐석지로 유명한 오후의 강은 내게 여전했다. 얕게 흐르는 물살 위에 초가을 햇살이 찰랑거린다. 보석보다 더 멋진 돌들이 나를 기다리고 있는지 모른다. 욕심으로 급해지는 마음을 잠시 가라앉히고 탐석 장비가 든 가방을 꺼내어 강가의 자갈밭으로 터벅거리며 걸어갔다.

 이리저리 발이 닿는 대로 걸어본다. 짙은 색의 돌이 보이면 발끝으로 차서 엎어 보기도 하고 물속에 독특한 문양이 박혀 있는 놈이 눈에 뜨이면 발을 걷고 들어가 집어내기도 한다. 한참을 그러고 있노라니 돌밭에 직접 내려앉는 햇빛과 냇물에 비치는 반사광으로 눈이 어찔하다. 평평한 돌 위에 걸터앉아 생수를 한 모금 마시고 담배를 꺼내어 입에 물었다. 구수하고 쓴맛, 인생의 맛이다.

 푸른 하늘엔 옅은 새털구름이 기분 좋게 깔려있다. 큰 바위를 만나 갈라진 물길들이 구불거리며 흐른다. 말라 버린 수초 사이로 바람이 비껴갔다. 꿀럭꿀럭 소리를 내며 잠시 고인 물들에 새끼손가락만 한 피라미들이 몸통을 흔든다. 가을 세상, 청명한 풍요가 빛나고 있다.

두어 시간쯤을 그리 쉬어가며 강과 바람과 돌을 즐겼다. 돌같이 살아온 인생사를 생각해 보기도 하고. 이젠 돌아가야 할 시간, 허리를 펴는 순간 눈에 딱 뜨이는 돌이 있다. 들고 간 피켈로 툭툭 쳐서 집어냈다.

정말 맘에 든다. 좀 작긴 하지만, 밀도가 있는 오석(烏石)이며 무엇보다 심하게 굴곡진 몸체가 눈에 쏙 들어온다. 조심스레 돌에 묻은 흙을 털어 내고 강물 속에서 씻어 보았다. 손바닥에 올려놓고 다시 봐도 보통이 아니다. 안정된 앉음새가 상부의 불안정을 균형감 있게 받쳐준다. 전체의 조화가 명석의 틀을 잡았다.

'수수준투(秀瘦皴透)'란 말이 있다. 중국의 북송시대의 문인 미원장(米元章)이 갈파한 수석 감상의 네 가지 기준이다. 명석이란 돌 표면에 주름이 멋지게 뻗고 세월에 침식된 구멍이 뚫려 있어야 하며 파리하면서도 빼어남이 있어야 한다는 얘기다. 이는 오늘날의 수석에도 감상의 기본이 된다. 아쉽게도 투, 즉 뚫림은 없으나 나머지 세 가지엔 그런대로 만족이다.

게다가 이 돌은 석질이 좋다. 묵직하다. 검푸른 색깔까지 깊은 맛이 있다. 이 정도면 감상 애완의 가치가 충분한 셈이다. 그 자리에서 머리를 조아려 이 돌과의 인연을 만들어 주신 창조주께 감사를 드렸다. 나에게 허락하신 이 석복(石福)에 대해 겸허한 마음을 갖게 해 달라고 빌었다.

집으로 돌아와 열흘쯤을 볕이 잘 드는 베란다에 올려 두었다. 이후엔 물을 뿌리고 볕에 말리며 세월과 애완의 흔적을 남기는 양석(養石)을 시작하면 된다. 그러기를 한 이삼 년 꾸준히 해내면 돌 내부에 있던 본연의 색이 돋보여 나와 오래된 고태미를 갖출 수 있기 때문이다.

사람의 성품도 저와 같아 애정을 가지고 꾸준히 잘 기르면 그와 같은 성숙함이 온몸에 은은하게 배어 나온다. 이처럼 애정을 가지고 잘 가르친다는 '양육'이란 말이 무생물에도 작용하니 사람에겐들 오죽하겠는가. 여하간 이 돌은 울룩불룩한 주름이 그 제일의 맛이다. 단단한 흑청록의 석질에는 보기 드물게 멋들어진 파임이 생겨나 있다.

얼마나 들여다보았을까? 갑자기 의문이 생겼다. 왜 굴곡을 높은 가치로 여기는가. 단단한 물체일수록 깊은 자국을 보기 힘들다는 희소성 때문인가? 아니면 추상적인 선의 난무에 일종의 예술성이 곁들여 있다고 여긴단 말인가.

흔히들 형과 질, 색을 수석 감상의 삼요소로 평가한다. 이것의 순위는 없다, 아울러 우열도 없다. 그러나 보는 사람에 따라 나름대로 가장 선호하는 식별의 기준은 있다. 내 경우에는 돌의 질이다. 색이나 형보다 밀도와 질감에 점수를 더 얹어 준다. 다만 밀도가 선결 조건이되 다른 요소도 잘 어우러져야 좋은 수석이 된다. 밀도와 질감이라면-단단하고 매끄러운 면에서- 차돌이 우선이 아닌가 하겠지만 차돌은 그저 둥글둥글 원만하며 곱게 살아온 듯한 사람, 별 어려움 없이 부모덕으로 잘 양육된 사람 같게 느껴져 별 매력이 없다.

마치 선방에 들어선 수도승처럼 지긋한 눈길로 한참을 들여다본다. 단단한 석질의 돌에서 깊게 파인 굴곡은 잘 나타나지 않는다. 따라서 이 돌은 희소가치가 충분하다. 그러나 희소성은 수석 취미가 추구하는 정신적인 가치와는 별개의 문제다.

무릎을 치며 답이 나왔다. 정수리가 일시에 환해지는 느낌이다. 돌의 굴곡이란 고난의 경험과 극복의 상징이다. 수많은 세월 속에 부딪히고 깨어지며 세파에 쉼 없이 마모되어 그야말로 강골의 뼈를 남긴 삶의 정수를 보여주고 있다는 점이다.

그것이야말로 불굴의 의지와 그를 통해 이루어 낸 완숙함의 경지를 보여준다. 삶에서 모든 찌꺼기나 군더더기를 다 들어낸 완성된 인격을 보여준다.

마냥 잘 먹고 잘살아가는 인생은 재미도 매력도 없는 몽돌 같은 인생이 된다. 예기치 않았던 온갖 역경을 딛고 굳건하게 일어설 때 진정한 삶의 가치를 구현할 수 있다. 그리하여 오해와 절망과 증오와 분노를 다 걷어 내고 오로지 치열한 삶의 기억만을 남겨야 한다.

깊게 주름진 돌은 곧 굴곡진 인생이다. 일생을 통해 얻은 영광의 상처야말로 진정한 삶의 미학적 완성이다. 명석이 말없이 인고의 완성을 보여주듯 멋진 삶 역시 말 없는 가운데 그 인격의 완성을 웅변한다.

(2003)

인간 등고

대학 신입생 때의 일이다. 당시 문고판으로 나온 책 중에 『인간 등고』 원제가 『The Ascent of Man』이라는 책이 있었다. 폴란드계 영국인인 제이콥 브로노우스키(Jacob Bronowski)의 저서이다. 흔히 그를 두고 수학자이자 문인이라 칭하지만 나는 생명과학자이며 문명학자 그리고 철학자며 과학비평가라 칭한다.

인류가 이루어온 역사상의 여러 가치를 통찰하는 면에서 그와 거의 같은 의미를 지닌 사람으로 헝가리 사람인 아르놀트 하우저(Arnold Hauser)가 있다. 인류사의 문학과 문화를 통괄, 개관한 명저인 '문학과 예술의 사회사(The Social History of Art)'를 펴낸 사람이다.

한 사람은 과학을 중심으로 역사 발전에 대한 이해를 구했고 다른 한 사람은 예술을 제재로 삼아 인류 사회문화사를 관철했다. 그들은 '과학적 성취' 또는 '문화의 진화'를 이루어 낸 인간의 가치와 그 성과에 대해 깊이 고찰했으며 결과적으로 인류의 미래에 대한 밝은 희망을 설파했다. 두 분의 광대한 사고와 예리한 통찰력의 결과물을 함께 인식하는 기회-자연과학과 인문 사회과학의 완벽한 하모니-를 얻게 된다면 독자들은 자신의 눈앞에서 지적 희열이 대화산처럼 폭발하는 신세계를 만나게 되리라 확신한다.

어쨌든 이 대단한 저술을 만나게 된 것은 대학 시절의 가을날이었다. 전교 체육대회 야구 결승전에서 상과대 대표팀에게 석패한 일이 있었다. 게임을 마치고 몇 대의 몽둥이를 선배들로부터 얻어맞은 뒤 어스름이 밀려와 별이 보일 때까지 운동장에서 공을 받고 달리는 얼차려를 받았다. 요즘 같으면 어림 반 푼도 없지만 엘리트 선수도 아닌 순수 아마추어에게도 나름의 위계질서가 있던 시절의 얘기다.

그리고 운동장 한편에 있는 욕장에서 찬물로 몸을 씻은 후 끌려간 곳이 학교 앞 막걸릿집이었다. 이른바 선후배 간 의기투합용 행사 아니겠는가. 원래 공부보다 놀기를 더 좋아하는 것이 나의 기본적 품성인지라 수도 없이 쫠쫠 쏟아지는 노래에 정신을 팔고 하얀 플라스틱 우동 사발에 부어지는 막걸리를 호쾌 호탕으로 마시다가 결국 화장실에서 속을 뒤집어 놓게 되었다. 열두 번도 더 상복부의 숨을 막는 구토와 속 쓰림에 빈사 상태로 괴로워하는 나를 주인이 발견하고 그 집 방에 데리고 가 자리를 만들어 줬던 모양이다.

얼마나 지났을까. 방안에 이불도 없이 자리에 쓰러졌다가 겨우 정신을 차리고 물사발을 들이켰다. 이미 새벽녘, 불을 켜 보니 책상 옆에 아무렇게나 쌓아둔 책들이 눈에 들어왔다. 문득 집히는 책이 『인간 등고』였다. 술도 깰 겸 담배를 물어 정신을 가다듬고 서문부터 읽어 보기 시작했다. 세상에 이런 책이 있다니! 이 막대한 과학사의 디테일들이 한 사람의 저서라니. 눈이 뒤집힐 정도로 놀랐다. 아니, 신기하기만 했다. 책을 갖고 싶은 마음에 훔쳐 갈 생각까지 했었으니.

아침이 밝자마자 길을 나서 책방에 들렀다. 마음이 급했고 두 번 생각할 필요도 없었다. 책방 주인에게 물어보니 찾아내지를 못한다. 어쩔 수 없이 혼자 뒤지기 시작했는데 한참을 눈에 불을 켜고 찾아봐도 가물거리기만 할 뿐 보이지를 않는다. 오기가 나서 더욱 샅샅이 뒤졌는데 그러다 언뜻 눈을 돌린 책장 한구석에서 뭔가 영험한 빛이 나오는 듯했다. 중학 시절 복도에서 달리다 넘어져 벽에 뒷머리를 부딪쳤을 때보다 훨씬 더 큰 별빛이었다. 다가가 보니 『인간 등고』가 마치 거대한 엑스칼리버처럼 책 사이에 꽂혀 있었다.

새처럼 가슴을 떨며 엄숙하게 두 손으로 뽑아 들었다. 앞장의 제목과 빛나는 서문을 또다시 읽을 때의 감동적 전율. 그 길로 곧장 집으로 갔다. 별로 열심이지도 않은 학교 강의는 중요치 않았다. 그리고 며칠 밤을 새워 책을 다 읽어 냈다.

제목부터 의미심장했다. 브로노우스키는 현재의 위치에서 과학과 예술, 철학에 관한 인류사를 바라보면 위대한 업적들이 하나씩 봉우리를 이루어 연연히 이어지고 있다고 생각했다. 과학적 탐구심으로 실체 규명을 위해 끊임없이 도전하는 인간의 행동을 진실의 정상에 이르고자 하는 등정으로 보고 이 책을 '인간 등고'라 명명했다고 한다.

책을 다 읽고 나서 내가 느꼈던 지적 포만감은 정말 컸다. 적도 부근 동아프리카의 지구대로부터 발굴된 오스트랄로피테쿠스의 역사적인 두개골 화석로부터 호모 사피엔스까지의 진화 과정, 유목에서 농경사회로의 전환과 그들이 이루어 내는 발명들. 낫과 지렛대와 바퀴, 기둥과 아치로부터 구조물로 수학과 금속학, 과학이 음악과 미술에 끼친 영향. 천체학, 물리학과 공학, 생물학과 화학, 의학에 이르기까지 숱하게 등장하는 인물과 사건…. 해석하는 저자의 독특한 철학이 전편에 걸쳐 도도히 흘러가며 인간과 과학에 대한 미래 방향을 당당하게 제시하고 있었다.

방향을 제시하는 것이 위대성이라는 니체의 말을 생각해 보면 인류 과학 발전의 긍정적 방향을 제시하는 이 책은 위대한 저서가 분명하며 저자인 브로노우스키는 곧 위대한 사람이다. 그것이 내가 이 이상하게 생긴 폴란드인을 존경하는 이유이다.

당시의 『인간 등고』는 비록 부실한 문고판이긴 했으나 엄청난 내용으로 근 이십 년을 내 관리하에서 고이 보관됐다. 혹시 좀 더 훌륭한 장정판으로 재발간하지 않나 하여 서점에 갈 때마다 뒤져보았으나 찾지 못했다. 어쩌면 베스트셀러의 자격이 턱없이 부족해서 돈벌이가 안되니 처음 내가 찾아낼 때처럼 구석 어디에 초라하게 박혀 있었는지도 모른다.

 결국 몇 년 전에 영광도서의 귀퉁이에서 발견했다. 책 디자인은 별로였지만 단단한 단행본이다. 옛 책에는 볼 수 없었던 사진-비록 흑백사진이지만-도 곁들여진 완전한 책이었다. 거의 20년의 기다림이었다. 얼마나 광분했겠는가! 그가 오스트랄로피테쿠스의 치아 크기와 모양을 통합하여 유인원과의 차이점을 구분해 달라는 부탁을 받았을 때 느꼈던 흥분과 경이가 내게도 그대로 찾아온 듯했다.

 비록 팔리지 않는 책으로 먼지를 덮어쓴 초라한 모습이었으나 내게는 그 어떤 고급 가죽 장정의 책보다도 아름다운 모습이었다. 마음 같아서는 책방이 떠나가라 환희의 고함을 질렀을 터이지만 곱게 이 보물을 안고 감격에 겨워 집으로 돌아왔다. 다시 밤을 새워 읽어내도 감동은 전혀 덜 하지 않았다. 고전이란 바로 이런 책이다.

 며칠 전에 책장의 먼지를 닦아 내다 다시 들춰 본 이 책은 그때는 나의 엑스칼리버였고 지금은 나의 성궤이다.

(2004)

燈夫

4

외톨이 되기

시계
빨강 바지 파랑 바지
4·19 민주혁명 희생자 위령탑
외톨이 되기
토끼
학생복
손톱
망고
굴비
바다, 비, 담배

시계

 여성들만큼 요란하지는 않겠지만 남자들도 당연히 패션의 액세서리가 있다. 우선 구두와 모자, 지갑이며 허리띠, 넥타이에 더해서 필기구와 가방도 있다. 요즘은 귀걸이나 목걸이를 하는 사람도 있고 팔찌를 차는 사람도 꽤 많다. 그러나, 사람마다 다르겠지만, 가장 고가의 다시 말해 가장 공을 들이는 물목에는 시계가 먼저 올라선다. 그 값은 천차만별이고 스타일도 각양각색이다.
 현재 차고 있는 손목시계는 내가 첫눈에 반해 거금을 들여 샀다. 아내는 정확히 이 물건의 값을 모른다. 알려주었다간 기절초풍하고야 말 것이다. 이 시계 외에도 아끼는 시계, 기억에 오래 남아있는 물건이 몇몇 있다. 지금은 다 잃어버렸지만. 아무튼, 시계는 남자의 아이콘으로 자주 입에 오르내린다.
 군을 제대하고 돌아와 복학한 그 이듬해 봄, 고등학교 후배들의 신입생 환영회에서의 일이다. 늘 그렇긴 하지만 술을 한 순배 두 순배 차례로 들게 하고-대체 무슨 심사로 그리들 술을 반강제로 먹였는지 지금도 잘 모르겠다만-은사들의 이야기와 운동 시합 때의 이야기, 앞으로 다가올 대학 생활에 관한 이야기가 좌중을 흥겨이 떠돌아다닌다. 그야말로 화기애애, 선후배 간의 정이 새록새록 인다.

그때였다. 마치 고릴라 같이 생긴 녀석이 우리 자리로 오더니 뭘 묻는다. 아마 다른 학교 환영회의 일원이었던 모양이다. 이 자리가 아니라 하니 눈을 위로 뜨고 턱을 돌리더니 말도 없이 돌아간다. 그랬으면 그만 다행이련만 잠시 후 이 작자가 다시 우리 자리로 왔다. 그리고선 우리를 쓰윽 둘러보며 하는 말이 가관이다.

"여기 맞는데. 너희 뭐 하는 거야? 아직도~."

아닌 밤중에 홍두깨. 모두 녀석의 건들거리는 꼬락서니를 보고선 가가대소. 하지만 녀석은 굽히질 않는다. 눈을 떴다 감았다 하더니 급기야 소리를 지른다.

"어? 웃어? 이것들이~! 다 나와~!"

이렇게 되면 말이 아니다. 이쪽에선 나무라고 녀석은 다시 대들고 시끄러워졌다. 가만히 두고 볼 수가 없다. 제대한 지 불과 몇 개월의 내가 아닌가. 혈기방장이 하늘을 찌를 때다. 자리에서 일어서자마자, 전광석화, 그대로 직격탄을 술 취한 고릴라 면상에 날려버렸다. 법보다 주먹이 우선이었고 미친개는 몽둥이가 제격이란 말이 그때까지도 유용하게 쓰이던 시절이었다.

결국 우당탕, 뜯어말리고 뒤엉키고 아수라장. 어떻게 알고 왔는지 잠시 후 녀석의 동창들이 떼를 지어 술집으로 들어서고 이제는 모두가 한차례 패싸움을 벌이게 되었다. 서부영화가 따로 없다. 의자가 날아다니고 헛발질이 난무하고 탁자가 엎어지고. 이기고 지고 자시고 할 것도 없다. 그냥 한 무더기로 털실 뭉치같이 엉켰다. 학생인지 불량배인지 구분이 안 되는 장면이다. 잠시 후, 누가 외친다.

"튀자!"

그 말에 순식간에 흩어진 팥알처럼 문으로 뛰쳐나갔다. 술집 주인은 그야말로 정신이 오락가락하다가 내 팔을 잡았다. 왜 하필 나야 했지만 하긴 내가 폭력의 시발자가 맞기는 맞다는 생각이 머리를 헤집고 들어 왔다.

"다 물어내!"

얼른 손목을 풀어 주고 뛰쳐나왔다. 태엽 꼭지에 금칠이 있던, 고동색 악어가죽 띠가 아주 근사한 시계. 막걸리에 안줏값, 깨진 술잔이나 접시값들까지 포함하여 며칠을 두고 마셔도 될 만한 고가의 시계였다. 아버지께서 복학 기념으로 주셨던 수동 스위스제 브로바였다.

그 후론 아슴아슴, 다신 본 일이 없으니. 아마 술집 주인은 그 시계 잘 보관하였다가 결국 주인이 찾지 않자 전당포나 어디나 팔아 치웠을지 모르겠다. 지금 생각해도 아쉽고 아깝다. 하지만 그 일로 인해 나는 일약 의리의 사나이 돌쇠가 되었다. 그것으로 그만이다. 아는 놈만 알아주면 된다.

또 하나의 시계가 있다. 선친의 유품이다. 사십구재를 다 끝내고 집으로 돌아와 맥을 놓고 있을 즈음 큰누님이 나를 불러 앉혔다. 그리고 내놓은 것이 선친께서 마지막까지 차고 다니시던 시계였다. 막내의 손목엔 그리도 비싼 시계를 채워 주시고선 정작 본인께서는 값싼 국산 시계를 지니셨다. 이름도 잘 기억나지 않는 평범한 시계였다. 그 시계를 내 손목에 걸어 매며 정신 나간 불효자의 눈물을 흘렸다.

그리곤 불과 한 달도 안 되었을 때의 일이다. 집에 도둑이 들었다. 잠결에 어머니께서 나를 부르시는 소리를 듣고 일어났다. 벌떡 일어나 나가 보니 현관 앞에 멍하니 서서 '도둑이 들은 모양이다…. 도둑이….'를 읊조리신다. 도둑과 바로 마주친 모양으로 너무 놀라 반쯤 넋이 나가셨다.

급히 현관을 박차고 마당에 있던 야구방망이를 들고 대문 밖으로 나가 섰다. 아무도 없다. 집 뒤쪽이 언덕배기 산이라 그곳을 짐작, 뛰어 올라갔다. 오리무중, 범인은 아무 데도 없다. 다시 집으로 돌아와 랜턴을 들고 집 뒤쪽 언덕을 훑기 시작했다. 한 20여 미터를 갔을까. 자질구레한 것들이 보인다. 각종의 서류에 잡동사니들이 널브러져 있다. 자세히 보니 도장이며 통장들도 보인다. 이 망할 놈의 양상군자께서는 대체 무엇을 들고 가셨단 말인가?

그것들을 주워 들고 다시 집으로 왔다. 불을 켜고 나머지

식구들이 깨어나 없어진 다른 물건은 없는지 오밤중에 일어나 찾기 시작이다. 이런! 내 머리맡에 풀어 두었던 시계가 없다. 망연자실. 어른이 내게 호통을 치는 듯하다. 고개가 푹 꺾어진다.

"어찌 그리 잠이 깊은 거냐! 도둑놈이 코앞에서 왔다 갔다 아니냐!"

아니다. 이 정도로 그리 화내실 분이 아니다.

"그래, 내가 살아 있을 때도 시계라면 잘도 날려 드시더니 그것도 모자라 이젠 죽은 아비 시계까지도 멍청히 날려 버리는 거냐. 정신없는 이놈아."

이렇게 말씀하셨으리라.

식구들한테는 사라진 시계에 대해 아무 말도 못 꺼냈다. 보나 마나 욕만 실컷 들어먹었을 터이다. 내가 불효자인 것은 불문가지이다. 선친이 살아 계셨을 때는 늘 노심초사하게 했고 돌아가셔서도 그분의 유산을 제대로 지킨 게 없다. 물론 시계만이 아니다. 말없이 보여주셨던 그 은혜와 강직한 기개. 그리고 무엇보다 삶에 대한 엄숙하고 진지한 태도. 어디 내게 그만한 인격이 있을까 보냐.

그것을 생각하려니 시계가 알려주는—눈 똑바로 뜨고 살아가야 하는—일분일초가 아까워 미칠 지경 아닌가!

(2003)

빨강 바지 파랑 바지

 짜증이 날 정도로 며칠간을 집사람과 장모의 전화가 오고 갔다. 공연한 일이니 어쩌니 대꾸하더니 결국 택배 직원이 상자 하나를 들고 왔다.
 "대체 뭔데 그래?"
 "아아, 엄마가 바지를 마련해서 보낸 거예요. 괜찮다는데도 그러시네."
 아내가 종이상자를 뜯으며 하는 답이다. 마침 경주에서 발굴 작업을 하다 잠시 집으로 돌아온 큰딸도 합류다. 게다가 방에서 공부하던 둘째도 호기심을 억누르지 못하고 그새 나와 있다. 막내까지 연필을 입에 물고 눈을 동그랗게 뜨고선 둘러앉았다. 택배 상자 하나에 온 식구가 다 집합한 꼴이다. 흥부네 박 타기인들 저러할까? 알리바바가 동굴 앞에서 '열려라! 참깨'를 외치며 손을 비비고 있는 모습이다.
 담배를 하나 물고 베란다로 나와서 그 모양새를 못마땅

하게 바라봤다. 뻔한 일이지 뭐. 집에서 그저 편히 입을 옷 정도 아니겠는가. 노친네가 무슨 큰돈이 있어 으리으리한 고가의 명품을 사서 보냈을 리도 없겠고.

그래도 다들 들러붙어 흥미진진한 보물찾기 아니 '박스 뜯기'에 열중이다. 하긴 상자가 생각보다 크긴 하다. 혹시 내 선물이라도? 아무래도 그럴 리 없다. 아이들 과자봉지가 잔뜩 들어있을 가능성은 있지만.

드디어 펑 소리와 함께 터져 나온, 이른바 '기지' 바지와 도저히 소재를 가늠할 길 없는 원피스며 이상한 셔츠들은 그야말로 가관이다. 다들 함박웃음을 터뜨리고야 만다. '총 천연색 시네마스코프'의 빨강과 파랑의 바지가 곱게도 포장되어 등장하셨다. 딸들은 배를 잡고 웃는다. 아내도 기가 차는지 바지를 앞에 대어 보고 낄낄거린다. 바지도 그렇고 원피스도 그렇다. 다들 찬란한 원색의 향연, 보석 색깔이다. 뭣도 모르는 막내는 내심 자기 선물을 기대했던지 실망스러운 표정이 역력하다.

"세상에 요즘 누가 저런 옷을 입을 거라고. 하하하."

나도 한참을 웃어 주었다. 그러면 그렇지. 저 유치하고 졸렬한 색이라니. 결국 옷은 그대로 둘둘 말아서 돌려보내지거나 아니면 장롱 속에서 천년만년 고이 잠들게 되어있다. 걸레로 쓰면 어떨까 싶긴 하지만 그 정도로 장모의 성의를 무시할 성품은 아니다. 아내가 일할 때나 입으면 그런대로 보아줄 만은 하겠다.

영락없는 5, 60년대의 감성이 확실한 색깔이다. 겨우 열 몇 가지 색의 크레용을 쓰던 세대, 아니 그보다 더 적은 색으로 세상을 살아 내던 세대의 선택이다. 그러나 아무리 그렇다 해도 저건 너무했다. 하다못해 꽃분홍이나 베이지도 있잖은가 말이다. 보라나 연두쯤만 해도 그럴싸할 텐데 역시 장모의 패션 감각은 빵점에 가깝다.

80년대 초반 유럽 출장 중 느꼈던 일이다. 처음으로 접하는 서구문화는 부러웠고 질투가 났다. 웅장하고 화려하고 깨끗하고 친절하고 뭐든 다 좋아 보였다. 심지어 길에 나다니는 개들까지 멋있었다. 한 마디로 충격, 그 자체였다.

그중에서도 특히 색깔이 머리를 쳤다. 행인의 옷만이 아니라 건물이나 자동차, 각종의 물건도 색이 얼마나 다양한지 그저 감탄할 수밖에 없었다. 실생활에서 형형의 색깔이 도시와 거리를 꾸미고 있으니, 마치 그림을 보는 듯, 동화나라에라도 온 듯했다.

가는 곳마다 명도와 채도를 다르게 하고 미묘한 조합에 의해 생겨난 색이 내 눈길을 끌었다. 게다가 모든 색이 다 각각의 매력적인 이름을 가지고 있었다. 그 고유의 단어들이 나를-당시 우리의 문화 수준을-더욱 비참하게 만들었다. 파란색 하나만 쳐도 그렇다. sky blue, ocean blue, dark blue, navy, indigo, cobalt, azure 등등. 그저 빨주노초파남보 정도 수준인 나로서는 한마디로 눈이 돌아갈 지경이었다.

문화의 다양성이 선진국에서는 갖가지 색으로 나타났다. 단순하고 획일화된 후진국과는 깊이가 다르고 느낌도 달랐다. 색이 먼저인지 문화발달이 먼저인지는 잘 모르겠으나 원인과 결과는 서로 꼬리를 물고 함께 돌아간다. 그 과정에서 세분된 분야가-필연적으로-생기게 되면 그에 따라 더욱 세련된 문화가 탄생하기도 한다.

결과적으로 안목이 높아진 문화에는 성장하는 가속도가 점점 더 붙어갈 수밖에 없다. 비단 색에만 한정되지 않는다. 처음에는 일부 분야에서의 변화와 발전이겠지만 시간이 흐를수록 각 분야에 퍼져 나간다. 맛과 냄새로 번져 나가고 음감이며 촉감으로 뻗어 나간다. 문학과 철학, 예술까지 사회 전반에 걸친 대변혁을 이루기도 한다. 더 나아가 과학기술 산업과 경제를 발전시키는 원동력이 되기도 하며 그 결실은 또다시 새로운 문화력 상승의 모멘텀을 이루기도 한다. 그런 관점에서 다양한 색깔을 보기 힘든 우리나라, 개발도상국인 대한민국을 생각하며 한숨짓기도 했다.

예전의 한국문화와 세태가 보여주는 현란한 빨강 바지와 파랑 바지. 그 단순함이 일종의 페이소스도 느끼게 한다. 지극히 가난한 나라에서 온갖 역경에 부대껴 가며 살아온 세대이니 이해하면서도 가슴이 저려 오고야 만다.

하지만 그 이면에 떠오르는 생각. 많은 자식, 몇 벌씩이나 사서 각각 나누어 준 옷이다. 보내주신 옷에는 고심 어린 모정의 선택이 내재해 있다. 큰애는 이 색, 둘째는 저

색 또 막내는 이 태깔 저 태깔. 그걸 맞추어 고르면서 장모는 내심 얼마나 행복했겠나. 옷가지들 앞에 앉아 추억의 그림책에 크레용을 칠하는 듯한 아내의 모습이 환하다.

"거, 담에 친정집 갈 때 한 번만이라도 입도록 하지? 장모님 용돈은 내가 따로 드릴 테니 효도 한번 해 보시지 그래."

내 생각은 제대로 모른 채 아내는 배시시 웃는다. 삶이 돌고 돈다지 않는가. 세상이 아무리 세련되어 옛날이 유치해져도 부모의 사랑만은 예쁜 색으로, 제일 고운 태깔로 여겨주면 좋겠다. 우리가 더 늙어가도 아이들에겐, 언제나 제 어머니의 색깔이 가장 빛나고 아름답기를.

(2007)

4·19 민주혁명 희생자 위령탑

 시내에 회사가 위치하여 가끔 산책 겸 들르기도 하는 곳이다. 마침 아이가 첫 시험에서 좋은 성적의 영광을 얻었다기에 널찍한 공원에서 바다를 함께 바라보며 앞날에 관한 이야기도 해 보고 막내와 비둘기 모이도 줄 겸 일부러 용두산 공원으로 길을 잡았다.
 초대 대통령 이승만의 호를 따서 예전엔 우남공원이라 했다. 어릴 때 학교가 파하면 이 작은 동산 같은 공원을 참 많이도 오르내렸는데 149개의 계단-자세히 세어 보지는 않았지만 '용두산 엘레지'란 유행가에 그 숫자가 나오긴 한다-을 올라가 정상에 서면 부산항이 한눈에 다 들어왔다. 오후 어느 일정 시간에는 영도다리가 들려지며 교각 사이로 색색의 깃발을 게양한 배들이 하얗게 물살을 가르며 오갔다. 그때마다 어린 가슴이 부풀어져 푸른 바다 위로 끝없는 상상의 나래를 펼치곤 했다.

공원의 중심 부분에는 충무공 동상과 4·19 탑이라 불리는 4월 민주혁명 희생자 위령탑이 있다. 약간 떨어진 곳에는 호국 위령비가 자리 잡고 있고 그 뒤쪽으로 부산타워가 우뚝 솟아있다. 꼭대기 부분은 우리 고유의 팔각정 모양의 전망대를 올려 놓았다. 1960년대 말까지도 군인들이 진을 치고 있던 곳이다. 그 근처에서 친구들과 전쟁놀이하다가 군인 아저씨에게 붙들려서 울상으로 노래와 춤을 선사하고 건빵을 받아서는 웃고 나오던 곳, 추억의 한 장면이다.

함께 계단을 천천히 걸어 올라가며 나의 어릴 때 이야기도 들려주고 막내의 손에 비둘기 모이를 들려서 그들이 정답게 구구대는 소리에도 흠뻑 젖어 들었다. 아이 둘을 마음대로 놀게 놔두고는 어릴 적 친구들과 놀이하던 4·19 탑으로 발길을 옮겼다.

기념물의 조형미는 맘에 든다. 화강암으로 묵직하게 만들어진 4, 1, 9, 세 숫자가 뛰어난 미적 변용으로 어우러져 있고 전체가 조화로워 아름다운 작품이 분명하다. 서서히 마치 탑돌이 하듯 경건한 마음으로 돌아보는데 문득 눈에 띄는 것이 있다. 석판에 쓰인 조문이랄까 단아한 명조체의 글귀가 새겨져 있다. 처음 보는 청마의 시구였다. 그 전문을 되새겨 본다.

지순한 자는 마침내 말이 없나니
눈을 들어 보라 이 적적히 펼쳐 있는 강산을.

푸른 하늘은 붐비어 은성하는 거리를
오늘도 창창한 세월 속 나의 조국이 이같이 의연지새있음은
어느 하늘이고 지극한 충정있어 받들리어 누려 오는 것.
지금은 어디에 신령의 산정
안개구름 감기는 냉엄한 암상에 도사려 앉아
몽매에도 잊지 못할 겨레의 먼 거리 그 휴척을 지켜 노려 보고 있을
푸른 독수리의 얼들이여 젊은 영령들이여.
그날 패역의 오만한 포악이 온 나라를 휘몰아 그슬던 그 암흑 앞에
너희 지순하매 견딜 수 없는 노염으로 젊음의 불날개를 펼쳐
구복도 찢어지라 부르짖어 스스로 불사름이 없었던들
아아 가륵한지고
스스로를 불사른 그 크낙한 분노 앞에
마침내 광란하던 불의의 암흑은 밀려 나고
애호운 조국의 창망한 앞길은 다시금 열렸거니
굽어보라 오늘도 그리운 거리에는
너희의 그 매운 얼을 슬기롭게 받아 접고 오가는
무수한 푸른 날개들.
이 어여쁜 슬기들이 있어 그침이 없는 한
조국과 겨레는 더욱 듬뿍한 미쁨 속에 길이 남으리니
진실로 젊어 귀천하였으매
애석하고 거룩한 이마 맑은 넋들이여
고이 마음 놓을진저

마음 놓아 뉘우침이 없을진저.

1961년 7월 청마 유치환

서편으로 해가 질 무렵 4·19 탑은 그림자를 길게 늘어뜨리고 그 몸에 박힌 시구를 격동하는 가슴으로 내게 고함쳐 주었다. 그것을 읽어 내리며 긴 한숨을 토하고 울컥하다 결국 손등으로 눈물을 닦아 냈다.

열사 '拾九柱'의 성명이 각인, 그 이름을 하나둘 이를 떨며 읊어 보았다. 그리고 머리 숙여 그날의 함성과 열정과 애국혼을 되새겼다. 민주에의 열망, 부정부패를 거부하고 자유를 외치던 젊은 불꽃들을.

4월의 신록이 노래하는 공원 내에는 붉은 염색 머리의 청년들이 롤러블레이드 묘기를 뽐내고 있다. 그 옆으로 거동이 불편한 중늙은이 몇이 어려운 걸음으로 몸을 다스리며 재활의 발걸음을 떼고 있다. 몇몇 외지인들이 사진기를 들고 웃음을 지으며 포즈를 취한다. 비둘기들이 날아오르며 세상은 이제 평화이며 자유라 노래한다.

하지만 경찰서 의자에 붙들려 앉힌 매질을 나는 여태도 기억하여 독재의 권력과 그 수구들의 잔인함에 고개를 젓는다. 79년 초봄, 매 앞에는 장사가 없었고 경찰서 앞 새벽공기는 차가웠다. 청마의 이 시구가 귀에 선연할 그즈음에도 젊은 사자들은 목에 칼 채이고 푸른 정의는 무릎 꿇려 개 같은 독재 앞에 물리고 뜯기었다.

그렇게 세월이 흘러 꿈같이 찾아온 오늘날이다. 더러운 유치장도 없어졌고 더 더러웠던 '짭새'들도 없어졌다. 마음속 상처도 그 시대와 함께 살아왔다는 나만의 자부심으로 바뀌었다. 민주 세상에서 그것이면 충분하다.

 다시 사랑하는 아이들, 청마의 외침처럼 그 거룩한 이마와 맑은 넋을 위해 오로지 자유와 민주와 애국을 끝없이 이어 주리라 다짐한다.

(2003)

외톨이 되기

 '한 사람이 떡장사로 득리하였다면 온 동리에 떡방아 소리가 나고, 동편 집이 술 팔다가 실패하면 서편 집의 노구도 용수를 떼어 들이어, 진(進)할 때 같이 와- 하다가 퇴(退)할 때 같이 우르르하는 사회가 어느 사회냐. 매우 창피하지만, 우리 조선의 사회라고 자인할 밖에 없다. (중략)

 실업을 경영하는 자를 보면 나의 의견도 실업에 있다 하며, 교육을 실시하려는 자를 보면 나의 주지도 교육에 있다 하며, 어깨에 사냥총을 메고 서북 간도의 산중으로 닫는 사람을 보면 나도 네 뒤를 따르겠노라 하며, 허리에 철추를 차고 창해 역사를 꿈꾸는 자를 보면 내가 너의 유일한 동지로다 하고…' (후략)

이 글은 단재 신채호의 「차라리 괴물을 취하리라」라는 글 중에서 발췌한 일부다. 요즘 세태뿐 아니라 100여 년 전에도 이 나라 민족의 상황은 그러했던 모양이다. 조선이

망하고 일제가 들어서고 이후에 대한민국이 생겨나 여기까지 왔어도 변한 게 없다니, 이 잘난 DNA는 어떻게 손을 봐야 좀 묵직해질까? 김치를 너무 많이 먹어서 그런 건가? 조상님들이 막걸리를 사발로 벌컥벌컥 마셔서 그런가? 살짝 불만 당겨도 펑펑 터져대니 폭죽도 이런 우량폭죽이 없다.

나는 요즘 우리 민중이 떼를 지어 모이는 것을 보면 솔직히 못마땅하고 불안하다. 월드컵이 한창일 때도 나는 그 엄청난 '무리 지음'이 부담스러웠고 한 사람의 외국인 감독에게 그토록 열광, 숭배해 대는 분위기가 민망스러웠다. 저러다 곧 식어 버릴 정열, 그럴 때 그가 느끼는 상대적 추락감은 어떠할까 했다. 필시 얼마 지나지도 않는 시간에 그걸 보아내야 할지 모르니 맘이 편할 수 없다.

당시 김이 쉭쉭대며 뚜껑이 떨그럭거리는 소리가 광화문을 진동하고 젊은 열기가 앞뒤 안 가리고 뭉쳐 세상을 향해 '오 필승 코리아'를 고함쳤다. 10만, 20만, 그리고 50만을 넘어선 인파였다. 온 세계가 우리의 열정적 떼거리 응원에 놀라 뒤로 자빠졌을 거라며 다들 흐뭇해했다.

그러나 난 그게 그렇게 중요한 일인가 싶기만 했다. 마침내 4강까지나 올라갔지만 내게는 16강만 됐어도 충분했다. 우리의 FIFA 랭킹순위가 20위권 밖이니 그것보다 더 높으면 대만족 아닌가. 대체 축구가 뭐라고 저리 발광을 해 대는지 원, 그리 생각했다.

근자의 촛불시위 역시 그렇다. 일이 어찌 되어 가는지는 사실 잘 모른다. 다만 두 어린 여학생이 미군의 장갑차 때문에 꽃다운 목숨을 잃었고 그에 대한 한미 당국자들의 대처가 무책임으로 일관이라 국민의 반발을 일으킬 만했다는 생각은 든다.

아무튼 일이 그리되자, 이번엔 마치 프랑스 혁명 당시 너도나도 바스티유로 달려가듯이 우리의 열혈 청년들도 또다시 울분을 토하며 피켓을 들고 시위를 펼쳤다. 구국의 횃불이 봉홧불처럼 타올라 방방곡곡을 누비며 전국을 강타한 맹추위 속에서도 매일 계속되어 이번엔 일이 좀 커지려나 걱정도 들었다.

하지만 얼마 지나지 않아 그 본질이 변질됩네, 어쩝네 하더니 그만 시들해졌다. 아니면 끓다가 너무 넘쳐 아예 막을 내려버렸는지 이젠 신기하게도 조용하다. 가을바람이 불자마자 삐뚤어진 입을 붙잡고 어디론가 다 사라진 모기떼 같다.

어디 이런 일뿐인가? 조금이라도 이문이 남는다 싶으면 무조건 줄을 이어 몰려든다. 무엇이든지 유행이라는 눈 없는 말 등에 올라탔다 하면 온 나라 사람들이 같은 색에 같은 무늬에 같은 스타일로 물결친다. 심지어 얼굴이니 몸이니 같은 용모로 성형하고 똑같은 체형을 지향하니 이것을 무엇으로 말해야 하나? 부모가 공들여 만들어 놓은 인물을 의사가 다시 틀에 끼워 포장 판매용 쿠키를 찍어내는 꼴이다.

가까운 수십 년간을 두고 보더라도 어찌 그런 일이 없었으랴. 한일 간의 마찰이 있을 때마다 반일 애국자들께서 파고다 공원에 모여들어 동강동강 손가락을 자르고 혈서를 써 댔다. 그뿐인가? 이북의 습격이 있을 때는 머리에 띠를 두르고 몽둥이를 들고 일어난 반공 대오는 또 얼마나 험악했는지. 그분들은 다 어디로 갔을까? 사뭇 궁금하다.

입시 열풍은 문자 그대로 뜨거운 바람이 일어 이 나라의 맹모들께서는 어린것의 손목을 붙들고 강남으로 강북으로 불법 주소 이전에 심지어 짐까지 싸 들고 이삿길을 재촉하지 않았던가. 대학의 전공도 잘 팔려 나간다는 직업군에 소양이고 적성이고 따지지 않고 원서접수 창구에 뭉텅이로 모여 줄을 잇고 선 기억도 있다.

왜 이런가. 이렇게 몰려 떼거리 문화가 횡행하는 이유가 무언가. 근무 없는 토요일 회사의 책상머리를 지키며 곰곰이 생각해 본다.

아무리 좋게 생각해 봐도 정답은 '용기 부족'이다. 혼자서 겪을 역경은 아예 맞서볼 생각조차도 하지 않는다. 자기 주체의 용기, 실패를 두려워하지 않는 용기가 비타민 일일 권장량보다 모자라기 때문이다.

노랑머리 파랑머리 물을 들일 줄만 알았지, 색으로 표현하는 진정한 자기중심은 없다. 부모의 슬하에서 재롱을 떨거나 귀여운 푸념으로 일관하여 그저 내려주는 은전으로 편히 살기를 원했기 때문이며 그 자식을 위한다는 부모의 눈먼 집착이 오히려 지렛대 역할을 한 탓이다.

귀한 자식이라며 험한 군대를 빼서 몸고생을 작게 시키고 모난 돌 정 맞는다며 어중간한 줄에 세웠으니 결국 남 따라 찬성하고 무리 속에서만 반대의 손을 든다. 도대체 인간이 무슨 엿처럼 여기도 철썩 저기도 철썩 들러붙어 남 눈치 보며 뒷구멍에나 붙어 살기를 원한단 말인가.

　자신에게 참된 개성이 아쉽다. 그 개성의 기본 정신이 아쉽고 정신의 중심이 허약한 것이 아쉽다. 기본은 부족하고 잔꾀만 늘어 어느새 힘센 세력에 슬쩍 어깨를 갖다 댄다.

　남의 말은 하나도 듣지 않고 흥분해서 몰려다니다가, 눈치 보고 숫자 많은 쪽에 가느니 차라리 외톨이가 낫다. 적어도 조용히 지낼 수는 있다. 이런저런 생각에 벌써 늦은 오후가 되었다. 해가 서쪽 바다 위를 천천히 건너 그 너머 산으로 돌아간다. 맘이 급해진다. 아이에게 전화를 했다.

　"뭐든 혼자 해결하렴. 그 방법은 '난 유일하다'야."

(2006)

토끼

"안 움직여요."

작은 햇살이 겨우 창에 들어오기 시작하는 이른 일요일 아침이다. 내 앞에 서 있는 긴장이 역력한 얼굴, 숨이 약간 멎어 있는 아이의 물음.

"어디 봐."

"자는 걸까요?"

두 손으로 받쳐 든 상자 안에서 녀석은 정말 조용하다. 네 다리를 쭉 뻗고 잠을 잔다.

"그런가?"

손가락으로 녀석의 귀를 만져 보니 툭 소리가 날 듯 굳었다. 다시 몸통을 건드려 보아도 반응이 없다. 식었다 이미.

"아, 죽었어."

내 단정을 아이는 믿고 싶지 않다, 녀석을 뚫어지게 바라본다. 그러나 생명의 징후는 없다. 빛을 잃었다. 상자를 들고 있는 두 팔이 떨고 있다. 코가 빨개지더니 눈물이 뚝 하고 흐른다. 입을 굳게 다물고 눈을 닦는다. 한 손으로는 여전히 상자를 든 채. 하지만 토끼는 이미 죽었다.

햇살이 천천히 책상 위를 어루만지고 작은 생활의 소음들이 방으로 들어찬다. 담배를 한 대 물었다. 칼칼한 목을 넘어오는 커피가 달콤하고 쓰다.

"묻어주자, 뒷산에."

기어코 아이가 흐느끼기 시작했다. 어깨까지 들먹이면서도 상자를 어쩌지 못하고 들고 서 그렇게 운다.

"좋은 곳이 있을 거야. 꽃도 놓아주자."

검정 토끼가 더 귀여웠다. 검정이 윤을 더해서 보랏빛이 감돌던 작은 토끼. 주먹만한 몸체에 엄지 길이의 귀가 쫑긋거리던 녀석이었다. 당근 조각을 갉아 먹고 몇 발을 깡충거리다가 그늘에서 잠이 들곤 했다. 하얀 토끼와 둘이 등을 맞대고 서로 살아있음을 느끼고 그러다 덩치에 깔려 겨우 빠져나오며 입을 오물거리던 녀석이다. 살아있는지도 모르게 숨을 쉬던 연약함이 짧은 생을 예감케 했지만, 오늘 아침에 이리 조용히 떠날지는 몰랐다.

간단한 채비를 하고 내가 앞섰다. 종이상자를 들고 뒤따르는 아이의 단발머리는 참 곱기도 하다. 뒷산에는 바람이 소소히 불고 나무들에선 사그락거리는 소리가 났다. 숲으로 오르는 길은 가팔랐지만, 천천히 한 걸음씩을 떼며 올라갔다.

적당한 장소가 어딜까, 풀밭이 나을까, 큰 나무 아래가 나을까. 살아서 먹는 일에 열중하던 토끼였으니 죽어서는 그저 편히 쉬는 것이 나으리라. 가끔 찾아와 오늘을 기억하기에도 좋은 장소이겠고. 이름도 모르겠지만 둥치가 큰 나무 하나를 찾았다. 볕이 잘 들고 바람도 잘 통하는 곳에 모양 좋게 서 있다.
"모종삽 이리 줘."
주먹만한 주검이니 구덩이를 크게 팔 일도 아니다. 하지만 가능한 한 넓게 또 깊게 파냈다. 돌도 골라 주고 부드러운 흙을 모았다. 아이의 아픈 마음만큼은 되지 못할 크기겠지만 그만큼의 정성을 들였다. 내가 열심히 땅을 파는 모습을 곁에 쪼그려 앉아서 바라보는 아이의 눈은 이 가을을 그대로 닮았다. 글썽이는 눈물이 내 눈에도 가득하게 들어찬다. 아주 작은 한숨을 조그만 입술 사이로 내쉰다.
"잠시 쉬었다 하자꾸나."
나는 익숙한 인부처럼 담배를 꺼내 물고 숲길의 억새를 한대 꺾었다. 억새 대를 입에 물고 잘근거려 보았다. 바싹 말라 있다.
"좋은 날에 떠나가는 거야, 쟤는."
"네…."
아이의 마음에 평안이 깃들었으면 하는 마음이 간절하다.
"나도 이런 날에 갈 거란다."
내가 조금 웃어 보이며 말을 건넸다. 아이가 언뜻 나를 바라보았다. 고개가 꺾여진다. 상자를 품에 안고서 한쪽 손으로 땅을 긁는다. 담배 연기를 후유 하고 뿜어 내며 하늘을 다시 보았다.

"정말 이런 날이 좋아…. 맑고 푸르고 또 시원하고 따뜻하니 말이야."

정말 조용하다. 그리고 아이는 여전히 말이 없다. 다만 툭 하는 소리가 날 만큼 눈물이 땅에 떨어진 것을 제외하고는.

"이제 묻어 주자꾸나, 잘 눕혀서 좋은 꿈을 꾸게 해줘야지."

자리를 털고 다시 일어나서 상자를 건네받았다. 토끼는 여전히 곱고 예쁜 털을 지니고 있다. 한 손으로 주검을 들어내니 어찌도 가벼운지 그저 한 뭉치 솜털 같기만 하다. 엄숙하지는 않다고 해도 경건함은 우리 둘 마음 가득 찼다.

가지고 간 종이 행주에 녀석을 단단히 잘 감쌌다. 그 위에 보드라운 검은 흙을 살살 뿌려 주고 또 약간 거친 흙을 덮었다. 작은 돌들을 뿌리듯 올려 주고 다시 겉흙으로 덮었다. 다지는 것은 아이에게 맡겼다. 작은 손으로 아이가 흙을 돋우고 톡톡 다졌다. 입을 굳게 다물고. 봉분은 의미 없을 테니 크고 무거운 돌 하나를 가지고 와서 토끼의 무덤 위에 굳게 내려놓았다. 그 무게만큼의 정분이다. 보라색 작은 꽃을 몇 개 꺾어서 돌 위와 주변에 내려놓았다. 가슴이 저리면서도 아름답다.

"무엇이든 이렇게 사라져 간다. 하지만 남기는 것은 있는 법이지.

아빠도 엄마도 언젠가는 네 손으로 이렇게 땅에 내려놓아야 하고, 그래서 너와 형제들이 한없이 슬프겠지만…."

아이가 멀리 바다 쪽을 바라보며 가만히 듣고 있다. 이런 말을 들려주어야 하는 안타까움은 나도 마찬가지다. 하지만 평온한 마음이다. 모든 것의 끝은 이렇듯 담담하다.

"사랑이란다. 그것은 절대 없어지지 않지. 그리고 영원히 이어지지."

나는 이런 점에서 단호하다. 그만큼 믿는 것이다. 바람이 한차례 불어와 우리를 감싸고 돌아 나간다. 아이의 어깨에 손을 올리고 보담았다. 머리에서 좋은 향내가 난다.

목젖이 울컥하고 명치가 아리었다. 아이의 이마에 입을 맞추고 내려오는 길은 무겁지 않았다. 우리는 산 입구의 작은 놀이터에서 그네를 타며 오후의 맑은 햇살과 하늘을 함께 얼굴을 들어 우러렀다. 작고 하얀 구름이 그렇게도 고왔다.

(2000)

학생복

 고등학교에 진학하는 딸아이의 교복을 사러 가는 길이었다. 한국의 중학 시절이 그리 녹록하지는 않았지만 나름대로 성적을 내어 진학하게 된 학교이다. 하지만 집에서 거리가 멀다. 거의 1시간이나 걸리는 통학 시간을 어찌 감당할까. 어쨌든 학교 근처에 가야 자기 학교 교복을 취급하는 가게를 찾을 수 있으니 내 차에 태워 데리고 갈 수밖에.
 시내 길은 혼잡했다. 무언가 확성기를 통한 연설이 들리더니 곧이어 봉고 버스 한 대가 지나간다. 깃발을 비장하게 휘날리며 주행하는 차창에는 근엄하면서도 자신만만한 표정의 인물 포스터가 다닥다닥 붙어 있다.
 "교육감 선거를 하면 누군지 알고서 찍으실 거예요?"
 당돌한 질문. 친구 중에 룸펜처럼 돌아다니는 녀석이 하나 있었는데 후보자 중의 한 분이 학교 선배라며 선거운동원으로 뛰어들었다. 몇 차례나 우리 집으로 전화를 내어 지원을 부탁하는 얘기를 어찌 들었던 모양이다. 게다가 오늘 거리에서의 선거 차량을 보게 되었으니.

"잘 모르지. 어쨌든 문제가 많은 선거란 생각이다."

예전에는 교육위원이라는 전문가들이 간접선거로 치러왔던 제도를 이번부터는 직접선거 방식으로 바꿨다고 한다. 위원이라는 사람들과 전 교육감의 욕심이 빚어내는 여러 문제로 아예 제도 자체를 새로 고쳤다며 친구에게서 듣긴 했다. 하지만 내 생각은 달랐다. 담은 물건이 썩었다고 그릇을 통째로 바꾸는 짓과 다름없다.

정말 제도 자체가 문제인 경우는 거의 없다. 운용하는 사람이 형편없거나 사적이익에 골똘한 나머지 잘못된 경우가 훨씬 많다. 또는 불이익을 받고 있다고 생각하는 세력이-뒤집어 버릴 수 있는 권력을 잡았을 때-자신들에게 유리하게끔 만들기 위해 벌이는 짓이다.

사람들은 좋은 나라, 훌륭한 사회를 만들기 위해 숭고한 뜻으로 숙고 끝에 법과 규칙을 만들었다. 제정 당시에는 다들 합의하고 손뼉 쳤다. 그리고 얼마 안 가서 그 손으로 다시 호떡 뒤집듯 바꾸어 버린다. 결과가 정히 신통찮으면 법과 제도를 뜯어고칠 수 있겠으나 그 이전에 사람을 바꾸고 보다 더 효율적인 운용을 해야 한다.

간접선거는 대중이 앞세우는 사람-보다 더 나은 역량의 사람-에 의해 최종 선택을 하게 하는 제도다. 실수가 적고 전문적으로 검토할 수 있다. 개인적으론 책임자를 선출하는

데에 간접선거가 더 나은 제도라 생각하지만, 자기 손으로 직접 권리를 행사하는 쾌감을 맛보는 직접선거도 나름의 가치는 있다. 그러나 교육감 선거까지 엄청난 비용과 시간을 들여가며 굳이 그럴 필요가 있나 싶다.

"아테네에서 민주주의가 시작되었다고는 하나 투표는 간접선거의 방식을 택했어. 이른바 시민이라는 남자 귀족들만이 참가한 투표여서 여러모로 완전하지 않았지. 그러나 그것에는 나름의 이유가 있었던 거야."

음악을 듣던 이어폰을 빼고 동그란 눈을 내 앞으로 들이민다. 눈동자가 화학실험실의 불꽃처럼 반짝거린다. 지적 호기심으로 가득 찬 청소년의 눈동자로는 만점을 주고 싶다.

"그 시대에 제대로 교육받지 못한 여성이나 노예들까지 선거에 참여시킨다면 외려 폐단이 더 많았을 거야. 국가정책을 결정하는 중요 투표에 무지한 자들이 참여한다면 그 결과가 형편없게 될 가능성이 생기지. 대중은 본질적으로 그리 이성적이지 않거든."

"그렇겠네요."

"돈도 나눠주고 술도 사 먹이고 그러면서 이리저리 듣기 좋은 말로 유혹하면 아마도 표는 선전·선동을 잘하는 사람에게로 몰려 가 버렸을 거야."

"포퓰리즘을 말하시는 거죠?"

"경계해야 할 대상이지."

차창 밖으론 무수한 차와 사람이 지나다닌다. 무슨 생각을 하고 사는 사람들일까? 세상이 어떤 식으로 돌아가는지 제대로 된 정보와 관심이 있는 걸까? 고개가 가로저어진다. 대중은 믿을 수 없는 존재다. 작은 일에 열광하고 큰일에는 어리석다. 무지몽매한 경우도 많고 소탐대실하기도 한다. 때로는 정말 참을 수 없이 가벼운 존재이기도 하다. 그러나 과연 그렇기만 한 걸까?

사실 국가적 폐해의 중요 원인은 다수 대중보다 오히려 극소수의 엘리트 계층에 있었다. 그들의 계급의식에 따른 독단과 사적 욕심과 자만에 의한 오판 때문이다. 더구나 미개국일수록 엘리트층은 더욱 얇다. 우선은 총칼을 손에 쥔 군부 세력이 무력으로 준동하고 그 후엔 공권력을 지닌 사람들이 경거망동한다. 어떤 때는 금력이 나라 전체를 좌지우지하는 일도 있다. 그런 권력욕이 더 진행되면 나중에는 서로 얽혀 들어 종합적인 독재와 부패가 일어나고 기생 세력까지 활개를 치게 된다.

"선진문화국이란 엘리트층이 각계각층에 넓게 분포되어 있다고 봐야 하는 거야. 더 나아가 다수 대중도 교육 수준이 높아 각 개인의 인지능력과 자아가 제대로 발현되는 능력과 제도를 많이 갖춘 나라란다. 민주주의나 직접선거는 그런 나라에서나 제대로 꽃 피울 수 있는 거란 생각이다."

"우리나라는 그런 나라에요?"

솔직히 자신 없다. 아직 능히 그런 나라라 말하기엔.

"우리나라는 너무 넘쳐나서 탈인지도 몰라, 다 잘났어. 하하."

교문 앞에 몇 개의 학생복 가게가 있다. 차를 멈췄다. 언뜻 보니 엘리트란 상호가 있다.

"야, 저건 매력 없다."

"그럼 어떤 걸로 해요?"

언뜻 눈에 들어오는 상표.

"그래, 차라리 스마트를 택하렴. 난 네가 평범해도 멋진 사람이 되면 좋겠구나."

아이도 유쾌하게 웃는 내가 좋았는지 가게로 성큼 들어섰다.

(2007)

손톱

 대학에 들어간 큰딸은 이제 성인의 자유를 만끽하려 든다. 알록달록한 반지를 여러 개 사다 모으고 반짝이는 손가락을 제 엄마에게 들어 보이곤 하더니 어느 날인가는 집사람과 함께 미장원에 가서 기어코 귓불에 구멍을 뚫고 돌아왔다.

 하루 이틀 진물이 나서 아프다니 어쩌니 하더니 조용해졌다. 이후 온갖 종류의 싸구려 귀걸이를 좌판에서 여러 개 사다 날라 어디서 주워 왔는지 앙증스러운 종이 보석함에 쌓아두기 시작한다. 그러더니 이젠 손톱과 발톱에 매니큐어, 이 색깔 저 색깔 발랐다가 지우고 또 다른 색으로 바꿔 보곤 한다. 그리곤 중학교에 다니는 동생에게 굳이 보여 줘 가며 히죽거리고 좋아한다.

 이제 갓 들어간 대학 신입생, 오죽 그런 일을 하고 싶었겠는가. 그 정도를 이해 못 할 바는 아니다. 하지만 손톱을 지우는 제거제의 냄새가 너무 지독하다. 내가 드러누워 티브이를 보는 옆, 탁자에 앉아서 열심히 바르는 붓질은 그나마 참을 수 있지만 등천하는 화학약품 냄새에는 짜증이 난다. 대체 학생이 무슨 치장에 열중이냐며 속이 좀 뒤틀렸지만, 그간 공부하느라 고생했으니 그저 참고 넘어 가리라 마음먹곤 했다.

며칠 전이다. 그날도 새로 사 들고 온 녹색 매니큐어를 바르려고 하는 중에 오랜만에 아무것도 칠해지지 않은 맨손톱을 보게 되었다. '어 웬 손톱이 저리도 길지?' 그리곤 한 말씀.

"너, 손톱 깎아야겠다. 학생이 그리 길게 기를 일은 아니야. 연예계 여자도 아니고 그게 뭐냐?"

저쪽에 앉았던 집사람이 약간 눈을 찡그리는 것이 보인다. 하지만 이런 경우는 무시해야 한다.

"아빠~! 다들 그리 기르는데요?"

"다들이고 뭐고 학생답게 단정한 게 훨씬 나아 보인다. 불편하기도 하잖아."

물론 내가 고리타분 버전으로 이야기하고 있음도 잘 안다. 게다가 손톱 길러 매니큐어 좀 칠하기로 서니 뭐가 어떨까 보냐. 그러나 사실은 마누라까지 나서서 아이와 함께 날마다 색을 바꿔 가며 바르는 통에 그 꼴이 별로 신통찮아 보였던 터다. 제법 괜찮은 꼬투리를 잡은 셈이다. 내 속셈이 들키지 않도록 위장의 한마디를 더 던졌다. 내 마음에 매니큐어를 바른다고나 할까.

"뭐, 손톱칠하는 거야 별일이겠냐만, 여하튼 단정히 깎고 다녀야지. 알았지?"

아이가 뭐라고 투정 비슷하게 나를 설득하려 했지만 나도 쉽게 거둘 수는 없는 노릇이다.

"이야기 끝났으니 그리 알고 내일 다시 보자."

한 십여 분이나 지났을까? 거실에 드러누워 책을 보고 있노라니 아이가 다가와선 날 부른다. 바라보니 눈물이 글썽한 얼굴이다. 약간 상기된 모습이 심상찮다. '다 깎았어요.' 하고는 손등을 내민다. 다른 손에는 깎은 손톱을 그대로 모아들고서. 이 녀석이 반항하는 건가 싶긴 했지만 그래도 의연하게 답했다.

"잘했어. 훨씬 보기 좋다. 역시 학생답군. 그런 손에 연필이 끼워지는 게지, 암."

속이 상했겠지만 아이는 기어코 눈물을 감추고 돌아섰다. 좀 안되어 보인다 싶어 돌아서는 아이에게 한 마디를 붙여 주었다.

"3학년 되면 기르도록 해라, 그때는 어른이 분명한 나이니깐."

내 횡포를 나도 안다. 하지만 이렇게 한번 단속해 주는 일은 아비의 몫이다. 아이는 며칠 후, 아니면 한 두어 달 후 자기 엄마와 짜고선 다시 손톱을 기를지 모른다. 그러다 발각되면 엄마에게 책임을 돌려세울 심산이리라. '엄마가 길러도 된다고 해요.' 그때 적당히 타협해 주면 된다. '정히 그러고 싶다면 그리하되 이런 일은 좀 해줘야겠다, 그러면 전격 허용이다.' 조건을 하나쯤 걸고 허락하면 된다. 나도 꽉 막힌 아비는 아니므로.

하지만 솔직히 하얀 손등, 깨끗이 기른 손톱에 예쁜 색칠은 보기 좋다. '바이런'은 그리스 여행 때 사귄 소녀와 오랜 세월 연애편지를 주고받았다. 오가는 편지봉투 속에는 머리카락으로 매듭지은 소녀의 붉은 손톱이 들어 있었다. 아름다운 선물, 그녀의 예쁜 영혼을 보내준 셈이다.

손톱에 붉은 물을 들이는 일은 대체로 건강미를 강조하려는 목적과 주술적 의도에서였지만 손톱 치장에는 계급 우월 의식이 작용하였다. 고대이집트의 어느 여왕은 손톱과 발톱을 진홍색으로 칠하고는 왕족 이외에는 그 색을 쓰지 못하게 했다. 그리고 자기보다 낮은 신분의 여성들은 옅은 색으로 칠해야 하고 계급이 낮을수록 더 옅은 색을 사용하게 하였다. 진한 색상은 높은 계급의 전유물이었다.

우리나라에서의 손톱 치장은 고려시대로 거슬러 올라간다. 귀신을 쫓는 무당의 손톱에서 유래했다고 한다. 어린아이들에게 봉숭아 물을 들이는 일은 예쁘고 재미있기도 했거니와 일종의 액막이에서 비롯된 습속이다.

물들이기는 그렇다 치고 손톱을 기르는 건 뭔가. 손톱이 자랐을 경우 깎지 않으면 불편하다. 그럼에도 근대 중국과 인도네시아에서는 고관들이나 부자들은 남녀를 불문하고 손톱을 길게 기르는 경우가 많았다. 이때의 손톱은 '노동하지 않아도 되는 여유'를 상징했다. 평민과 차별을 두려고 매니큐어를 발랐던 로마의 귀족처럼 하나의 과시욕이었던 셈이다.

정말 다행한 일이다. 그 습속이 그대로 전해 내려왔다면 아마 대한민국에서는 손톱 기르지 않는 사람들이 드물었을 게다. 너도나도 남보다 우월해 보이고자 엉터리 훈장이라도 달려고 하는 판이니 손쉬운 제 몸의 손톱이야 오죽하겠는가.

그러고 보니 그저 자신만의 만족일지도 모르는 딸아이의 작고 귀여운 허영심이야말로 얼마나 이쁜 치장인가. 아이를 다시 불러 2학년부터는 괜찮다며 다독여 볼 일이다.

(2006)

망고

 세월이 어찌 흘렀는지 모르겠다만, 아내의 기일이 되었다. 7대조부터 4대를 연이어 당상관을 지낸 집안이라 주자가례에 따라 엄격히 제사를 지내오던 사람이 기독교식의 추모회를 열게 되었으니 나는 그것이 못내 어색하다. 그러나 아내는 마지막에 기독교에 귀의했고 그녀의 비석에는 십자가 아래 성도 황 모라고 크게 적혀 있으니 어쩔 수 없다.

 하여 목사님도 오지 않는 쓸쓸한 의식을 딸 둘과 아들 하나를 앉혀 놓고 지내게 되었다. 홀아비가 차린, 유교와 기독교를 망라하고 아내가 좋아하는 음식들까지 그득 채웠으니 이른바 퓨전 제상이 되었다. 촛불 아래 진설된 음식이 재미있다며 빙긋 웃었다.

 강골, 김종직도 아내를 여의었다. 그 역시 30년 가까운 세월을 조강지처와 함께하다 떠나보내고 영전에 '제망처숙인문'을 지어 올렸다. 그는 겨우 환갑에 세상을 떠났으니,

처를 먼저 잃은 사내가 오래 살기는 어려운 모양이지만 나 역시도 오래 살고 싶은 생각은 추호도 없다.

'오늘 죽어도 호상.' 이런 말은 나 같은 사내에게 딱 어울릴 만한 말이기도 하겠지만 줄줄이 나를 바라보는 저 처연한 눈동자들 때문에 어쩔 수 없이 나는 또 삶을 이어갈 밖에.

그래도 아는 게 있노라 시편 한 구절을 읊었다. 마음이 여린 자에게 이런 절절함이 어디 있으리. 신은 그래서 성스러운 은총을 내려주신다. 하지만 함께 보낸 세월을 떠올린다면 말을 단 한마디도 제대로 잇지 못한다. 술을 부어 오늘을 고하려 하니 다시 목이 멘다. 아이들 앞이라 쉬 울지 못하고 그저 말만 끊었다 이었다 하며 기도를 마쳤다.

어머니께서는 천국에서 평안하시다. 나는 네 어머니를 사랑하고 또 너희들과 오래도록 잘 살 것이다. 아비만 믿고 살면 된다. 말을 마치고 문득 들여다본 추모회 상 위에 노란 망고가 푸르도록 향기롭다.

그래, 아름다운 시절이 어디 영원하겠냐만 그래도 저 상에 놓인 망고 맛같이 우리는 달콤한 사랑을 나누었노라 그리 생각하고 떨리는 손으로 촛불을 껐다.

(2012년)

굴비

 중2, 아들 앞에 놓인 접시에 법성포 굴비가 딱 한 마리 올랐다. 심혈을 기울여 구운 굴비, 등짝 부분이 잘 그슬렸다.

 마지막 날 시험을 앞둔 저녁상은 대체로 푸짐하다. 아들을 위해 나는 생전 처음으로 콩나물국을 끓였다. 멸치, 다시마, 파, 국간장, 땡고추, 소금, 마늘, 볶은 깨, 그리고 당연히 콩나물이 준비되었다.

 '그냥 생각나는 대로'의 모든 재료는 일시에 '돌격 앞으로'를 외치며 국 냄비에 투입. 이른바 사나이답게 상륙돌격, 그리곤 맹렬히 끓어오르니 해병대의 기상이 씩씩하다.

 둘만의 저녁, 식탁 위는 고요하다. 밥그릇의 하얀 쌀밥은 서산 마애삼존석불의 조용한 미소를 짓고 있다. 속으로 중얼거렸다. '나무아미타불, 감사합니다.' 정적을 깨고 녀석이 말했다.

"아부지, 먼저 드세요."

두말할 것 없다.

"오냐."

내가 젓가락을 들어 살이 탱탱한 굴비를 한 조각 떼어내자 연이어 하얀 속살에서 올라오는 뽀얀 김이 요염한 벨리댄스를 추며 상승. 순간 마주 앉은 아들 녀석이 딱 한 번 침을 꿀꺽인다. 그리곤 다시 고요. 잔 파를 송송 잘라 넣고 적당히 고춧가루를 뿌린 간장 향이 좋다. 부드러운 살이 하마 부서질세라 참으로 조심하여 간장에 살짝 찍었다. 아… 녹는다. 혀가 그대로 꼬일 만큼 달콤한 맛. 어느 첫 키스인들.

이젠 녀석 차례. 은인자중하던 맞은 편에서 조자룡의 헌 창처럼 맹렬한 젓가락질이 날아온다. 내가 외쳤다.

"기다려라!"

살을 발라냈다. 조심히 그리고 끈기 있게. 목젖으로 넘어가는 침을 표시 내지 않으며 나는 끝까지 침착하게 가시를 제치고 껍질을 적당히 붙여서 열 도막도 넘게 오와 열을 정렬, 보기도 좋게 진설해 준다.

"맛있지?"

"넵, 우물웁웁 네엡."

총각김치와 콩나물국과 깻잎과 구운 김과 고추장 그리고 영광의 굴비가 베토벤 제9교향곡처럼 녀석의 머릿속에서 합창을 해대고 있다. 한참을 꺽꺽이며 먹어대는 녀석을 보고 있노라니, 그리고 다른 반찬만을 뒤적이는 나를 생각해 보노라니 갑자기 선친 생각이 나며 목이 울컥 멘다. 어린 날의 나는 생선 살을 발라내는 것에 서툴렀다. 마구 부서져 버리는 고운 살을 숟가락으로 퍼먹기도 했었다.

"아이고, 살이 다 부서지게 먹는구나…. 허허."

선친께서도 살을 발라내어 주고 내가 맛나게 먹는 것을 가만히 웃으시며 본 적이 있었다. 그 조용한 미소, 아예 수저를 내려놓고선 나를 바라보시던 그 눈웃음. 그 마음을 생각하노라니 명치끝이 저려 온다.

왜 아이들은 생선 살을 잘 발라 내지 못할까. 왜 아버지들은 톡톡 잘도 잘라 내어 아이들 앞에 살점을 내어줄까. 그리곤 흐뭇한 미소의 양념을 듬뿍 쳐준단 말인가. 문득 나를 바라보는 아이의 눈. 그 눈을 바라보며 턱을 치켜들고 한마디 말씀.

"요즘 굴비가 굴빈가? 예전에 네 할아버지랑 먹던 굴비와는 천지 차이야, 암 비교도 안 되지."

꾸덕꾸덕 말려 부욱 찢어 고추장에 턱 하니 찍어 먹던 대짝 굴비, 조만간 다시 한번 먹어 볼 노릇이다. 내 아들과 함께.

(2013)

바다, 비, 담배

남서쪽 하늘가로 빠르게, 높고 낮은 구름이 몰려들더니 태양의 눈을 가리고 타오르던 기세를 가라앉혔다. 수면에 반사한 빛 때문에 한참을 찌푸렸던 눈이 이제야 제대로 펴진다. 뜨겁던 목덜미가 금세 식는다. 허리를 펴고 마스트 아래에 묶어 두었던 물병으로 목을 축였다.

하지만 외항으로 빠져나오면서부터 제법 불어오던 바람이 그만 죽어버렸다. 사방의 공기가 무겁게 내려앉았다. 바람에 한껏 부풀었던 하얀 세일이 축 늘어져 꼼짝도 하지 않는다. 2인승 요트는 흔들대며 천천히 맴을 돌뿐, 조정이 불가능하다.

라이프재킷 속이 흥건하다. 가슴골 사이로 연신 땀방울이 흐른다. 눅눅한 기운, 목과 겨드랑이에도 땀이 차인다. 모자를 벗고 이마의 땀을 손등으로 훔쳤다. 주위가 고요하고 귀가 먹먹하다. 갈매기가 해안 방파제 위의 깃대봉마다 한 마리씩 자리를 잡고 수평선을 꼿꼿이 응시하고 있다.

그대로 얼마나 지났을까? 멀리서 쿵 하는 천둥소리가 들린다. 그러자 깃발이 딱 하나 펄럭이는 게 눈에 들어왔다. 몇 번을 더 펄럭이자 이젠 줄을 서 있던 다른 깃발들도 흔들리기 시작했다. 목으로 침이 꿀꺽하고 넘어간다.

왔다! 순식간에 '쏴아아' 소리를 내며 환하고 맹렬한 기운이 배를 덮친다. 요란한 소리를 내며 등이 따갑도록 떨어져 내리는 소나기. 검푸른 바다 위에 수천만 개의 투명한 크라운들이 물 위에서 팅겨 올랐다가 내려앉는다. 연이어 자욱이 깔려 드는 벽옥색의 물보라. 목덜미에 소름이 돋았다.

바다 전체가 움직인다. 원근 구분이 잘 안되는, 물로 만든 거대한 벽이 다가온다. '어어' 하는 순간 배가 파도를 타며 거인의 손에 들리듯 번쩍 위로 떠올랐다. 급히 한 손으로 밧줄을 감아쥐고 다른 손으로 선체를 움켜잡았다. 첫 번째 너울이 지나가자 배는 미끄럼을 타듯 풀썩 꺼져 내려갔다. 숨이 멎는다. 연이어 두 번째의 큰 파도가 '파당당' 소리를 내며 뱃머리를 덮쳤다. 고개를 숙인 채 바닷물을 그대로 뒤집어썼다. 하마터면 팅겨 나갈 뻔했다.

눈을 들어 바람 방향을 잡으려 했지만, 돛이 맥을 못 춘다. 다시금 구름이 뭉클하고 용을 쓰자 예리한 칼날로 내리치듯 백금 같은 섬광이 눈앞에 떨어진다. 정수리를 서늘하게 만드는 한 줄의 번개. 뒤이어 하늘과 바다를 진동하는 천둥소리. 귓불이 쭈뼛하고 올라간다.

바다가 더욱더 크게 일렁인다. 어금니를 악물고 손아귀가 으스러지도록 밧줄을 당겨 돛을 조정한다. 비바람이 연신 얼굴을 때리는 바람에 머리칼과 입가로 빗물이 줄줄 떨어져 내린다. 입속에 짠 물맛이 가득 찼다. 비와 파도에 젖은 몸이 쥐가 날 것 같다. 커다란 모터보트가 파도를 뚫고 달려오며 확성기 소리를 지른다.

"빨리 풍하로 피항하세요!"

붐대의 블록에 걸려 있는 메인 시트를 힘껏 잡아당겼다. 찢어질 듯한 소리를 내며 돛이 급히 반대 방향으로 돌아갔다. 배가 심하게 기울어진다. 발을 밴드에 걸어두고 황급히 몸을 젖혀 두 다리가 뻣뻣하도록 버티며 다른 쪽 뱃전에 등을 걸쳐 중심을 잡았다. 당황한 가운데 어색한 미소가 지어진다.

그러자 이번에는 배가 반대쪽으로 기우뚱 넘어간다. 비명을 지를 여유도 없다. 배의 중앙으로 급히 몸을 날렸다. 비안개로 자욱한 정면을 응시하며 무릎을 꿇은 자세로 나뭇잎처럼 흔들리는 배를 조정했다. 밧줄을 잡은 손이 굳어버려 팔꿈치까지 줄을 감아당기자 젖은 돛이 제대로 바람을 받아 '파라락'거리며 물을 날린다. 배가 바다 위에서 튕기듯 내항을 향해 달리기 시작했다. '쩌억' 소리를 내며 번개가 다시 하늘을 갈랐다. 파도가 거친 숨소리를 낸다. 사정을 두지 않는 비바람이 온몸에 세차게 들이친다.

'야아아아아!'

나도 고함을 지른다. 공포에 떨 필요는 없다. 오로지 나 자신과 선체 그리고 돛만이 서로를 믿을 뿐이다. 흠뻑 젖은 몸으로 극복해 나가는 과정 중에 알 수 없는 용기도 생겨난다. 대자연의 위력에 온 힘을 다하여 겨루는 일은 희열 그 자체다.

가까스로 내항으로 들어왔다. 배가 진수 안벽의 바닥에 닿을 즈음, 센터 보드를 뽑아내고 배에서 뛰어 내렸다. 가슴까지 차는 물, 그러나 발끝에 닿는 땅의 굳건한 감촉. 뭍으로 빠져나오는 몸이 무겁다. 모자와 라이프재킷에 빗물이 후드득거린다. 해초에 미끈거리는 걸음을 겨우 옮겨 캐리어 위에 배를 끌어 앉혀놓았다.

몇 발을 더 걸어 보트 창고에 들어섰다. 옷에서 흘러 내리는 물이 시멘트 바닥에 줄을 긋고 흥건히 고인다. 여전히 세차게 비가 쏟아지는 바깥을 바라보며 안주머니에 비닐로 싸서 넣어둔 담배를 찾았다. 부들거리는 손가락으로 한 대를 꺼내 입에 물고 라이터 불을 댕겼다. 창 쪽으로 푸른 연기가 자욱이 펴져나간다. 바다와 비와 담배가 완벽하게 역경과 안도의 하모니를 이룬 순간을 만끽한다.

아무튼 담배는 습기에 젖어 찌그러진 것이 더 쓰고 맛있다. 어쩌면 인생도 힘든 운명을 겪어야 더 나은 맛이 되는지 모르겠다. 쓰라리게 넘기는 한 잔의 소주처럼.

(1999)

燈夫

5

뿔과 장미

접동새 소리
벚꽃
정글의 삶
인생 세금
홍매화
함경도 아바이
입추(立秋)
사랑, 순정
뿔과 장미
추일 단상(秋日 短想)

접동새 소리

 주점의 등불 아래 친구는 말없이 고개를 숙이고 있었다. 나는 흉하기 짝 없는 말, 험한 얼굴로 탁자를 내리치며 고함쳤다. 미닫이문 유리창 밖으로 떠밀려 나간 그의 뒷모습이 흐릿했다. 지치고 낡은 등짝에 밤비가 채찍처럼 휙휙 소리를 냈다. 중년의 사내는 뒤도 돌아보지 않고 비안개가 가득한 밤거리로 추적이며 떠나갔다. 그림자가 골목길 끝까지 길었다.
 나는 분을 삭이지 못했다. 자리로 돌아와 동석했던 다른 이들에게 친구를 험담하였다. 남들은 고개만 끄덕일 뿐 말이 없었다. 시간이 흐르자, 술잔이 다시 오가고 웃고 떠들었다. 밖은 아직 추웠으나 안은 난롯불의 열기와 사람들의 호기로 가득 찼다. 차가운 비는 창을 더욱 두드렸다.
 모두와 헤어지고 나만 남게 되었다. 주인도 보이지 않는 술집, 벽에 붙은 가격표가 서늘했다. 몇 개의 술잔이 나동그라진 탁자 앞에 홀로 앉았다. 그래도 오로지 취하겠노라 독한 술을 계속 들이켰다. 어색하게 웃음 짓던 친구의 얼굴이 떠올라 화가 더 치밀었다. 네까짓 놈에게 우정이며 의리가 대체 무슨 소용이란 말인가? 흘려보낸 세월이 아깝기만 했다.

  문득 깨어나니 삼경, 달은 밝고 뒷산의 접동새 소리만 구슬프다. 말도 되지 않는 내 용렬함이 부끄럽고 가슴 아프다. 아무리 꿈엔들 어찌.

  귓가에도 눈물이 흘러 베갯잇에 툭툭 떨어졌다. 기러기도 먼 하늘 날아갈 때 친구 없이 길 떠나겠는가? 내 응어리는 꿈에서 다 풀었다며 어진 친구에게 마음 한 자락을 붙들어 맸다. 새소리는 달처럼 높았고 새벽이 다 되어서야 겨우 겉잠이 들었다.

(2020)

벚꽃

단아한 자태 위로 설렘이 투명하다.

봄날 따스한 햇살을 듬뿍 받고 송이송이 피어난 벚꽃은 여인네의 향기를 저절로 떠올리게 한다. 은은한 체온, 분홍빛 뺨의 설렘을 가득 담은 꽃망울들이 영락없이 사랑스러운 여인의 모습이다.

그러나 결단의 기상을 지닌 사내의 꽃을 들라고 하면 그 역시 벚꽃이다. 딱 자르고 돌아선다. 훌쩍 세상을 떠나는 사나이 품성이다. 따스한 봄 어느 날, 일시에 터뜨렸다가 흩어져 사라지는, 주검조차도 경쾌하다.

향이 진하던가? 그렇지 않다. 커다란 송이의 꽃도 아니오, 다발로 바쳐질 꽃도 아니다. 참고 참았다가 그를 알아주는 빛 앞에서 일순에 망울을 펼쳐 올려 만개한다. 두 손 털고 미련 없이 돌아서 가는 꽃, 더 이상 감추지 않으니 어느 꽃이 이만큼 당당하게 떠날 수 있으련가.

사월의 벚꽃, 허공에 날리는 무욕이여. 얇디얇은 순수여. 빈 하늘에 흩뿌려지는 단장의 일편심이여. 허튼 흔들림에도 가지를 놓아버리는 맹렬한 자존심이여.

그대 벚꽃, 산란하는 빛줄기를 온몸으로 받으며 이 봄, 제대로 시작도 않았건만 가슴속에 꽃잎 한 장, 이리 날리고 그만 떠난단 말인가.

(2000)

정글의 삶

 어미 원숭이는 필사적이었다. 어린 새끼가 악어의 입에 물려 있었기 때문이다. 늪 가로 나오는 악어의 등을 내려치거나 물 안까지 뛰어들어 놈을 유인해 내고 다시 싸움을 벌이는 처절한 일이다. 어린 것은 악어에게 물린 채 흙탕물 속에 몇 번이나 처박혀 늘어져 있다.
 함께 대들던 큰 새끼는 커다란 이빨에 물려 아차 순간에 하박부가 뜯겨 나가 버렸다. 덜렁이는 팔에서 피가 분수같이 솟구친다. 하지만 고통의 비명도 잠시다. 정신을 잃고 쓰러진다. 부상병을 구하려던 병사가 외려 적탄에 맞아 쓰러지는 장면 같다.
 악어의 꼬리에 받혀 어미가 튕겨 났다. 그러나 포기하지 않는다. 이번엔 더한 기세로 눈에 핏발을 세워 재차 달려든다. 피를 토하듯 고함을 지르며 악어의 얼굴을 내려쳤다. 약이 오른 악어가 새끼를 물고 주둥이를 더욱 크게 흔들어

댄다.

　다시금 어미가 제 몸을 미끼로 소리를 지르며 다가서자, 악어가 입을 크게 벌리고 물가에서 훌쩍 튀어 올랐다. 그 순간 땅에 떨어지는 새끼를 번개같이 낚아채 달아난다. 늘 그렇듯 악어는 무표정이다. 하나도 아쉽지 않은 몸짓이다. 울퉁불퉁한 갑피에서 빛을 받아 반짝이는 물방울만 흘러 떨어질 뿐.

　어미는 눈을 껌벅이며 미친 듯이 새끼를 쓰다듬는다. 어찌할지 몰라 이쪽저쪽을 바라보며 소리 없이 숨만 몰아쉬고 있다. 어린 새끼는 목이 이미 꺾여버려 안타까운 젖을 물려도 움직이지 않는다. 죽었다. 하지만 어미는 모른다. 어쩌면, 죽지는 않았으리라는 희망뿐인지 모른다.

　열대의 화려한 새가 푸드덕 나무를 차고 날아오른다. 악어가 다시 늪 속으로 천천히 잠수해 버린다. 어디서 긴 휘파람이 들려온다. 부챗살 같은 햇빛이 습기 찬 정글에 가득하다. 동물의 왕국은 또다시 나른해져 버린다.

　아니지, 단지 정글만이 그러하겠나. 우리 세상도 한편에선 참으로 절체절명의 삶이지만 또 다른 한편에선 그저 일상의 지루함 내지는 평범의 나른함에 지겨워할지도. 그래서 끝판왕 스릴을 추구한다나 뭐라나.

(2006)

인생 세금

누군가 말하길, 내 모습이 예전과 별로 달라 보이지 않는데에는 이유가 있다 한다. 왜 그러냐고 물었더니 대뜸 나의 팽팽한 시건방과 독선을 말한다. 일종의 독기가 인상의 '포르말린'으로 작용한다는 얘기다.

스스로 나 자신을 생각해 봐도 그렇다. 마치 파란 전깃불을 빠지직거리며 거친 바다 위에서 뭉클거리는 먹구름 같은 성정을 지닌 것 같다. 몸체보다 더 큰 집게와 단단하고 뾰족한 꼬리를 지닌 전갈 같기도 하다. 쓸데없는 자존심이 등짝에 가득 붙은 고슴도치라 해도 되겠다.

그게 아니라면 나는 아마 질릴 듯한 흰 바탕과 파란 무늬의 송나라 백자처럼 극도로 예민한 사람일 수도 있다. 어느 날 새벽, 더 이상 참지 못하고 자결하듯 깨질지도 모른다. 이렇듯 비장한 결론에 도달한 이유는 분명하다. 완전에 집착하는 결벽과 뼈를 깎듯 자신을 스스로 조이는 집념 때문이다.

내 눈에서 가끔 불이 튄다고 말하는 이도 있다. 속에 든 게 경멸과 분노라 그렇다. 세상을 뭉개고 싶은 반골 기질 때문이다. 나는 치열하게 그러한 결격사유와 싸워봤지만-영웅적인 노력이라면 모를까-내 그릇은 여태껏 작은 종지 그대로다.

하지만 생각해 보라. 겉치레를 실체로 여기며 곧고 의연한 마음 따위는 아랑곳하지 않는 인간 군상을. 돈과 권력의 힘을 떠받들며 그것이 더러운 세상의 생존법이라는 사람들을. 그런 자들과 나는 눈썹을 치켜세우고 팔을 걷어붙여 주먹을 들고 싸웠다. 정의의 양심으로 얕은꾀에 의지하지 않고 목청을 높이라 외쳤다.

그러나 과연 그러했던가? 사실 말은 입안에서 굴러다니기만 할 때가 훨씬 많았다. 들어 올렸던 주먹도 주위를 둘러보며 슬그머니 내려놓았다. 이럴 때 용기는 '예의'와 '이해'로 포장되어 마음 한구석으로 밀려나기 일쑤였다. 그럴 때마다 나는 괴로워하며 탄식했다.

다행히 '세네카'의 말이 있었다. '비탄은 처벌이 아니다. 그것은 살아있다면 어쩔 수 없이 당해야만 하는 것으로, 삶의 세금이다.'

말 하나 붙들고 하늘을 바라보는 하루다.

(2002)

홍매화

 아주 가만히 귀를 기울이면 꽃잎 펼쳐지는 소리가 들린다. 뿌리로부터 시작된 생명의 힘이 가지 끝을 가르고 밀어 올려 몽우리를 만들고 그 몽우리 끝으로부터 공중으로 펼쳐 내 올리는 생명의 마지막 탄력.
 극히 작은 힘. 하지만 진지하며 그리고 엄숙하다. 탄생을 알리는 극미의 힘이 수액으로 합쳐 서로를 감싼 꽃잎을 튕겨 낸다.
 그 소리는 있는 듯 없는 듯 '톡' 하는 소리이다. 무비 광대한 우주에로의 최초 일성. 소리는 일어나자마자 금세 대기 속으로 사라져 버린다. 여운은 없다. 그러나 에너지는 이제 순수의 분홍으로 눈앞에서 피워져 오른다.
 바람이 한 차례 일어 꽃잎을 쓰다듬는다. 부드러운 햇살의 애무에 갓 태어난 꽃잎들은 몸을 말리고 나를 향해 말을 건넨다.

'긴 날을 참고 참아 여기까지 왔어, 날 사랑해 줘.'

'넌 누구니? 아, 세상은 정말 아름다워, 내 자태만큼이나.'

'맘대로 생각하세요. 곧 떨어질 운명인걸요, 바깥세상은 추워. 가지는 너무 잔인해.'

어떤 말이 되었든 사랑스럽다. 꽃망울을 떼어 귀고리를 해주었으면 했다. 황홀한 향기를 품은 응축된 분홍이 사랑하는 여인의 귀에서 눈부시게 흔들린다. 이윽고 그녀의 귀로부터 가만히 목을 타고 내려오는 연분홍이 뺨을 물들이고 고개를 숙이게 하며 가슴을 같은 색깔로 들뜨게 만든다.

결국 온몸이 맑은 향기로 가득 채워지고 그 향기보다 더 아찔한 나신이 꽃피워져 내 눈앞에서 가늘게 떨고 있다. 희열 가득 찬 상상. 눈부신 사랑의 만개.

세공사의 손길로 정성을 다하여 밤을 새워 그 몽우리를 다듬고 싶다. 마침내 고리가 완성되어 떨리는 손으로 꿰뚫은 두 개의 분홍귀고리. 사랑하는 사람의 귀에 달아 주고 싶다. 그리고 부드러이 속삭이길,

'네 사랑으로 꽃피워 주렴.'

이러는 날 보고 매화는 그저 가만히 낯을 연히 붉히고 말이 없다. 이른 봄날 아침, 붉은 꽃을 보는 눈이 빙빙 어지럽다.

(2000)

함경도 아바이

아저씨와 조카는 냉면 맛 시원한 함남의 한마을에 살았다. 전쟁 나자 동원령이 떨어져 청년 아저씨와 17살의 조카가 함께 총을 들고 아무것도 모르는 채 남반부로 내려왔다.

총소리 크게 나면 깜짝 놀라 얼어붙던 어린 괴뢰병사는 어른들 시키는 대로 삼팔선을 내려와서 이리 가라면 이리 가고 저리 가라면 저리 가기를 몇 달 만에 배곯고 힘들어서 풀숲에 엎디어 잠자다가 새카만 흑인 병사들에 붙잡히어 거제도로 끌려갔다.

아는 사람 없어 눈 둘 곳도 없던 포로수용소에서 똥 치우러 나가다가 삐쩍 마른 한 사람을 보았는데 사선을 함께 넘던 아저씨가 철조망에 붙어 서서 눈물을 뭐같이 흘리며 고맙게도 살아있는 어린 조카를 목이 터지라 부르고 있었다.

둘이는 손 꼭 잡고 다시는 헤어지지 말고 살아서 고향 가자 다짐하고 다짐했다.

겨울 나는 거제섬은 쫑간나아같이 더럽게도 추웠다.
그래도 아저씨와 둘이 몰래 나눠 먹던 누룽지 맛은 죽는 날까지 잊지 못할 것이다.
통일되면 고향 가서 농사 한번 잘 지어보자고 부모님 친척들과 재미있게 살아 보자고 얼마나 많이 생각했는지 아무도 모를 것이다.

꼬쟁이 같던 다릿살이 두둑이 붙어갈 무렵에 밤이면 모여 앉은 군관 동무들 수런거리는 소리도 무언 말인지 하나도 못 알아먹었지만 곧 돌아가 어마이 기다리는 함경도 가는 줄 알았고 옆 막사 형들이 밤새 후들거리며 옷가지 챙기고 할 때도 자는 사람 황급히 깨우던 아저씨 따라 나올 때도 그리운 고향 가는 줄 알고 문 열린 밤중, 개도 짖지 않는 수용소 문을 조용히 빠져나왔다.

부산 와서도 국제시장 골목 한복판에서 함경도 비빔냉면집 창고 방에 붙어 살 때도 곧 통일 되갔지, 참고 살면 되갔지 그리 아저씨와 함께 장가도 안 가고 고생하며 살았다.

세월 안 간다더냐 고달픈 타향살이 나이는 잘도 묵어가

고 아저씨는 어린 육촌 동생들 두고 벌써 먼저 재로 변해 꿈에도 그리던 원산 고향 훌훌 날아갔고 열여덟 조카는 칠순이 다 되어 육친이 그리워서 숙모 초상집에 홀로 앉아 외로워 술잔 기울인다.

하이고오 하이고오 울어도 속이 답답하고 쏘주 마시고 큰 소리 쳐봐도 고향 가기는 틀렸다. 우리 아저씨 소식을 전해야 하는데 내 소식을 전해야 하는데 내가 어찌 살아왔는지 우리 어마이 한테 다아 얘기해야 하는데 무정한 세월이다.

금강산은 안 간다 김일써이 김정이리한테 돈 주고는 못 간다 내 고향 가는데 무슨 돈 주고 간단 말인가. 내 어찌 벌인 돈인데 빨개이한테 준단 말인가.

겨울날 상갓집 밤은 깊어 가고 비니루 장막 둘러치고 스티로폼 바닥에 앉은 젊은 남녘 동생들과 늙은 북녘 함경도 아바이 이야기가 백열등 아래에서 꼬박거리며 끝이 없이 서글프고 한스럽다.

(2006)

입추(立秋)

 입추를 맞이하였으니 이제 지겨운 여름은 끝이 나고 드디어 가을이 시작된다고 합니다. 하지만 왜 이리 못 견디게 더운 거냐고 절기를 원망하는 사람들도 많은가 봅니다. 그렇다고 해서 날씨가 사람에 맞춰줄 수는 없는 노릇입니다. 어쩔 수 없이 사람이 날씨에 맞춰 살아갈 밖에요.

 계절을 알리는 절기가 바뀌는 일은 밤이 가장 깊은 '미드나잇'에 종이 울리는 순간과 같습니다. 자정이 하루를 마감 짓는 동시에 다음 날의 시작을 알리는 시간이듯 계절도 절기를 기점으로 그렇게 바뀌게 된답니다.

 사람의 마음으로야 가을이라는 단어를 입에만 올려도, 금세 콧속으로 서늘한 바람이 들어차서 머리가 맑아지기도 하고 또 쓸쓸해지는 거리로 발길을 성큼 옮기는 듯합니다만. 그렇다고 해서 염천 하의 더위가 당장 물러갈 수는 없다는 뜻입니다.

하루가 힘차게 시작하는 자정의 시간은 정작 한밤중이 아니겠습니까? 날짜가 바뀌어 새로운 날이 된다고 하여도 그 순간에 환한 대낮이 되지는 않습니다. 계절의 바뀜도 그와 같아서 가을이 새로이 들어서는 이 시점, 입추에 보란 듯이 거리에 서늘한 바람이 불기 시작하고 행인들이 옷깃을 세우는 날씨가 될 수는 없겠지요. 정작 여름의 무더위는 물러갈 기색이 전혀 없고 외려 그 기세를 가장 뜨겁게 불태우고 있답니다.

인생도 그러한지 모르겠습니다. 가장 성할 때 쇠퇴가 시작됩니다. 좋든 나쁘든 무슨 일이든 가장 깊이 빠져있을 때 변화가 찾아들어 새롭게 바뀌어 갑니다. 그러나 사람들은 행복에 푹 빠져 아무것도 모른 채 세상을 살아갑니다. 새벽 닭이 울고 동녘이 훤하게 밝아질 때야 비로소 '아이쿠, 날짜가 바뀌었다'라고 말하며 허둥지둥 바빠집니다.

사랑도 이별도 쓰라림도 즐거움도 모두 그것을 만끽하고 있는 순간에 끝이 서서히 다가오고 새로운 인생길이 펼쳐지게 됩니다. 이것이 행복인지 불행인지는 그 누구도 단정할 수 없습니다. 다만 시간만이 그렇게 끊임없이 흘러가며 우리는 서서히 변해가서 종래에는 모두 다 사라지게 됩니다.

이렇게 하루의 소멸이 또 다른 하루의 시작이듯 우리네 인생도 날, 달, 해를 더해가며 그때마다 또 다른 모습으로 새로이 태어나겠지요. 그 모습도 오로지 아름답기를 그저 바랄 뿐입니다.

더워서 에어컨을 틀고 앉았지만, 뒷산 숲속에 나뭇잎 떨어지는 소리가 벌써 귀에 들리는 듯합니다.

(2005)

사랑, 순정

린위탕 선생이 상하이의 명문, 세인트존 대학에 다닐 무렵, 친구인 시쮜, 시칭 형제로부터 그들의 누이동생인 한 처녀를 소개받는다. 길고 부드러운 머리칼, 생기 도는 눈, 온몸을 감고 도는 휘광. 첸 씨 댁 고명딸, 긴두안은 그날로부터 그에게 사랑의 화신이 되었다.

하지만 첸 씨에게 위탕은 못마땅한 사윗감. 결국 친구를 만나 그이의 딸을 위탕에게 중매서기로 한다. 이미 자기 딸에겐 자신의 신분에 걸맞은 사윗감을 골라 두었던 터이다. 짧았던 사랑은 그것으로 끝이 났다.

이후 세상을 살고 살아 80이 넘어 병석에 누운 위탕에게 하루는 손님이 왔다. 첸 긴두안의 올케였다. 그리고 그녀는 긴두안의 안부를 들려준다. 고향 땅에서 잘살고 있다는 전갈.

"가서 긴두안에게 전하시오. 내가 보러 간다고!"

제대로 걷지도 못하던 노인이 할 말은 아니었다. 그리고 선생은 몇 달 후 세상을 떠나고 둘은 결국 다시 만나지 못한다. 딸이 아버지를 떠올리며 백거이의 장한가 한 토막을 읊조렸다.

"천지는 유구해도 다할 때가 있으련만(天長地久 有時盡),
내 품은 한이야 면면히 끊일 기약 없네(此限綿綿 無絶期)."

위탕은 그때, 세상 풍정을 다 겪고 온 세상에 명성을 떨친 노인네가 아니라 여전히 스무 살 난 첫사랑에 들뜬 젊은이였다며 딸은 회고했다.

사랑이란 이렇다. 어디서 무엇이 되어 무엇을 하든, 어떻게 되었든 사랑은 사람을 청춘의 한 장으로 집어넣어 버린다. 위탕과 긴두안은 그야말로 천생배필, A형 남자와 O형 여자의 조합 같은 것, 부드럽고 물빛처럼 온화한 천성과 어린아이처럼 자유분방하고 스스럼없는 순수의 결합이었다. 그런 사랑이 어찌 부럽지 않으리.

내게도 사랑하는 마음은 있다. 사랑은 언제나 나를 가슴 뛰게 만들고 순정은 나를 온유케 한다. 푸른 꿈에서 뛰어놀게 만들고 무지갯빛 글을 쓰게 만들며 열심히 일하게 만들고 세상을 벅찬 행복으로 맛보게 한다. 내 맘 어딘가에 닿아 사랑이 구름처럼 일어나고 비처럼 나를, 그리고 상대를 적시는 찬란한 세례의 축복을 내리게 한다. 그게 어디 '홍

부집 기둥에 입춘방'이기만 하겠는가. 나 같이 다 낡아 떨어져도 사랑은 영원하며 누구에게나 그 한 자락의 일렁임이 곧 삶의 가장 큰 의미가 된다.

'사랑은 눈으로 오고 술은 입으로 가져가나니' 예이츠의 한 수가 아니라 해도 사랑과 함께 술 한잔 아니할 수 없는 노릇이 아닌가. 린위탕이 내게 속삭인다. 사랑만은 잃지 말기를. 그 꿈 같은 충고만으로도 나는 이미 행복한 사내가 되었다.

(2013)

뿔과 장미

 어느 답답한 날 이마가 근질거리기 시작했다. 머리털이 쭈뼛거리는 듯하더니 작은 돌기가 볼록하게 올라오기 시작했다. 십여 분이 지났을까. 대지의 힘이 저 먼 지평선까지 내닫고 하늘의 기운은 바다를 다 뒤덮더니 이윽고 구름이 몰려오기 시작했다.

 구름은 검게 변하고 곧이어 뭉클거려지고 하늘 끝에라도 닿을 듯 올라서더니 결국 무서운 방전을 터뜨려 내며 비를 쏟아내기 시작했다. 그러자 이마의 작은 돌기가 쑥쑥 자라기 시작했다. 순식간에 커다란 뿔이 두 개씩이나 달려졌다.

 두 뿔은 당당한 기세로 우뚝 섰으며 검고 윤이 났다. 손으로 만져 보니 엷고 단단한 비늘이 느껴지며 그것들은 뿔 전체를 감싸안아 마치 검은 상아처럼 감히 건드릴 수도 없는 위용의 흉기가 된 듯했다. 세상의 가벼움은 그 앞에서 부들부들 떨었다. 나는 큰소리로 외쳤다.

"조잡하고 간교한 것들. 참을 수 없는 것들. 그리고 더러운 속을 가진 구역질 나는 것들은 모두 내 뿔 앞에 스러져 갈 것이로다."

내가 이렇듯 무서운 뿔로 세상천지를 휘돌아 볼 때 어디선가 고운 향기가 스며져 나와 내 뿔을 휘감아 돌았다. 그것은 작은 장미 한 송이의 향내였을 뿐이나 그 장미는 점점 더 향을 피워 내며 잎으로 손을 벌리고 가지로 몸을 만들어 가서 종내에는 완연한 하나의 여인이 되었다. 장미 여인은 내게 속삭였다.

"나의 향기는 음악이 되고 나의 색깔은 휘황한 그림이 되며 그것들은 당신의 잘난 우월감을 초라하게 만들 것입니다."

내가 눈을 번쩍이며 그 장미의 여인을 바라보았지만, 그녀는 그저 한번 미소를 입가로 흘러내리며 호오 하고 숨을 내쉴 뿐이었다.

그러자 나의 뿔은 마치 종이가 불에 태워지듯 그 자리에서 불붙어 하얀 재가 되었다. 나의 용맹은 그 종이보다도 더 빨리 사라져 버리고 산을 뽑던 기개는 작은 쥐가 되어 어디론가 달아났다.

어쩔 수 없이 내가 신음을 내며 쓰러지자, 세상은 다시금 참으로 시끄러우며 번잡해졌다. 하지만 외려 여인의 습윤이 그 모두를 덮어 버리고 세상만사 모두를 편히 하게 되었다.

언뜻 돌아보니 작은 장미 한 송이가 내게 미소를 던진다.

그 향기에 취해 다시 눈을 감고 내 뿔을 쓰다듬으려 했다. 그러나 이미 그런 것은 내게 없었으며 나는 장미만큼이나 붉어져 버렸다.

(2004)

추일 단상(秋日 短想)

　나는 사람들을 잘 믿는 편이다. 아니 잘 믿는다기보다 상대를 짐작하려 하지 않는 버릇이 있다. 자신에 대한 지나친 자신감이 빚어낸 습관이다.
　그렇다 보니 남의 평판을 신경 쓰지 않고 자신의 주관대로만 말하고 행동할 때가 훨씬 더 많다. 그것도 확신에 차서 말이다.
　하지만 나의 살아온 길을 이쯤에 서서 뒤돌아보면 나는 스스로 부끄러워지지 않을 수 없다. 내가 아무리 옳았다 해도 상대의 옳음이 늘 나와 동가(同價)의 가치를 갖지 못하는 경우가 많았으며 직접 겪어본 내 경험조차 나를 속이기도 했었다.
　그나마 다행스럽게도 적어도 내 자신에게는 단 한 번도 실망한 적은 없었다. 실망의 대상은, 그때 처해 있던 상황이나 상대였으며 그러한 나의 논리를 정당하게 승인하기 위해 비논리마저 택할 만큼 낙관적인 사고를 했다.

사실 이것은 일종의 억지다. 이기적일 뿐만 아니라 자기 합리화에도 능하다고 봐야 한다. 그러나 외려 그것이 나를 여기까지 지탱해 왔다고 나는 굳게 믿는다. 옳든 그르든 일관된 의지는 충분히 가치가 있기 때문이다. 그것에 더해 다가선 상황에 대한 희망적, 긍정적 대응은 일종의 도덕적 용기임이 틀림없다.

그러나 그렇지 않은 경우가 생긴다고 하여 어려워할 필요는 없다. 삶의 가치관이나 그에 따른 행동양식은 처한 상황에 따라 바뀌어 질 수도 있다. 노선이 바뀐다고 해서 무작정 비난받을 일이 아니다.

다만 늘 그렇듯 매사 그 '때'가 문제이다. 바꾸든 고치든 새로이 시도하든 모든 일에는 적절한 때가 있는 법이다. 때를 제대로 맞추지 못하면 비난의 대상이 되기 십상이다. 이른바 '時中'하면 결과가 좋기 마련이며 그 반대의 경우는 어려움이 닥치게 된다.

어쩌면 나는 종종 그런 '때'를 잘 맞추지 못하고 독선의 길을 택해왔는지도 모를 일이다. 살아오며 몇몇으로부터 황당한 비난을 받아본 경험이 있기 때문이다. 상식과 합리가 통하지 않았던 경우도 있었다.

하지만 이젠 다 지난 일. 이렇듯 밤이 차가워지고 바람이 소슬해지는 가을밤에는 무릇 옛 어른들의 생각들을 배워야 한다. 그 지혜를 잘 헤아려 정확히 판단하고 언제 과감히 행동해야 하는 때인가를 곰곰 생각해 보는 것이야말로 현명히 나이 들어감이리니. 책 한 권 펴 들고 창밖의 달을 본다.

(2005)

6

끝장 보기 끝장나라

도(徒)
변절자
대독 선전포고문과 조선책략
전장과 운동장
개미와 베짱이
문조(文鳥)
crazy love
명품(名品)
끝장 보기 끝장나라
사람으로 남는 법
밧세바
마지막 승부

도(徒)

옛적 제 나라, 시장의 이른 아침. 온갖 물건이 오가고 수많은 사람이 두리번거린다. 그때, 의관을 갖춰 입은 한 사내가 금방으로 천천히 걸어 들어가 소매에 금을 집어넣고 유유히 걸어 나왔다. 당연히 그 자리에서 붙잡힐 수밖에 없다.

어이없는 일이다. 사람들이 다 쳐다보고 있는데도 어찌하여 그리 어리석게 금을 훔쳤는가 하는 관리의 말에 고개를 떨군 사내의 말인즉,

'취금지시 불견인 도견금(取金之時 不見人 徒見金).'

금을 훔칠 때는 사람은 보이지 않았고 단지 금만 보였을 뿐이라는 얘기다. 2000년이 넘은 옛적 이야기. 하지만 인간의 품성은 그제나 이제나 하나도 바뀌지 않았다.

돈이며 권력이며 색이며 명예며 무엇이든 하나에 집착하면 오직 그 대상들만 보이게 된다. 주어진 조건이나 처한 상황 따위는 모조리 무시하고 좁쌀만 한 자기 능력은 과장

되기 일쑤. 그러나 좋아하는 것이 지나치면 욕심이 되고 그 욕심에는 마치 진딧물에 개미가 달라붙듯 필연의 죄과가 따라붙게 마련이다.

'도(徒)'라는 한자의 쓰임이 그렇다. 여기서는 한정과 강조의 뜻으로 '다만, 단지 무엇일 뿐'이라는 뜻을 지니고 있다. 이렇듯 이 사회에는 '徒' 자를 이마에 붙이고 사는 사람들이 많다. 그것도 금을 훔친 사내처럼 근사하게 차려입고 아무런 거리낌 없이 욕망의 눈으로 세상을 살아가고 있다.

남이 보든 말든, 누가 뭐라든 오직 욕심의 대상만 한눈 가득 보였을 뿐이다. 일이 벌어지고 나서 정신을 차려본들 소용없고 후회는 결코 앞서는 법이 없음을 뼈에 새기게 된다.

그렇다. 나같이 어리석은 자 아예 아서라. 매화 곁의 돌은 예스러움이 좋고 소나무 아래에는 졸박(拙朴)한 바위가 낫다. 오로지 무심으로, 그저 자연으로 살면 그만이다.

(2013)

변절자

 시절이 수상하다. 새 집권체제가 혁명적 상황으로 들어선 지도 3년여가 지났다. 통상 정권의 한계효용이 끝나가는 시점이다. 그에 따라 세상을 되돌려보려는 야당의 공세는 거셌지만, 국회의원 선거 참패로 그만 힘을 잃었고 현 체제는 더욱 공고해졌다. 정부·여당의 하는 일이 옳든 그르든 어차피 함께 미래를 향해 달려가야 할 처지다. 민주주의는 그런 승복의 미학이 있어야 한다. 그저 신이 이 나라를 보호해달라며 기도할밖에. 그렇다 해도 작금의 여야간 정치논쟁은 반이성적이다.
 약산 김원봉의 일이다. 드라마틱한 아니 드라마보다 더한 일생, 세간에 드러나자마자 금세 대단한 화제가 되었다. '나, 밀양 사람 김원봉이요', 미남 배우가 역할을 맡은 유명 영화의 한 장면이다. 실제 사진의 모습을 봐도 날카롭고 결연한 눈빛, 굳게 닫힌 입매와 세련된 콧대를 갖춘 매서운 장부며 행동하는 지사의 풍모다. 그것에 독립운동 최일선에서의 신출귀몰한 테러활동과 막대한 현상금 이야기까지-많이 부풀려져 있겠지만-다다르면 대중은 그에 대해 호감이 갈 수밖에 없다.

세간에서는 한쪽은 진정한 독립유공자로서 정당한 보훈의 대우를 받지 못한 억울함을 풀어야 한다고 주장한다. 또 다른 한쪽은 6·25 전쟁의 북측 수괴 중 하나로서 절대 용서받을 수 없는 반역자라고 한다. 양쪽 다 할말이 많았고 서로 왈가왈부하더니 그만 잠잠해졌다. 그저 꽃이 하릴없이 피고 지고 한 것인가?

그러다 이번에는 6·25의 영웅, 백선엽 장군의 국립묘지 안장-아직 생존해 있지만-에 대해 나라가 또 시끄럽다. 그의 해방 전 전력 때문에 단죄받을 자로 다시금 매도되고 있다. 향후 그의 묘가 어디로 정해지든 안타까운 일이다.

이 두 사람을 어떻게 평가해야 하나 고민이다. 조지훈의 '지조론'에 길이 있다. 지조란 '역사를 객관적으로 냉철히 인식하고 올바른 길을 제시해 변함없이 이어가는 것'이라 갈파했다. 동시에 상황에 따라 자신의 태도를 바꾸는 일이 있더라도-이는 변절에 속한다-그것이 바람직하다면 오히려 지조를 다시 찾은 것이라 했다.

그리고 결론짓기를, 기녀라도 늘그막에 남편을 좇으면 한평생 분 냄새가 거리낌이 없을 것이요, 정부(貞婦)라도 머리털 센 다음에 정조를 잃고 보면 반생의 깨끗한 고절이 아랑곳없으리라, 사람을 보려면 그 후반을 보라고 했다.

이에 다다라 생각해 보면 김원봉에 대한 칭송은 부적절하다. 지훈이 살아있다면 단연코 그를 비판할 것이다. 비록 청장년기에 열렬한 독립운동을 펼쳤지만, 해방 이후 자진 월북했고, 동족상잔의 전쟁에 동조하고 김일성 하에서 전시 핵심 관료의 중책까지도 떠맡았다. 가릴 수 없는 과오이며 씻을 수 없는 반국가 행위다. 따라서 대한민국으로서 그 일생에 대한 호평은 불가하다.

백선엽에 대한 악평은 더욱 부적절하다. 초년에는 친일파였다고 인정된다. 굳이 아니라 부인할 일도 아니다. 일본군 장교 출신의 전력이 친일 아니라면 무엇이겠는가. 무슨 토벌대였건 포로수용소 소장이었건 전범재판에 끌려갔을 수도 있었다. 따라서 친일파였다는 기준은 나름대로 합리적이다.

하지만 백선엽에 대한 최종적 평가에 있어서 그의 빛나는 공적은 무참히 파기되고 있다. 반일 프레임에 갇힌 감정 덩어리들의 난도질은 두서없이 잔인하다. 그러나 백선엽의 대한민국에 대한 혼신의 애국심만큼은 호국보훈 원칙에 따라 마땅히 대접받아야 한다. 국가 위기에 그만한 능력과 충심을 갖춘 지도자는 극히 찾아보기 힘들다. 단순히 청년기의 일시적 선택만을 두고 친일 반역자로 몰아가 전 생애에 낙인을 찍겠다니, 극히 어리석은 일이다.

이와 비견할 만한 인물이 있다. 임진왜란 당시 가토 기요마사의 장수, 왜명 '사야카'인 김충선이다. 왜군 장수로 선봉에

서서 임진왜란에 참가하였으나 얼마 지나지 않아 자진 전향하고 전란 내내 조선을 위해 일신을 던진 분이다. 심지어 이괄의 난과 병자호란까지 노구를 이끌고 맹렬히 새로운 조국을 위해 싸웠다. 또한 학봉 김성일, 전쟁이 일어나지 않으리라는 판단은 틀렸으나 이후 전쟁에 감연히 참여, 진주성에서 장렬히 전사했다. 누가 그들을 욕하겠는가? 그 시발점이 어디였던들, 그런 사람들이야말로 진정한 충신이며 애국자이다.

그 와중에 새로운 논란이 꼬리를 물었다. 여당의 국회의원 중 일부가 백선엽과 같은 친일파의 국립묘지 파묘를 들고 나왔다. 현대사회에서 파묘는 야만적이며 고대의 부관참시와 다를 바 없다. 이 극형은 사람을 두 번 죽이는 형벌로 여겨졌으나 그 자체는 명예형이라고 한다. 살아서 느끼는 고통이 없기에 그렇게 판단했겠지만 묘한 대목이다.

아이러니하게도 부관참시를 가하는 세력은 적어도 그 실행 시점에서는 정치적인 역풍을 맞을 일은 거의 없다고 한다. 정치 상황이 급격히 변해서 새 체제가 들어섰거나, 반란 등이 실패해서 기존 체제가 더욱 견고해졌기 때문에 반대 세력 따위를 두려워할 필요가 없기 때문이다. 그렇듯이 전자의 경우에 들어맞는 작금의 파묘 주창자들은 그야말로 기세등등하다.

그러나 다시 한번 생각해 보라, 파묘를 저지른 자의 말로가 어떠했는지. 정중부는 김부식의 관을 뜯고 목을 잘라냈으나 후에 경대승에게 효수되었다. 연산군은 한명회, 김종

직을 부관참시했으나 쫓겨나고 사약을 받았다. 김옥균은 당시 청과 조선왕조에 의해 시체의 허리가 잘렸지만, 청나라와 고종황제는 어찌 되었던가?

우리나라뿐이랴. 교황 스테파노 6세는 원한 관계였던 그 전의 교황, 포르모소의 시체를 들어내어 손가락을 자르고 테베강에 버렸다. 그러나 반란으로 퇴위당해 감옥에서 교살되었다. 오자서는 친구가 간청하며 말리는데도 끝내 초 평왕의 시체에 채찍질을 가했다. 일모도원의 핑계를 댔지만, 최후에는 비극적 자결로 끝맺었다. 격정과 패륜의 끝은 이러하다. 시신 훼손자들은 결국 유사한 종말에 다다를 수밖에 없음을 동서고금의 역사가 웅변한다.

파묘 안을 주장하는 자들은 어쩌면 정의롭고 착한 사람일지도 모른다. 하지만 그들의 행위는 분명히 잔인한 폭력이다. 폭력은 처음에는 분노로부터 시작하나 그 분노는 결국 습관이 되며 그들의 얼굴은 쾌락에 열중하는 중독자의 형상이 되어 버린다. 작금의 파묘 주창자들이 자신들을 되돌아봐야 할 까닭이다.

김원봉은 청년기에 열렬한 독립투사였으나 이후 대한민국의 잔인한 반역자가 되었다. 백선엽은 청년기에 친일파였으나 후에 국가와 민족을 위난으로부터 구하는 데 일신을 던졌다. 누가 변절자며 누가 지사인가. 어떤 평가가 새겨지든, 오늘날 무덤을 뜯어내라는 자들의 종말이 어찌 될지는 불 보듯 뻔하다. (2020)

대독 선전포고문과 조선책략

상해임시정부청사의 좁은 나무 층계를 오르다가 문득 본 진열장 안. 16절지나 될까? 낡고 보잘것없는 종이 한 장.

대독 선전포고문이었다. 알고는 있었다 하나 저리 달랑 한 장의 서류였다니. 그게 당시 이미 패망을 목전에 둔 나치 독일의 공관으로 제대로 전해졌는지는 모르는 일이다. 게다가 자칭 임시정부, 관인조차도 없고 주체도 분명치 않은 선전포고문이다. 극동의 작은 나라, 아무것도 가진 것 없는 망명 임시정부가 혼자 질러대는 전쟁 엄포 따위가 무슨 소용이 있었으랴만.

나라는 일본의 발톱 아래 잡혀 있고, 임시정부는 중국의 등에 기대어 정처 없이 떠돌면서 세계와 인류 평화를 교란하는 추축국을 향한다는 선전포고문은 급박하게 써 내려간 탓으로 더욱 절절하다. 물론, 실제 독일과의 전쟁이 가당키나 했겠는가. 그렇게 해서라도 이른바 추축국들에 항전을

255

선언해서 연합국 회의에 참석할 기회도 잡아보려 했고 또 연합국이 이기게 되면 우리 자주독립의 깨알만 한 정당성 하나라도 한사코 붙잡아 보려는 생각이었을 것이다.

결국 모든 것이 다 허사가 되고 말았지만 그렇다 해도 선열들의 기개와 지혜가 느껴지는 대목 아닌가. 아무튼 그에 따라 우리는 2차 세계대전에 적극 참여한 자랑스러운 승전국이 틀림없다. 남이야 인정하든 말든.

그리고 아아 하느님이 보우하사, 이제는 그 어떤 나라도 부강한 대한민국을 자기들 마음대로 무시할 수 없게 되었다. 천지신명이 돌보고 자유만민이 그 힘을 스스로 길렀음이려니. 종이 한 장 위에 세운 대한민국의 자존심은 지극히 초라하되 참으로 우뚝하다.

그보다 앞선 150여 년 전의 일. 예조참의 김홍집이 일본 주재 청국 참사관인 황준헌을 만나 필담으로 토로한 이야기는 기막히다.

'우리나라는 외지 한구석에 있으므로 외국과 더불어 교제하지 못하였다.' '나라가 작고 힘이 약하여 외국인들로 하여금 두려움을 알고 물러가도록 하기는 쉽지 않다.' '통상의 이해를 전혀 알지 못하여 민망스럽다.' '삼십 년 전의 중국 사대부들과 같아서 외국 사정을 알지 못하여 걱정스럽다.' '북쪽 백성이 러시아로 도망갔으나 어떻게 할 도리가 없다.'

불안해서 바들바들 떨고 있는 이리들 앞의 토끼, 그것이 딱 들어맞는 형상이고 처지이다. 병자년의 수호조약이 체결

된 후, 조선은 내우외환의 연속이었다. 서구열강에 의한 청조의 비극이 언제 조선에서 재연될지 모른다는 두려움, 호시탐탐 대륙을 노리는 강성한 일본의 침략 가능성과 서구의 이질 문화에 의한 전통문화의 오염 등이 동시에 무서웠던 시절이다.

풍전등화의 국난 앞에서도 국내 여론은 언제나 보기 좋게 양분. 주자학적인 척화론자들은 단호한 양이론, 우리 동네 뒷산에도 척화비를 세웠다. 개화파는 능동적으로 새로운 사상을 수용하여 황태자에게 일본육사 교복을 입히고 낙후를 극복하여 자강부국을 꾀했지만 그게 그리 쉬운 일인가?

그런 가운데에도 한반도를 둘러싼 열강의 관심은 날로 더해가고 이에 실질적인 주종관계를 이루고 있던 청국이 가장 예민하게 촉각을 세웠다. 그중, 가장 위험한 나라로 여겼던 러시아의 남진을 막기 위해 어느 나라를 먼저 조선과 연결해 두느냐가 그들의 문제였다. 어차피 눈 밝은 놈이 먼저 집어삼키게 되어 있는 나라 꼴이었으니.

첫째 후보국이 미국이었다. 다른 나라를 침범하거나 병합한 일이 없는 우호적인 나라로 여겼기 때문이다. 사실 그 판단 역시 한참 틀린 것이지만. 아무튼 러시아의 남진을 막고 일본의 세력을 구축하기 위해 해군력이 우수한 미국이 최선의 선택이라 생각한 것이다.

'고양이' 황준헌은 '생쥐' 김홍집에게 비책을 알려준다. 이른바 '사의조선책략', 개인의 생각이라고 일러두고 만약의 경우에도 국가 간의 책임을 지지 않으려 했다. 그리고 갈파하길, 이른바 상책, 하책, 그리고 무책이 있는데 친중국, 결일본, 연미국이 그 상책이란다.

하지만 주저하여 시간만 끌며 중국과 친하되 옛 장전을 지키는 데 불과하고 일본과 맺되 새 조약을 행하는 데 불과하고 미국과 잇되 표류한 배나 건져 주고 관문개방을 요구하는 글이나 받고 격변이 일어나지 않고 혼란이 생기지 않기만 바라는 것은 하책이라 이른다.

속을 것을 근심한 나머지 스스로 그 깃털을 잘라버리고 소수의 병력으로 관문을 굳게 닫아 일체를 거절하고 남을 오랑캐라 하여 더불어 동렬에 서기를 기꺼이 여기지 않고 변이 일어난 뒤에야 비로소 비굴하게 온전하기를 바라고 다급하여 어찌할 바를 모르는 것은 무책이란 말씀.

하나도 틀린 말이 아니다. 그리고 실제 그렇게 되어버렸다. 대한제국은 하책에 무책으로 일관했다. 이 유명하신 조선책략은 새로운 내부 갈등을 불러일으킨다. 재향의 선비들과 대신들의 설왕설래, 나라는 더욱 시끄럽기만 했다. 무능하고 용렬한 황제는 결국 러시아공사관으로 파천까지 하게 되니, 망하는 것도 제대로 망하게 된 수순이다.

을사오적이 나라를 팔아먹었다 한다. 분명한 일이다. 앞장을 섰으니. 그러나 과연 그들만의 비열한 욕심 때문에 나라가 넘어갔겠는가? 그 다섯이 없었으면 나라가 안 넘어가고 멀쩡했겠는가, 반문해 보면 금세 답이 나온다.

한반도는 아시아의 요충지, 열강이 각축할 수밖에 없는 형세. 힘센 놈이 임자가 되는 제국주의 열강의 시대에는 제갈공명이 열이 있어도 힘들고 관우 장비가 백이 되어도 독립이 어렵다. 시간을 들여 사람을 키우고 나라의 힘을 기르지 않는 밖에야 당할 수밖에 없는 역사의 순간이고 시대의 운명이었다.

기실 황준헌은 당시 조선에 대한 청국의 지배를 잃고 싶지 않았기에 책략을 설파했을 것이다. 지금의 중국은 우리를 어떻게 보고 있을까. 멀리 있는 미국은 어떻고 더 가까이 있는 일본은 어떠한가. 러시아는 또 어떤 생각을 골똘히 하고 있을까. 별로 할 일도 없는 요즘인데, 향후 대한민국의 외교책략은 대체 무엇이 되어야 할지 어디 생각이나 한번 해 보실까나. 마침 부엌에 있던 막내 왈,

'아부지, 설거지는요?'

오냐, 그렇지, 우리나라 시골, 주방 청소부터 제대로 할 일이로다. 呵呵.

(2014)

전장과 운동장

휴일의 봄기운이 몸을 나른하게 한다. 소파 위에서 쿠션을 베개 삼고 누워 리모컨을 들어 티브이를 틀었다.

CNN이나 BBC는 종일 이라크전이다. 콧수염을 기른 남자 앵커는 진지하다. 눈을 감고 뜨는 서양 인형처럼 생긴 여자 앵커마저도 심각하다. 단정하고 멋진 옷차림인 그들의 표정이 왠지 작위적이다. 겉은 짐짓 심각하지만 내심 오늘의 점심 메뉴나 저녁 데이트를 생각하고 있거나 혹시 아침에 급히 든 샌드위치 때문에 속이 불편한 건가 싶다.

황량한 전장의 분위기는 그대로 전해진다. 그러나 무지막지한 살상 무기로 인간이 다른 인간을 죽이고 또 죽어 가는 이런 상황을 마치 흥미진진한 화젯거리나 주식시장의 주가 상황 그래프같이 방영하고 있는 양이라니.

겨우 20살이나 될까? 철모를 쓰고 힘에 겨운 무장을 등에 짊어진 일군의 청년이 탱크 옆을 따른다. 보전협동, 전

차와 보병의 합동 전술이 펼쳐지고 있다. 귀를 찢는 탱크의 엔진음과 소름 끼치는 무한궤도 소리가 지축을 울린다. 영화의 한 장면 같은 착각이 들기도 하지만 실제 현장에서 허리를 숙이고 사주경계를 하며 전진하는 병사들은 극도로 긴장한 상황이다.

갑자기 고함을 지르더니 신속히 '앉아 쏴' 자세로 기관총을 난사한다. 탱크의 포가 빙 돌아갔다. 곧바로 쿵 하는 포성과 함께 화면엔 포연이 가득 찼다. 내 입속에 아라비아 사막의 마른 모래가 씹히는 것 같다. 포탄이 명중한 쪽에서는 단말마의 비명을 지르며 한 친구가 쓰러졌음에 틀림없다. 남루한 옷차림, 다 닳은 슬리퍼에 아랍의 눈이 깊은 청년인지 모른다. 초췌한 뺨에 검은 수염을 가득 길렀고 기침을 쿨럭이며 러시아제 소총을 든 그 역시 열혈의 애국청년일 터.

안타깝다. 그들 모두가 조국의 명령에 따른 잔혹한 전장에 나와 있으며 각개 일신의 안위를 생각지 않는 명예로운 임무 수행 중이다. 어느 쪽이든 두려운 운명의 장, 그 한가운데에 서 있음이 눈물겹다. 그러나 단 일발의 총탄에 심장이 터뜨려져 붉은 피를 흘리며 쓰러지는 창창한 젊음이라니. 전쟁은, 전쟁 유발자는 과연 어떤 자격으로 저들의 목숨을 앗아간단 말인가.

비장감을 떨쳐 버리기 위해서 채널을 돌렸다. 순간 고화질의 깨끗한 화면이 펼쳐졌다. 그 자리서 벌떡 일어나 앉다. 응원하는 북소리가 둥둥거리는 10회 말, 노아웃, 주자 3루. 결정적인 찬스이다. 투수는 두 주자를 연속으로 걸려 보냈다. 소위 만루 작전을 펼친다. 연장전 말 절체절명의 상황에선 그 외에는 별도리가 없다.

'센바츠'가 열렸다. 봄 고시엔, 찬란한 청춘이 검은 흙 위에서 그 이름만큼 빛나는 하얀 이를 악물고 패기로 똘똘 뭉친 몸을 던지고 치고 달리는 '선발고교 야구대회'이다.

야구라면 아무래도 메이저리그의 화려한 경기가 재미나겠지만 일본 고교야구도 그 나름의 맛이 충분히 있다. 내 경우엔 외려 이쪽을 더 즐기는 편이다. 열도 전체 4천 개가 넘는 상대 팀 속에서 예선을 거쳐 꺾고 올라온다. 그리고 마지막 패웅을 가리는 36개 팀이 갑자원, 즉 고시엔의 흙을 밟는 이 경기엔 청춘의 열정이 넘친다. '고시엔'은 두 가지가 있다. 봄 고시엔, 여름 고시엔이다. 봄은 봄대로 여름은 여름대로 나름의 맛이 있다. 그러나 주최 측에 의한 선발팀 간의 대결인 봄 고시엔보다 전체가 다 참가하여 토너먼트로 승부를 겨루고 올라온 여름 고시엔이 진짜 고시엔이다.

흠뻑 젖은 야구모를 벗어 여드름 난 이마의 땀을 훔치는 모습이 느껴진다. 검은 흙에서 열기가 치솟아 오르고 눈앞이 어질거린다. 목이 탄다. 동료들이 고함을 치며 원기를 북돋우고 응원석은 날씨보다 더 뜨겁게 끓어오른다. 일가친척, 선배 후배, 목이 터지라 응원하는 친구, 학교 선생님. 교기가 태양 아래 휘날리고 나팔이 요란하다. 그 모든 것들이 어린 맘을 흔든다.

봄 고시엔 역시 설렘을 준다. 신입생을 받아들여 새로운 각오로 겨울 훈련을 거친 새 학년의 팀이다. 깨끗하고 따뜻한 봄날, 겨울의 얼음장을 깨뜨려 버린 기운이 발산된다. 함성이 하늘에 울려 퍼진다. 봄바람이 살랑인다. 온 동리에 꽃들이 가득 차고 사람들은 밖으로 나와 봄볕을 즐긴다. 만춘의 계절에 열리는 이 시합은 일종의 '청춘 축제'이다.

스파이크 바닥에 검은 흙이 꾹 박혀 있다. 그것을 마운드에 툭툭 쳐 털어 내고 투수가 다시 포수를 바라본다. 와인드업. 일구 일구가 불안한 상황이다. 어, 하는 순간 와일드 피칭! 공은 포수의 미트 아래로 빠져 뒤쪽으로 굴러 나가고 삼루주자는 전속 질주, 홈플레이트로 몸을 날려 헤드 슬라이딩. 게임이 끝나 버렸다. 망연자실한 투수는 그 자리서 꿇어앉아 어깨를 들썩인다. 앳된 얼굴이 흙과 땀과 눈물로 얼룩진다.

내야로 튀어 달려오는 승자들은 희열 그 자체이다. 그러나 승부를 겨룬 이 시합은 엄연한 배움의 연장. 학생들은 경기가 끝나자마자 홈플레이트에 양열로 늘어선다. 악수하고 서로를 격려하며 돌아선다. 승리한 쪽은 희열과 엄숙으로 교가를 크게 따라 부른다. 화면에는 승리한 학교의 교가 가사가 종으로 내려 쓰인다.

이긴 쪽은 벅찬 감격으로 온몸을 떨며 눈물을 흘린다. 학교를 위한 봉사, 전통을 이어 가는 명예, 고장의 기세를 드

높였다. 자신의 역할에 맡겨진 책임완수의 기쁨으로 눈물이 볼을 흐른다. 더욱 비장하게도 패배 팀 투수는 마지막 정리 투구를 한다. 어떤 경우든 이 투구는 이어진다. 눈물을 삼키며 정해진 투구를 하고 포수와 투수는 서로 어깨를 감싸 안고 운동장을 떠난다. 고시엔의 운동장 흙을 주머니에 가득 담아서.

줄을 지어 퇴장하는 그들의 하얀 색 유니폼에 특유의 검은 흙이 가득 묻었다. 풍덩 하고 주름이 잘 지는 구닥다리이다. 검은 언더셔츠 소매, 가죽 벨트, 칠이 다 벗겨진 헬멧, 까까머리, 줄무늬 스타킹, 주름을 세워 각을 낸 모자, 이 모든 것에 학교의 전통이 그대로 살아 숨 쉰다.

학생이 모두 떠나고 경향 각지에서 올라온 사람들이 하나둘 떠나는 운동장엔 경기 진행 요원이 막대를 밀며 다음의 젊은 경기를 준비한다. 흙은 마치 호류사의 돌 정원 모래처럼 다듬어져 다시금 신성한 체전의 전당이 된다.

승패가 갈리는 전장과 운동장, 한쪽은 비극으로 전락하고 다른 한쪽은 평화로 승화된다. 전장에 목숨을 걸고 전투를 수행하는 젊은이도 한때는 운동장에서 청춘을 불태우며 뛰어다녔으리라. 팀의 동료도 있었고 스포츠맨십을 키우며 위로하던 상대도 있었을는지 모른다. 이렇듯 운명 앞에 맥없이 바스러지는 젊음이 있는가 하면 다른 쪽에선 청춘이 벚꽃잎처럼 푸른 하늘에 올라가는 그런 봄날이 간다.

(2003)

개미와 베짱이

 한여름을 시원한 그늘에서 기타 치고 노래나 부르며 놀던 베짱이는 추운 겨울이 되자 땔감과 먹을 것이 없어 심한 고생을 하게 된다. 결국 찾아 나선 곳이 개미네 집이다. 봄부터 가을까지 열심히 일을 하며 겨울나기를 준비하던 개미, 착한 품성이라 불쌍한 그를 따뜻이 대해주리란 생각에서였다.

 눈 내리는 집 밖에서 누더기를 입고 벌벌 떨고 있는 베짱이와 따뜻한 벽난로 곁에서 가족들이 모여 즐겁게 지내고 있는 개미. 그렇게 행복해 보일 수가 없다. 그런 그림책을 읽고선 개미처럼 열심히 일해야만 미래를 약속받을 수 있다고 학교의 선생님은 또 그렇게 개미같이 열심히 아이들을 가르치신다.

 그러나 과연 그럴까? 실상 사람이란, 특히 도시에 사는 사람은 정말 지독하게 일한다. 누구 할 것 없이 삶에 열중하지 않은 자들이 없다. 캄캄한 새벽부터 일어나 허리가 휘어지도록 일하고 하루 내내, 심지어 꿈속에서도 먹고 살아가는 문제로 골똘하고 힘들어한다. 한푼이라도 더 모아 남보다 더 풍족한 삶을 잇기 위해 전전긍긍이다. 그리고 노동이야말로 인간의 본분이며 삶의 가치를 더한다고 소리 높인다. 그 강조도 부족하여 새로운 시대에는 오로지 변화만이 살 길이라며, 변화에 또 변화를 거듭해야만 잘살 수 있다며 그렇게들 자신을 단속하고 서로 쥐어 짜내는 궁리를 해대고 있다.

만약 개미가 우리들을 자세히 본다면 기어이 혀를 내두르고야 말 것이다. 인간의 '보다 나은 삶'에 대한 집착과 지독하기로 친다면 개미보다 절대 뒤처지지 않는다.

개미가 우리보다 더 낫다. 문득 그런 생각이 든다. 봄 여름 가을은 그렇다 쳐도 그나마 겨울에는 아낌없이 쉰다지 않는가. 그동안 일해 놓은 것만으로도 충분히 유유자적, 풍족한 시간을 보낸다. 하지만 인간의 도시에는 휴식의 계절이 없다. 봄, 여름, 가을, 겨울, 어느 한 철인들 일에 치여서 걱정하지 않는 날이 대체 몇 날이나 될까?

주말과 휴일이 있다 해도 자세히 들여다보라. 아이들은 등교하지 않음에도 과외수업과 개인학습에 열중이고 어른들은 또 다른 재화를 얻는 일에 골똘이다. 하다못해 운동이든 놀이든 모두 다 자신의 가치를 더하기 위한 부수적 일이 되어버렸다. 그렇게 해서 얻어진 가치로 더 나은 성과를 내고 더 나은 보수를 받을 수 있다고 한다.

 이런 쉼을 진정한 휴식이라고 할 수 없다. 그것은 다음의 시작을 대비한 일종의 '준비'에 불과할 뿐이다. 하긴 친구를 만나 술을 마시고 노래를 부르거나 춤을 추고 목욕탕 뜨거운 물에서 콧노래를 부르기도 한다. 그러나 과연 그런 중에도 삶에 관계된 이야기가, 없을 때가 몇 번이나 되겠는가? 푸념도 있고 체념도 있으며 또 다른 걱정에 김이 새는 일도 있게 마련이다. 그게 무슨 즐거운 휴식이란 말인가.

 '깡그리 잊기' 그리고 '신나게 놀기' 또는 '하고 싶은 것 하기' 이렇게 살아갈 수는 없을까? 하다못해 조금이라도 더 게으름을 피우면서 살면 안 되는 걸까? 버트런드 러셀 경의 의견에 전적으로 동의한다면, 우리 노동의 잉여가치는 소수 특권 계층에게로 고스란히 흘러가고야 만다. 그 특권층을 위해 교육 받고 '노동은 신성'이란 논리에 학대받고 있음을 알게 된다.

 얼마 전 친구를 만났다. 회사를 경영하는 친구는 직원 25%를 감원해도 생산량은 그대로를 유지하다가 다시 10%를 내보내자 외려 그 전보다 더 높아지더라는 이야기를 들려주었다. 상식 밖의 이야기다. 25%를 감원했으면 더한층 노력해도 80% 선에 머무르고 35%라면 생산량이 50% 아래로 떨어질 수도 있는데. 이런 비논리가 어디 있나. 그건 일종의 학대가 분명하다. 자신의 이득을 위해 고용인에게 잔인한 압박과 교묘한 선전을 써먹은 결과치다. 살아남기 위한 최선의 방책이란 오로지 열심히 일하는 것이라며.

산업혁명 이후로 눈부시게 발달한 기계문명은 인간의 노동을 긍정적 결과로 대처하지 못하고, 실업자를 양산해서 남은 자들에게 더욱 치열한 생존경쟁을 하게 만들었다. 그에 따라 노동자들은 늘 근면하고 절제하며 순종하라는, 어찌 보면 극히 부자연스러운 환경 속으로 내몰렸다. 아무리 돈이 이념이 된 자본주의의 세상이라지만 잉여가치를 고스란히 집어삼키고 유유자적 그들만의 세계를 즐기는, 권력자와 부자의 세상이 언제까지 지속될까?

이상 난동을 만난 곰이 겨울잠을 제대로 들지 못하듯 우리 인간 일꾼도 진정한 안식을 잃어버리고 오늘도 내일도 계절도 상관없이 죽도록 일만 하고 있다. 어차피 내가 이 세상을 바꿔 놓을 수는 없다. 게다가 나 역시 그런 밥맛 떨어지는 고용주의 한 사람이 되어 버렸으니 이런 생각은 결국 우울한 일이 되어 버리고 만다.

(2007)

문조(文鳥)

 햇볕이 따사로운 초봄, 바로크식 테라스로 이어지는 복도는 우아했다. 바닥재가 단단한 호두나무로 마감되어 앞서가는 그녀의 걸음마다 경쾌한 구두 소리가 났다.
 황동 손잡이가 묵직한 문을 열고 들어서니 조용한 실내. 깨끗한 가죽 소파가 있다. 탁자는 푸른색 유리로 만들어져 정갈했다. 투피스 정장을 입은 그녀가 핸드백을 안은 채 반듯하게 앉았다. 나는 맞은편 자리에 털썩 앉았다.
 넥타이를 느슨하게 풀고 담배를 꺼내 물어 성냥불을 당기는 순간, 햇살 들어오는 아치 옆에 찌릉이는 새 소리. 밝은 순백의 작은 몸체. 언뜻 문조인가 생각하고 물어보니 그렇다는 답이다. 대답하는 모습이 고왔다.
 대충은 알고 있었지만 처음 보았다. 가을날 맑은 하늘에 걸린 하얀 조각구름 같다. 새털 같은 구름이라 하니, 세세하면서도 차분하게 몸체에 잘 달라붙어 있는 문조의 털을 이야기한 듯도 싶다. 화선지 같은 몸체에 까맣고 조그만 눈과 주홍의 부리. 문인화의 정결함이 선뜻 느껴진다.

다만 낙향한 선비 집의 안채나 정원에서 지내면 좋았을 텐데 많은 사람이 드나드는 카페의 귀퉁이에서 하나의 장식거리로 전락해 있으니 안쓰럽게 되었다. 원래의 기품을 잃어버리게 되는 일이다.

두 마리의 문조는 사람에 별 관심이 없다. 그저 둘이 사랑하듯 서로의 몸을 비비기도 하고 조용히 그러나 순식간에 자리를 옮겨 앉기도 한다. 워낙 날렵하게 움직여서 마치 모습이 탁탁 넘어가는 변검술을 펼치는 듯하다.

찌이- 소리를 내며 목을 울리더니 금세 모이를 쪼고 있다. 눈을 맞추어 서로 가만히 마주 보고 있다가 탁 소리를 내며 횃대에 붙었다. 병아리 발톱보다 작은 발톱을 내보이며 새장 살에 비스듬히 걸려 있기도 하고 작은 몸을 바르르 떨기도 한다. 그 모양이 재미나서 눈을 돌리고 그녀를 보며 빙긋 웃었다.

나쓰메 소세키가 문조를 닮았다는 느낌이 들었다. 눈이 펑펑 내리는 겨울날, 다다미가 깔린 서재에서 화로 앞에 앉아 간혹 부지깽이를 만지작거리며 옻칠 조롱 안에서 가늘게 눈을 뜨고 있는 새를 유심히 바라보았으리라. 밝은 햇살 아래 보이는 문조는 무척 깔끔하며 움직임이 적은 새다.

"나쓰메 소세키도 문조라는 글을 썼는데 정말 묘사가 좋았어요." 같은 생각을 떠올렸기에 약간 놀랐다. 이번엔 그녀가 나를 보며 수줍게 웃었다.

　소세키가 말했듯 찌요찌요 하고 울었는지 그냥 찌요라고 짧게만 울었는지는 애석하게도 제대로 듣지 못했다. 부리의 색도 보랏빛이 약간 섞인 연지색이라고 했는데 밀랍의 주홍색이다. 살아있는 새 부리이기에 깊이가 느껴지는 삼차원의 색이다. 잘 드는 칼을 세워, 깎아도 깎아도 같은 색이 나온다. 깎여 나오는 발톱 잔해의 색은 투명한 살색 같으리라. 내 마음이 그렇게 되면 좋겠다고 생각했다.

　까만 눈이 총명해 보였다. 워낙에 빨리 감고 다시 뜨므로 감겨있는 순간을 볼 수 없으나 아쉽지는 않았다. 눈 모양이 착착 변하는 것은 소세키의 장면 묘사로 충분히 상상할 수 있기 때문이었다. 조롱 속에만 갇혀있으니, 문조가 장시간을 비행하는 새인지 아니면 이 나무 저 나무로 가까운 곳에만 잠시 날아다니는지 궁금하다. 날갯짓이 너무 빨라서 제대로 보기가 어렵다. 새장 밖 세상이라면 거침없이 휙휙 날아다닐 텐데. 하긴 너른 세상인들 어디 넓기만 할까. 불안하고 갑갑하긴 마찬가지인지도 모른다. 차라리 둘만의 새장 안이 온전한 보금자리고 도피처일 수도 있다.

　소세키도 문조를 그전에는 본 적이 없다 했다. 새를 가져다준 이가 글에서 표현한 적이 있었기에 뭔가 그럴싸하리라는 짐작으로 대했다고 한다. 내 경우는 소세키가 작품 속 묘사로 알려준 셈이지만 여러 궁금증이 줄을 이어 떠오른다.

작고 예민한 새가 밝은 햇살 아래서 총총 뛰었다가 얘기하듯 노래하며 사람의 눈을 즐겁게 한다. 문조를 향했던 눈길이 다시 서로에게 향하며 조곤조곤하게 이야기를 이어갔다. 나와 그녀, 소세키가 함께 문조를 바라보는 착각이 일었다. 문조가 서로를 넘나들며 사람들을 엮게 했다.

그날 함께 카페에서 마주 앉은 그녀도 문조 같았다. 빈틈없는 올림머리에서-문조의 눈처럼-까만 윤기가 흘렀다. 주홍의 입술에 하얀 얼굴. 단정한 이마 아래 가는 붓으로 그어진 눈썹. 눈을 동그랗게 때로는 가늘게 뜨며 작은 질문에도 세세한 답을 했다. 무엇을 생각하는지 모를 침묵도 함께했지만, 문조의 울음처럼 작고 떨리는 목소리에 내 손가락도 조용하고 가늘게 떨렸다. 그녀의 마음도 문조의 날갯짓을 했는지 모를 일이다. 그저 바라만 봐도 좋은 사람이 있다. 나는 무엇으로 비쳤을까? 바라길 그날의 문조 한 쌍처럼 좁은 새장 안일망정 즐거이 노래하고 서로의 부리라도 마주하고 있었으면 했다.

이후로 몇 번을 더 봤지만, 늘 한쪽은 새장 안에 다른 쪽은 새장 밖에서 바라보고 고개 끄덕이며 빙그레 웃음 지었을 뿐이다. 그래도 그림보다는 나았다. 둘 다 정물같이 고요했지만, 눈길은 서로를 향했다. 제대로 보지 못했다 해도 어쩌면 서로의 마음길은 늘 닿아있다고 생각했다. 그 생각만으로도 가슴속에 옅은 붓질이 수백 번 오고 갔다.

다행히 새는 10년 정도를 산다고 한다. 만약 다시 그곳으로 갈 일이 있다면 그날의 사람과 나쓰메 소세키도 함께 떠올리며 미소 지을지 모른다. 문조는 나를 기억할 리도 없거니와 신경도 안 쓸 것이다. 추억은 의미 없이 단지 훨훨 날아다니는 일만이 중요하지 않겠냐며.

(2001)

crazy love

　해외 유학이 성행이다. 이른바 글로벌 학력 시대, 초등생의 조기유학도 꽤 많고 대학 졸업자의 학벌 쌓기도 흔하다. 유학도전자가 내세우는 각자의 계기는 다양하겠지만 자기 자질보다 지망학교의 명성이 우선되는 경우도 많고 도피성 유학도 일부 있다고 한다. 바람직하진 않은 경우겠으나 나름으로 이해는 된다. 다른 얘기지만 유학 준비 과정에서 생기는 황당한 에피소드도 많다.
　한 학생이 미국 유학을 결심한 모양이다. 다니는 곳이 유명 대학도 아니고 성적도 그리 신통치 않은 데다 전공학과 역시 전망이 어두웠다고 한다. 결국 부모들도 어려운 형편이지만 자식의 미래를 위해 과감한 투자를 결심했다. 유학원이며 어디며 이리저리 돈을 들여 준비하고 혹 가서 아플 일은 없을는지 미리 건강검진도 받게 했다. 거기까지는 좋았는데, 검진 결과가 나오는 날 병원으로부터 부모에게 연락이 왔다.

 의사의 말은 기가 막힐 일, 멀쩡하게 잘 태어난 아이가 신장이 하나밖에 없다고 한다. 그것에 더해 사라진 한쪽은 일부러 떼어낸 것 같다는 얘기, 이 정도면 뒤로 나자빠지지 않을 부모가 없다. 대체 어찌 된 영문이냐며 대동한 아이를 추궁하자 불법 장기 매매를 하였노라는 울먹이는 대답이 나왔다.

 목숨이 경각에 달한 친구나 일가친척을 위해 그랬다 해도 어이가 없을 판에 말도 안 되는 불법 매매라니. 어머니는 그 자리에 실신하여 응급실행이 되었다. 정신을 차려 왜 그런 짓을 벌였느냐고 묻자, 대답이 더욱 기막히다. 여자친구의 명품 가방을 사 주기 위해 멀쩡한 배를 가르고 신장 떼기를 감행했다는 고백이다. 이 거짓말 같은 실화를 들려준 지인이나 나 그저 헛웃음만 지었다.

 이후의 이야기는 더 이상 알 길 없다. 그 친구의 유학이 제대로 이루어졌는지 아니면 명품 가방 애인과 눈물 어린 결혼식을 치렀는지 그것도 아니면 아예 집에서 쫓겨났는지를. 혹 둘만의 비밀을 발설하였다 하여 애인으로부터 콩팥 값 명품 가방으로 직싸게 얻어맞았는지도 모를 일이다.

 부모로선 '배은망덕도 유분수'이리라. 요즘 같은 세상에 '신체발부는 수지부모'라 하는 말은 당연히 통하지 않는다. 다들 제 몸 제가 알아서 맘대로 꾸미고 다니는 세상이 되었으니. 문신을 하든 코를 꿰뚫든 옷을 입고 다니든 벗고 다니든 다 자기들 마음대로인 세상이지 않은가 말이다.

 하지만 부모를 위해 자기 허벅지 살을 베어 냈다는 효자의 이야기도 있고 부모님의 병구완을 위해 끓는 물에 자식을 집어넣었다는 '전설 따라 삼천리'도 있다. 그런 엄청난 일은 감히 엄두도 못 내겠지만 예전엔 부모를 위해 온갖 정성을 다하는 효자 효녀도 참 많았다. 그러나 세월이 흘러 요즘 세상엔 그저 다치지 않고 건강하게만 살아줘도 부모에겐 큰 효도가 된다.

 아무튼 그런 전설의 반의반, 아니 백분의 일, 천분의 일이라도 행하지는 못할망정 그 소중한 콩팥-2개였기 천만다행-을 고가 명품 가방으로 바꿔 향후 어떤 인연이 될지도 모를 여자에게 가져다 바치다니. 그러고도 유학? 부모로서 분통이란 게 있다면 당장 떼어내어 자식 앞에 내동댕이치며 통곡하고 싶었으리라. 자식이 아니라 원수라는 말이 이런 경우에 딱 들어맞게 된다.

 외콩팥 소지자를 두고 열혈 순정파라 해야 할지 얼치기 바보 녀석이라 해야 할지는 동네 강아지에게 물어봐도 답이 나올 일이다. 눈에 불이 튀도록 뺨따귀를 올려붙이고 싶다. 솔직히 정신병원의 환자복을 걸쳐 입어도 절대 어색하지 않을 돈키호테 아닌가. 아무리 사랑에 눈멀었다 해도 이제 일급 장애인이 된 그 친구는 철이 없어도 너무 없다.

 따지고 보면 여자 친구는 생각도 못 한 가운데 엉뚱한 피해자가 되어 버렸다. 애인 앞에서 단지 명품 가방을 탐낸

죄로-정작 여자는 아무 말도 안 했는데 남자 혼자 어떻게든 잘 보여보려고 명품 가방을 떠올렸을 수도 있다-불효자 증산과 불법 장애인 만들기에 앞장선 꼴이 되었다.

미필적 고의에 의한 상해죄가 성립할 수도 있겠다. 게다가 남자의 부모에게는 천하에 몹쓸 계집애가 되었고 주변 사람들에게는 정신 나간 악녀로 낙인찍힐 지경이다. 용감무식한 남자 친구를 사귄 덕분에 사태의 원인이 오롯이 자신의 악질 도덕성 때문으로 공인될 판이니, 억울하기 짝 없을 수도 있다. 내가 뭔 죄인가, 다 그 못난 청춘 때문이지 않나 말이다.

하긴 사랑 때문에 부모가 그렇게도 말리던 결혼을 감행하여 심각한 불행에 빠진 청춘남녀도 부지기수고, 스스로 목숨까지 함께 끊은 영원한 사랑의 커플도 많다. 누구 말마따나 한때는 그야말로 뜨거웠던 기억의, 이제는 다 타버린 연탄재가 되어 버린 사람도 이 세상에 어디 한두 명이었겠나. 나름 고개가 끄덕여지는 일도 많긴 했다.

하지만 이 경우는 다르다. 폴 앵카의 명곡, 크레이지 러브처럼 속이 뒤집혀 미쳐버린 사랑이라 해도 고작 가방 하나와 달랑 바꿔버린 콩팥 앞에서는 입을 닫고 고개를 숙여야 한다. 김중배가 심순애에게 줬다는 그 유명한 다이아몬드 반지는 잘 모르겠지만 죽었다 깨도 명품 가방이 사랑을 대표하거나 명품 옷이 애정의 척도가 되어서는 안 될 말이다.

난 어떨까? 아무리 간이 커도 불법 수술대 위에서 배꼽을 드러낼 용기는 없다. 여기까지가 나의 한계다. 미친 사랑은커녕 미쳐버릴 만한 사랑마저도 만나지 못했다. 다만 저 열렬한 광기의 사랑을 부러워해야 할지 아니면 이리 약한-보통-사람으로 살아서 다행이라 해야 할지 곰곰 생각해보는 오후다.

(2008)

명품(名品)

 역시 명품이 좋다고 한다. 당연하다. 세상에 널리 알려지고 값도 비싼 물건이라야 명품이 된다. 대충 만들어지는 물건도 아니고 그 이름을 뒷받침하는 뛰어난 가치도 있어야 한다. 그러니 안 좋을 수가 없다.
 시내의 대형 백화점에서는 세계의 명품이라며 가게들을 한군데에 모아 놓고 세칭 '명품관'이란 코너로 호객을 하기도 한다. 하지만 사치성의 패션이 대부분인 탓으로 서민들은 엄청난 가격에 주눅이 드는 공간이 되기 십상이다. 게다가 잘 차려입은 부자들의 거들먹거림이나 종업원의 괄시하는 태도라도 대하게 되면 그만 기분이 상하기 마련이다.
 다행히 나는 패션 브랜드에는 별 관심이 없어서인지 그런 험한 꼴은 아직 당해보지 않았다. 그러나 실생활에 잘 쓰이는 명품은 정말 손에 넣고 싶다. 뛰어난 품질은 물론이거니와 그저 지니고만 있어도 묘하게 기분이 좋아지기 때문이다. 그러니 주머니 사정과 상관없이 나 역시 몇몇 생활명품은 가지고 있다.

일전의 모임 자리에서 생긴 일이다. 앞사람이 담배를 물고 불을 찾기에 지니고 있던 라이터를 건네주었다. 손아귀에 쏙 들어오는 금장으로, 값을 떠나서 내겐 귀한 물건이다. 연세가 지긋하신 분이라 손에 받아 드시더니 금세 알아보신다. "요새도 이런 것 들고 다니는 사람이 있구나. 듀퐁인가? 좋은 물건이야." 한다. 흐뭇했다. 명품을 지닌 보람이 있구나 싶었다.

그것을 보고 있던 옆자리의 사람이 말을 붙여왔다. "일회용 가스라이터가 쓰기 편하고 또 잃어버려도 상관없고 그렇지 않아요? 그건 너무 비싸고 무겁고…."라며 어색하게 웃는다.

신경이 약간 거슬리긴 했지만 맞는 말이다. 주머니에 넣으면 무거워서 바지 한쪽이 내려가기도 한다. 술자리에서 내어놓고 쓰다가는 잃어버릴까 혹은 누가 슬쩍할까 은근히 신경 쓰였던 적도 한두 번이 아니다. 혹여 떨어트려 생채기라도 날까 조심조심 다뤄야 하니 그것도 귀찮은 일이다.

그런 수고에 비하면 일회용이란 얼마나 손쉬운 방편인가. 그 친구 말마따나 비용도 부담 없고 쓰기에도 간편하기 짝없다. 손에서 떨어트려 깨져도 그만이고 혹 잃어버려도 아무 문제 없다. 어디 물건뿐이랴, 요즘 같은 세상엔 남녀 간의 사랑도 쉽게 만나고 훌쩍 헤어지는 일회성 선호 세태가 아닌가. 헤어지고 나서 외로워 못 살겠다는 그런 노랫말과는 거리가 먼, 인스턴트 연인들이 거리를 휩쓸고 다니지 않나. 오늘 만나 내일 헤어져도 아무 문제가 없는 게 일회용이니.

하지만 명품이란 그 명성 자체가 곧 가치며, 명성은 시간과 투자의 완벽한 결합체다. 기능면에서는 보통의 물건과 큰 차이가 나지 않는 게 분명하지만, 명품은 장인들이 피를 말리는 시행착오로 만들어낸 최선의 결과물이다. 싸구려 일회용들은 결코 따라올 수 없는 기술과 안목과 열정으로 높이 쌓은 금자탑이다.

예컨대 전혀 예기치 못한 시간과 장소에서 일반의 물건이 제대로 작동하지 않을 때 지니고 있던 명품이 단번에 작동되거나, 절체절명의 순간에 확실한 성능으로 위험에서 벗어나는 경우를 생각해 보라. 이 경우 명품은 둘도 없는 친구와 같이 마음 든든한 존재가 된다. 그럴 때 그 소지자는 얼마나 흐뭇하겠는가. 최고의 기쁨을 누릴 기회가 왔을 때 완벽한 성능으로 기대에 부응하는 물건이 곧 명품이다.

마음에 드는 여성과 처음 데이트할 때 품격 있는 물건을 꺼내어 사용하는 장면도 상상해 보면 역시 머리를 끄덕일 수밖에 없다. 호주머니에서 나온 명품이 빛을 발하여 얼굴에 눈부신 조명을 뿌려줄지도 모른다. 독특한 개성의 디자인이나 마음을 흔드는 색감, 유용하고도 단단한 각종의 부가물, 질 높은 재료에서 배어 나오는 신뢰감이 순식간에 본인의 매력에 빛을 더해줄 수도 있다.

 설령 그녀가 얼른 알아차리지 못한다 해도 명장들의 치열한 제작 정신이 은근히 배어 나와 시간이 흐를수록 명품 주인에게 서서히 빠져들게 하는 마력이 발휘된다. 명품은 그래서 확실하게 믿을 수 있는, 인생길의 보조장치로도 활용할 수 있다.

 세간에 널리 알려진 남성용-여성용은 하도 많아서 외려 잘 모르겠다-박래품으로는 몽블랑 만년필, 롤렉스 시계, 뒤퐁의 라이터며 스위스 아미 나이프 기타 등등. 각종의 분야에서 나름의 'The Best'가 개인의 작은 장신구로부터 시작하여 커다란 산업기계까지, 인성을 꾸며주는 문화상품으로부터 인마를 살상하는 전쟁 도구까지 그 나름의 최고가치로 수천, 수만 가지가 이름을 자랑하고 애호가의 엄지를 치켜들게 한다.

 비단 외국의 물건뿐이랴, 고달픈 손질이 수없이 오갔을 한산모시, 땀을 뻘뻘 흘리는 풍로질과 세공용 망치질을 끊임없이, 춤추듯 해야 하는 안성 유기며, 기능계승자가 점점 줄어든다는 통영의 영롱한 나전칠기 등 뛰어난 우리 명품도 즐비하다. 내가 좋아하는 명품 이조가구는 생각만 해도 흐뭇하다. 아담하고 단단하고 시간이 흐를수록 광택이 난다. 볼 때마다 만지고 만질 때마다 행복하다.

 사람들이 엮어내는 사랑은 어떨까. 모든 사랑이 다 귀하고 아름답겠지만 로미오와 줄리엣 같은 목이 타들어 가는 사랑이, 절개 춘향이와 마패를 든 이도령의 변치 않는 사랑, 이사 비용일랑은 아예 괘념치 않던 맹자 어머니, 오밤중에 떡을 썰던 한석봉 어머니의 자식 사랑 등이 사랑 중의 명품이 아닐까 한다. 아무리 어려운 조건이라도 더욱 견고하게 지켜내는 사랑, 남들이 뭐라 하든 절절함과 꿋꿋함을 잃지 않는 사랑이기 때문이다. 사랑마저 순간만을 즐기고 어려운 것을 회피하며 일회용 종이컵처럼 폐기하는 싸구려 세태가 안쓰럽기만 하다.

나는 어느 품질일까. 심지가 깊지 않고 편리함 만에 길들어있으니, 애당초 명품과는 거리가 멀다. 그렇다고 하급품이라 하기에는 자존심이 상하니 흔해 빠진 '보급형 제품'이 제격일까 한다. 그저 주어진 자기 몫이라도 열심히, 제대로 할 수 있으면 좋으련만 그것마저도 쉽지 않다. 그러나 기죽지 말자. 나같이 부실한 성품으로도 자꾸 공을 들이다 보면, 혹 누가 알겠는가 어지간한 고급품이라도 감히 넘볼 수 있을지를.

(2000)

끝장 보기 끝장나라

 외환 분석가가 친구와 함께 찾아들어 얘기를 나누었다. 자연스레 달러 환율이 환담의 주제가 되었다. 일반적인 경제 논리와는 정반대로 우리나라에서는 달러화의 가치가 올라가고 있기 때문이다. 통상 미국의 시중금리가 낮아지면 달러화의 가치는 떨어지게 된다. 따라서 우리 화폐의 달러 대비 환율은 낮아지는 것이 상식이지만 이상하게도 계속 오름세이다. 최근에는 순식간에 무려 10%가 올랐다.

 이런 결과는 정책 당국자가 환율 상승 의지를 표방한 데에도 원인이 있다. 수출 부분에 대한 환차익이 발생하여 수출 흑자에 공헌하는 효과도 있기 때문이다. 하긴 일부 수출 기업들은 요즘의 환율 상승으로 이른바 짭짤한 이익을 기대하고 있다 한다. 낮은 환율 시점의 계약분이 지금 수금되고 있기 때문이다.

 이렇게 되자 예전 환율이 급변할 때 '헤지(hedge)'라는 일종의 방어기제를 쓴 기업이 최근에 환율이 올라가자, 외환 시장에 무려 300억 불 이상이나 매도를 해 버렸다. 당연히 국내에 달러 보유량이 급격히 줄어드는 상황이 되었고 환율은 더욱 올라가 버렸다. 점점 더 세계 추세와는 거꾸로 됐다. 대체 왜 이런 현상이 생겨나는가? 분석가 친구는 이러한 한국 시장의 특수성을 한마디로 정의했다.

"너무 똑똑해서 미리 수를 쓸려고 하는 데다가 무엇이든 한꺼번에 쏠려 버리는 한국 사람 특유의 기질 때문일 겁니다."

안타깝지만 친구와 나 역시 그 점에 동의치 않을 수 없다. 입맛이 썼다. 조금만 이상 동향이 있어도 어디서 흘러들어왔는지 온갖 설이 난무한다. 그러다 결정적인 무엇이라도(특히 감정에 호소하는) 생겨나면 그때부터는 온 나라 사람들이 다 일시에 몰려 달려간다. 앞뒤 별로 재지도 않는다. 목소리도 크다. 눈물도 잘 흘린다. 욕도 잘한다. 게다가 몸싸움엔 다들 일가견이 있다. 흥분하면 먹고살 일뿐 아니라 열 일 다 제쳐 두고 목을 맨다.

물론 우리만 이렇지 않다. 대중의 이런 성향은 동서고금, 어떤 문명에서도 같이 나타났다. 역사를 통틀어 늘 있어 온 일이긴 하다. 그러나 아무리 생각해도 우리는 지나친 면이 있다. 요즘의 상황을 보면 더더욱 그런 생각이 든다. 히틀러가 살아 있다면 아주 좋아할 대목이다. 자기 말이 딱 들어맞는다며.

'대중은 지능이 높지 않고 너무 쉽게 잊는다. 따라서 효과적 선전을 위해 제한된 몇 가지 논점만을 다루어야 하고 이를 강령으로 만들어 마지막 한 사람까지 이해되도록 반복해야 한다.' 『나의 투쟁』의 한 대목이다.

그는 선동의 방편을 하나 더 만들었다. '항상 인간의 감정에 호소해야지 진위가 의심스러운 이성에 호소하면 안 된다. 흐릿한 조명 아래, 저녁 시간에 행진이나 시위대 군중 속에 침투하여 선동한다. 햇불을 태워 올리면 그 효과는 배가된다.'

대규모 시위는 힘없는 개인으로 하여금 자신이 하찮은 벌레가 아니고 거대한 용의 일부라는 확신과 자부심을 심어준다. 그들의 불같은 숨결이 결국엔 승리를 쟁취하리라 믿게 해준다. 어떤 때는 참 통쾌한 경우가 되기도 한다. 반독재 민주 평화의 기치 아래 모인다면 이만큼 멋진 시민 행진이 또 어디 있으랴. 그러나 과연 그러한가? 우리의 이 시대가 밤마다 격정적인 시위를 벌일 만큼 무법적 독재의 비민주 상황인가?

역사적으로 살펴보면 시민 불복종은 '소로'가 제대로 시작했고 '간디'가 완성했다. 극악한 독재체제거나 설령 민주 사회라 해도 대의정치가 부실할 때 억압받는 민중은 이러한 직접 투쟁 방법을 통해 자신의 힘을 실감하게 된다. 그러나 -모순된 이야기 같지만-실제 악법에 저항할 권리를 가지려면 법을 제대로 지키려는 의사가 있는 사람일 경우에만 가능하다는 간디의 말을 생각해 봐야 한다. 기본적으로 자유란 상대의 자유를 해치지 않는 범위가 그 한계로 설정된다. 나의 의사가 통하지 않는다고 하여 천부인권만을 주장하며 제 맘대로 현대 민주주의 국가의 법을 망가뜨려서는 안 된다.

이러한 방종을 막기 위한 최선책은 무엇인가. 정부의 도덕심이 최우선 가치가 되어야 한다. 물론 멍텅구리가 아닌 이상 경제 활성화에도 신경 써야 하고 국가 간의 외교적 지위 다툼에도 쉽게 밀려서는 안 된다. 하지만 현 정부는 가장 중요한 이 대목을 조각 당시부터 쉽게 보았다, 그들은 '윤리와 도덕'이란 측면에서 완전히 실패했다. 외형적으로 이상적인 정체를 갖추었다고 해서 한 국가가 온전히 성장하고 안정되지는 않는다. 그에 못지않게 지도층의 자질도 중요하다. 불행하게도 현 정치 지도층은 우수한 자질이나 윤리와 도덕이란 덕목과는 거리가 멀게 보인다. 이런 지경이니 대규모 시위에 무력할 수밖에 없다.

로마는 그런 점에서 월등했다. 『역사』를 쓴 그리스의 폴리비오스에 의하면 '카르타고에서는 이윤을 챙기지 못하면 수치스러운 일이었으나 로마에서는 불법하게 이윤을 챙기면 비난을 받는다'라고 하였다. 합법이 이윤에 앞서야 한다는 얘기다.

2500년 전의 세상에서도 그러하였을진대 현대의 국가 지도층은 오죽하겠는가. 당연히 경제적 이윤만을 생각해서는 안 된다. 그렇게 수지가 맞는다는 한미 FTA든 뭐든 국민을 이해 가능하도록 설득하거나 설득이 안 된다고 하여도 적어도 바른 판단을 한다는-도덕적인 믿음을 주는-사람에 의해 합법적인 정책이 집행될 때 세상은 평화로울 수 있다. 그러나 그렇지 못한 경우도 있을 수 있다. 그럼 어떡해야 하나?

어느 텔레비전 방송에서 '끝장 토론'을 방영한다. 방청석의 참관자들이 일어나 자기주장을 진지하게 또는 정력적으로 개진한다. 말도 빠르고 장황하다. 중간에 마구 끼어들어서 각자의 논지를 펼치는 참관자가 부지기수다. 초대된 토론자 역시 비슷한 상황이다.

절제나 중용, 중도는 찾아보기 힘들고 자기 의견에 틀린 점을 인정하는 예는 거의 없다. 자신과 다른 상대방의 처지를 이해하지도 않고 상대의 논리를 수긍하여 받아들이는 일은 패배로 간주한다. 내가 맞거나 아니면 상대가 틀리거나이다. 독설로 일관하며 세를 얻고 있는 쪽은 심지어 상대를 조롱하기까지 한다.

토론이란 일종의 합의를 찾기 위한 과정이다. 하지만 안타깝게도 우리나라 어느 토론 프로그램이든 결과를 제대로 합의해 낸 토론을 나는 지금까지 본 적이 없다. 끝까지 신경을 곤두세우며 싸우다가 서로 미진한 점만 남기고 씁쓰레하게 끝나버린다.

도대체 투철한 도덕심이나 엄격한 법 존중, 성숙한 토론 문화도 없는, '끝장 보기' 사회가 우리나라란 말인가? 정말 우리에게 희망은 없는가? 친구의 자조가 가슴을 찌른다.

"우린 딱 여기까지야. 여기까지 온 것만 해도 대단하다 생각해야지. 이러다가 주저앉고 또 고생 죽도록 해서 살만하면 또 내려앉는 거야."

이게 할 말인가? 그래도 어쩌랴, 오늘은 종교인까지 다시 정치의 거리에 뛰어드는 판에. 한숨이 난다. 7, 80년대 독재 치하에서 보던 일, 남미 어느 나라나 아프리카의 독재국가에서 보던 꼴을 우리나라에서 이렇게 다시 벌여야 하고 또다시 그걸 보아내야 하니 말이다.

(2008)

사람으로 남는 법

회사를 새로 만들었으니, 광고가 필요했다. 하지만 내가 그런 일까지 신경 쓸 직위가 아니라 그저 누군가 알아서 하려니 했던 일이다.

얼마 전이다. 사장이 내게로 와 업계 전문 언론매체가 하나 있는데 혹 아는 이가 계시는가 물어본다. 알기는 안다, 그쪽 사장을. 학교 후배이기도 하고 또 10년 전쯤에 잠깐 만나 서로 수인사를 나눈 적이 있긴 하다.

한번 광고에 70만 원, 기사를 실어주면 140만 원을 더 내어야 하는 일이라며 객쩍은 얼굴이다. 가만 보니 기사 내용뿐 아니라 값도 좀 깎아보자는 눈치, 근데 그렇다 한들 나더러 이런 일을?

"글쎄요… 한번 연락은 해 봅시다."

결코 기분 좋게 내뱉은 말은 아니다. 그럴 수밖에. 사장이란 사람은 이상하게 인색한 사람. 평소에도 작은 돈에 손이 오그라든다. 입고 다니는 품은 그럴싸하다만 아무래도 신사의 양식과는 거리가 멀다.

며칠 후 전화를 걸어 내 이름을 밝히니 후배는 반갑게 목소리를 낸다. 날 아시겠는가, 건강하신지, 하시는 일은 잘 되는가 등등 솔직히 요즘 말로 별 영혼 없는 얘기가 오갔다.

더 끌 것도 없다. 미안하네만 이러저러하니 어찌 좀 잘해 줄 수 있겠는지 물었다. 그이는 그저 네네, 나는 고맙네 하곤 전화를 끊었다. 부하직원을 그쪽 담당자와 연결토록 약속해 두고.

퇴근 무렵 다시 후배에게서 연락이 왔다. 사실 출장 차 울산에 있는데 부산으로 내려올 테니 꼭 만나자고 한다. 느닷없는 약속 잡기에 불편하긴 하나 그리 치면 이쪽도 마찬가지인 일. 더구나 부러 이쪽으로 오는 수고를 감수하겠다 하니 거절할 수가 없다.

늦은 오후, 일러둔 커피숍으로 들어서자, 한쪽 편에서 잊지 않은 얼굴이 손을 흔든다. 십여 년의 시간, 후배의 얼굴에서도 세월이 느껴진다. 내가 말이 좀 길어졌다. 저간의 사정은 어떻고 나는 어찌해서 이 일을 하게 되었고….

옛이야기를 주고받던 그가 다시 입을 뗐다. 그리곤 나온 말.

"선배님, 기사를 실어 드리고요, 광고도 한 달 동안 5번쯤 하는 게 낫습니다. 그리고 월요일이 광고 효과가 크니

매주 월요일에 올리도록 하겠습니다."

사장에게 들은 대로라면 대충 500은 되는 금액. 외려 덮어쓰는 건가? 내 속에서 끄응 하는 소리가 날 판.

"그리고, 광고료로는 그냥 100만 원만 보내주시죠."

말을 마친 그이가 날 보고 빙긋이 웃는다. 전혀 예상 못한 일, 속이 따갑다. 이건 빚이다. 호의가 과하다. 고맙기도 하지만 달가운 일도 아니다. 그것에 더해 언뜻 드는 생각. 사장이 질 빚, 아니지 회사가 질 빚인데 왜 내 개인이? 상대의 호의가 내 속셈 계산으로 온전히 적의가 될 판이다. 나는 이런 것이 정말 문제다. 급히 생각을 바꾸었다.

"이런, 신세가 너무 크잖은가?"

"제가 선배님 체면은 한번 세워 드려야 하지 않습니까? 그리하시죠."

뒤잇는 말이 나를 기어이 찌르고야 만다.

"거 뭐, 그런 사장 밑에 계실 분은 아니지 않습니까?"

정말 할 말이 없다. 그래도 고맙다며 빚졌다며 굳게 악수하고 커피숍을 나섰다. 밖은 지겨웠던 여름이 태평양 너머로 손을 흔들며 사라지는 중이다. 그렇게도 사람을 괴롭히더니 저렇게 훌쩍 떠난단 말이지? 나도 계절 따라 덜컥 지구를 떠나고 싶다는 생각이 들었다.

그런데 더욱 건방진 생각. '그렇지, 나도 잘 나갔던 번쩍이는 존재였지. 근데 겨우 그 돈을 깎아보려 십 년 만에 후배를 만나 계면쩍은 웃음을 흘렸단 말이지?' 헛헛한 웃음이 나온다. 거 참, 사람이 이리되는구나 싶다. 척후병 같은 가을바람 한 자락이 앞머리를 쓸어 올렸다. 총을 들고 있었으면 나를 그 자리에서 바로 저격했을지 모를 일이다. 다시 정신을 차려 그저 고마운 맘만 간직하고 집으로 돌아왔다.

  당나라 사람 '이징'은 소년 등과했다. 그러나 주어진 하급 관리 자리가 늘 불만이었다. 결국 자존심 상하는 일이 생기자 곧장 관직을 집어치우고 산골에 들어가 시를 짓는 일을 일과로 삼았다. 하지만 시인으로서의 명성은 차치하고 외려 생활만 궁핍해졌다. 어쩌겠는가. 호구지책으로 다시 일개 지방관리직이라도 들어갈밖에. 사실은 자신의 재능에 절망한 것이 더 정확한 이유였지만. 아무튼 수재의 하늘을 찌를 듯한 자존심은 늘 상처를 입었다. 결국 먼 곳으로 출장을 떠난 어느 날 밤 발광, 사라져 버렸다.

  다음 해 '원참'이라는 감찰어사가 길을 나서게 되어 산골 마을에 묵게 되었다. 이튿날 새벽 날이 밝기도 전에 다음 목적지로 떠나게 되었는데 역참지기가 말하길, 산 중턱에 호랑이가 나타나니 밝은 대낮이 아니면 지날 수가 없다 한다.

  그러나 '원참'은 일행이 많은 것을 믿고 그대로 출발하였다. 아니나 다를까 새벽 달빛 아래 호랑이 한 마리가 갑자기 나타나 그에게 달려들었다. 그러다 휙 몸을 돌려 풀숲으로 되돌아갔다. 순간 숲에서 들려오는 사람 목소리.

  "하마터면 큰일 날 뻔했구나."

어디선가 들은 목소리였다. '원참'이 외쳤다.
"이 목소리는 나의 벗 '이징'이 아닌가?"
"그렇다네."
풀숲에서 나오지 않는 호랑이는 과연 '이징'이었다.

어느 날 밤, 누가 불러 밖을 나갔고 그 소리를 따라 달리는 동안 기이하게도 그만 호랑이로 변했으나 하루에 몇 시간 동안은 반드시 사람의 마음으로 돌아온다고 한다. 하지만 그 시간은 점점 줄어들고 있어, 나중에는 아예 처음부터 짐승이었다고 생각할지 두렵다며 그전에 자신의 시를 꼭 세상에 내놓고 싶다고 한다.

시는 절절하고 뛰어났다. 이를 다 들려주고 나자 이번에는 자신의 처자를 '원참'이 찾아가 보살펴 주기를 청했다. 그러다가 다시 탄식하기를, 굶어 죽기 직전의 처자보다 보잘것없는 시 나부랭이를 먼저 읊은 자신을 책망했다. 이런 사람이었으니 짐승이 됐지 않았겠느냐며 흐느꼈다.

부족한 재능이 드러날지 모른다는 두려움과 재능을 허비한 게으름이 자신의 모든 것이었다며 괴로워했다. 그리고 풀숲을 뛰어나와 하얀 달 아래 두어 번 포효하고는 자취를 감추었다.

이 이야기는 '인호전'을 대본으로 한 '나카지마 이츠시'의 『산월기』에 나온다. 당나라 때 이야기라지만 오늘날의 사람들과 크게 다를 바 없다.

그렇다. 알량한 자존심의 '이징'이 대체 나와 다를 바 무언가. 그는 그래도 빛나는 수재였으니 산중의 왕, 호랑이라도 되었다. 하지만 여태껏 세상사 분간 못 하고 살아가는 나는, 호랑이는커녕 삶이라도 제대로 될지 모르겠다.

다행히 친구들이 나를 버리지 않았고 나 역시 인간에 대한 연민만은 늘 간직하고자 했으니, 그것이 신이 내게 털가죽을 덮어씌우지 않은 이유가 아닐까.

고맙게도 창에 뜬 조각달이(저건 어느 분이셨을까?) 내게 들려주는 말 한마디.

"따지고 보면, 산 중의 짐승이 될 인간이 어디 하나둘이겠는가. 자기들이 얼마나 덜떨어진 인간이었는지는 기억조차도 못한 채!"

(2012)

밧세바

　이스라엘의 현군 솔로몬의 아버지는 골리앗을 쓰러뜨린 다윗이다. 젊고 지혜로운 자, 전사이며 제국의 건설자이다. 다윗이 누구인가? 예수를 말할 때 다윗의 자손이라 한다. 이스라엘 영광의 상징이고 그들의 하느님과 백성을 이어주는 신적 존재인 왕으로 추앙하기 때문이다. 따라서 그로부터 이스라엘의 메시아가 나온다고 유대 사람들은 믿었다.
　다윗은 위대한 신진이었으며 아울러 현명하게 기성과의 화합을 이루어 낸 사람이다. 화려한 현재를 움켜잡았으면서도 불우한 과거를 감싸안았고 나아가 위대한 미래를 잉태했던 왕이었다.
　이스라엘 땅의 돌산 언덕 사이로 유난히 밝은 별빛이 내려와 유다 지방의 베들레헴에 내려앉던 어느 날, 미래에 있을 성취의 상징, 진정한 왕 다윗이 태어났다. 메시아인 예수가 나기 1000년 전쯤의 날이다. 고난을 겪으며 살아 내려온 선지자들의 정기가 그를 감쌌다. 룻의 증손자요 이새의 막내아들로 신의 거룩한 예정에 따라 그가 세상에 나타났다.

사울의 추방령에 따라 팔레스타인 사막의 변경으로 쫓겨나 억눌리고 고통받는 자들을 위해 헌신 봉사했던 다윗에게는 그만의 상징이 있다. 정삼각형 두 개가 맞보고 겹쳐 꼭짓점 여섯 개로 이루어진 '다윗의 별'이다. 이스라엘의 밤을 밝히고 유대민족을 인도하던 그 별은 '하느님은 다윗의 방패'라는 뜻을 담고 있다. 나치에 의해 박해를 당한 뒤로는 영웅적 이미지 위에 순교의 의미가 하나 더 붙게 되었다.

다윗왕은 현대의 영화에도 그 전설적 성위(聖威)를 떨쳐서 인디아나 존스란 영화에도 등장한다. 모세가 하나님으로부터 받은 십계명 돌판을 보관했던 낡고 성스러운 궤짝이 다윗왕에 의해 예루살렘으로 옮겨졌다. 하지만 성궤(Ark of the Covenant)의 마지막 행방은 묘연해져 버려 젊은 다윗의 이미지를 주는 주인공이 목숨을 걸고 추적한다. 정의의 이름으로 불의에 저항하는 자, 신에게 선택된 유일한 백성을 위하는 왕이 그의 이름에 붙은 의미이다.

그러한 다윗에게 이해하기 어려운 일이 있었다. 그의 아내에 관한 일이다. 당시의 풍습이기도 하고 또 정략적인 측면이 있기도 하겠지만 다윗의 아내들은 후궁전을 따로 만들어야 할 정도로 많았다. 그중에서도 가장 뛰어난 아내는 '밧세바'이다. 현명하고 열정적인 그녀는 결국 자기 아들을 다윗왕의 기름 부음을 받아 새로운 왕이 되게 한다. 그 아들이 현인이고 시인이며 이스라엘의 가장 위대한 왕인 솔로몬이다.

사실 다윗의 첫째 아내는 그를 발탁한 사울왕의 딸인 미갈이었다. 하지만 그녀와의 결혼은 두 사람의 진정한 사랑이 아니었고 사울왕의 어명 때문이었다. 그러나 밧세바는 사정이 달랐다. 사랑의 여신이 그들의 눈을 가리고 육체의 향기를 불어 넣은 경우다. 성경에는 목욕하던 그녀를 보고 다윗왕이 탐했다고는 하지만 어쩌면 그녀가 다윗왕의 환심을 받기 위해 의도적으로 터질 듯한 정염과 눈부신 매력으로 자기를 드러냈을 수도 있다.

밧세바는 수많은 화가에 의해 그려졌으며 렘브란트의 그림에도 등장한다. 발을 하녀에게 맡기고 나신을 그대로 다 드러낸 고혹적인 모습이다. 그녀의 손에 다윗의 편지가 구겨진 채 들려 있다. 알 수 없는 앞날을 두고 미묘한 감정을 그대로 드러내는 검은 눈동자는 영리하고 매력적이며 곤혹스럽다. 이런 갈등의 순간을 예술가들이 놓칠 리 만무하다. 밧세바는 어떻게 해석되어야 하는가? 권력에 의한 피해자인가? 아니면 권력을 탐하는 여자인가? 더구나 밧세바는 유부녀였다. 지금의 유대인들은 그녀를 어떻게 해석할지 모르겠다.

다윗은 간음하지 말라는 십계명이 들어있는 성궤를 전쟁터에까지 들고 다닌 사람이다. 그런 사람이 신의 계명을 어겼으니, 왕도 죽고 나라도 망해야겠지만 그 결과는 오히려 반대로 나타났다. 이스라엘 민족은 다윗의 불륜으로 솔로몬을 얻어 위대한 시대를 이루게 되었다. 신의 섭리는 이렇듯 오묘하다.

결혼의 계약이 중요하다기보다 진정한 사랑이 먼저라는 게 신의 뜻인가? 정략적 결혼이나 실수에 의한 결합, 영적 교류가 없는 결혼은 오로지 불행할 뿐이라는 얘기로 받아들여진다.

도대체 인간이 만들어 놓은 결혼계약의 논리는 무엇인가? 각각의 종교에서 만들어 놓은 계약위반에 대한 징벌은 또 무엇인가? 어떤 사회에서는 불쌍한 아내를 여럿 거느림으로 구원받을 수 있다 하고 또 다른 종교에서는 다른 이를 두고 성적인 생각만 해도 간음이라 칭하고 비난한다. 어떤 시대에는 남자는 괜찮고 여자는 안 된다고도 했다. 다 제각각이다. 다들 시대와 사회를 따라 써먹기 좋은 대로 만들었을 뿐이라는 생각이 든다.

초서의 『캔터베리 이야기』나 단테의 『신곡』에 설정된 지옥의 이야기는 끔찍하다. 또 불교의 진리담에는 윤회적인 보복을 이야기한다. 하지만 생각해 보라, 예수의 시대에도 죄를 짓지 않은 자는 없었다. 그 애처로운 여인에게 아무도 돌을 던지지 못했다. 그녀는 어디로 갔을까? 만약 그녀가 다윗과 밧세바를 떠올렸다면 연인에게 다시 돌아갔을지도 모른다. 돌을 맞아 죽더라도 행복한 사랑을 위해.

영미 국가에서는 불륜은 불법적인 죄가 아니라 배우자에 대한 '잘못'일 뿐이며 결혼생활의 파기에 대한 권리를 상대에게 주는 것으로 되어있다. 문제는 왜 그러한 일이 발생하느냐에 있다. 단순한 실수일 수도 있고 이미 배우자에 대한 참을 수 없는 실망감일 수도 있고 또는 운명적으로 사랑하는 다른 사람을 만나게 되었을 수도 있다. 그러나 어쨌든 그 결과에 대해서는 각 개인이 선택할 문제이다. 종교나 국가의 법이 그들을, 적어도 그들의 사고를 묶어 둘 수는 없다.

실낙원이라니, 이미 틀렸다. 현실에서의 죄와 벌, 고통을 알면서도 자유의지로 택한 사랑이야말로 그들에게는 낙원이다. 밧세바의 고뇌를 오늘은 어느 여자가 하고 있으며 다윗의 참을 수 없는 사랑과 살인을 어느 남자가 저지르고 있는가? 잘난 각자의 신께서 그들을 어떻게 여기실지 그것이 못내 궁금할 뿐.

(2000)

마지막 승부

아내가 세상을 떠나자, 아이 셋과 꽤 많은 빚 그리고 체납분만큼 과태료가 붙은 세금 통지서가 말간 얼굴로 나를 바라보고 있었다. 살아있는 한 그것들로부터 도피는 불가했다. 게다가 책임감이란 놈이 굳히기에 들어간 유도선수처럼 내게 끈질기게 올라붙었다. 한동안 아내의 마지막 환자복을 버린 병원 폐기물 통이 머릿속에 떠올랐다.

이후 많은 곡절을 겪었다. 큰 성과다 싶으면 금세 일이 일그러지고 겨우 성공한 후에는 얼토당토않게 배신도 당했다. 그래도 버텼다. 사실 버티는 것 외에는 별다른 방편도 없었다. 그저 어떻게든 될 거라며 불운의 허리춤을 잡고 온 힘을 다해 같이 뒹굴었다. 운명은 희한했다. 지독히도 안 풀리던 일이 어느 시점이 되자 시곗바늘이 태엽 감기가 된 것처럼 거꾸로 풀려가기 시작했다. 돌고 도는 인생, 그제야 숨이 쉬어지고 제대로 눈을 뜰 수 있었다.

2015년 여름은 다니던 노르웨이 선급을 나와 조선 기자재 검사대행 회사를 하나 차려볼까 궁리하고 있었다. 연금이 나올 때까지 몇 년만 버티면 되니 그저 왔다 갔다 해도 먹고는 살지 싶었다. 그런데 원하지도 않았건만, 한 달 만에 또다시 일하러 가게 됐다. 한진중공업이 필리핀에 세운 조선소였다.

 대학을 졸업하고 첫 근무지가 대한조선공사였다. 우리나라 최초의 근대조선소인 대한조선공사가 수리선 사업부를 계열사로 만들어 공채 1기생을 뽑는다기에 뭔가 그럴싸해서 용약 지원했다. 하지만 얼마 안 되어 조선소 담장이 구치소 담장처럼 느껴지자 즉각 사표를 냈다. 훌륭한 선배들 수하에서 일을 했으나 나와는 맞지 않았다. 이후 한진그룹이 조선공사를 인수했고 세월은 잘도 흘러갔다. 그러다 인연의 밧줄이 다시 내 목에 걸렸으니 30여 년 만에 친정으로 돌아간 셈이다.

 무슨 업무를 하든 상관없었다. 일은 뭐든 자신 있었고 여전히 돌봐야 할 아이가 둘이 남았기에 자신이 있어야만 할 이유도 확실했다. 중도에 하차해도 나쁜 일은 아니었다. 또 다른 기회를 잡고야 말테니까. 다만 오랫동안 북유럽 회사를 다닌 사람이 뜨거운 남쪽 나라로 가야 한다니 그게 좀 아이러니했다. 단단한 얼음을 끓는 물에 집어넣는 기분으로 짐을 꾸리고 공항으로 갔다.

 밤 비행기를 타고 마닐라에 떨어져서 다시 차를 타고 거의 5시간 동안 한밤 길을 달렸다. 토요일 새벽 3시쯤 캄캄한 숲속의 사원 아파트에 도착했다. 아파트가 시내에 있는 게 아니라 밀림 한복판에 있으니 신기했다. 때 묻지 않은 원시 자연과 현대식 건물은 부조화의 극치 같은 느낌이었지만 키 큰 야자수로 둘러친 수영장은 멋있었다.

짐을 던져 놓고 겨우 잠자리에 들었는데 6시쯤 되었나 누군가 벨을 울린다. 나가 보니 인사과 직원이다. 출근해야 한다는 소리에 기가 막혔다. 토요일인데? 일한다는 대답이 쑥스럽게 나왔다. 게다가 얼마 전까지는 일요일도 일했다 한다. 등골이 서늘했다.

시내의 작은 해변을 지나고 교외의 주민들이 사는 다 떨어진 동네도 지나고 덜컹거리는 숲길도 지나서 겨우 도착한 조선소는 생각보다 훨씬 컸다. 도크 앞에는 하얀 구름이 해수면에서 하늘 끝까지 둥실 떠올라있었다. 거의 100만 평의 부지에 쿵쾅거리는 장비들이 가득 들어찼다. 조선소의 경비는 삼엄했고 해병대 헌병 복장의 필리핀 경비가 나보다 더 해병대 같았다.

대리석으로 감아놓은 본관 건물은 당당했다. 아열대의 나무를 한껏 심은 조경에도 이국의 낭만이 풍성했다. 사장과 전무에게 부임 인사를 하고 전임자와 부하 직원과도 인사를 했다. 인계하고 떠날 예정인 전임자는 신병 같은 내게는 제대 병장같이 부러웠다. 이후 제대로 알지도 못하는 업무에 정신없이 빠져들어 갔다. 일만 모르는 것이 아니라 꼭 군인

같이 급히 말하는 그들의 업무 용어조차도 제대로 알아들을 수 없었다.

한진은 수직적인 체계의 회사였다. 끔찍하게 경직된 위계질서에 직위 간 차별도 극심했다. 재벌인 회장은 왕처럼 거들먹거렸고 주변의 권력층들은 파시스트 추종 세력 같았다. 외딴곳에 있는 조선소는 강제 노역장 같았으며 사원복지는 안중에도 없었다. 세상에 이런 회사가 아직도 있구나 싶었다.

한동안 비상근무 체제로 퇴근을 하지 못하고 사내의 바라크에서 지냈다. 바라크는 쓰다 남은 블록으로 막 지은 군대 막사 같았다. 비가 오면 지붕이 무너지는 듯했고 스프링이 제 맘대로 노는 침대와 부서지는 소리를 내는 에어컨, 가끔 굉음을 지르며 부들거리는 미니 냉장고, 옷장, 책상 하나가 전부인 방 한 칸이었다. 밤새 창밖으로 용접불꽃이 튀고 골리앗 크레인이 움직이며 경보음을 질러댔다.

어떻게 잠을 잤는지 아직도 신기하다. 지금은 그마저도 그립다만. 이게 사람 사는 곳이냐며 투정했다가 직원용 숙소를 보고선 두말하지 않고 사용했다. 그들의 숙소는 낡은 사창가 방보다 더 처참했다. 미안해서 목으로 눈물이 넘어갔다.

상급자인 관리본부장은 전무로 깐깐하고 성질이 불같은 사람이었다. 나이도 나보다 서너 살 많고 욕은 나보다 열 배는 더 잘했다. 사람 좋게 웃다가도 버럭 화를 내고 휙 소리가 나도록 자리를 떠났다. 사이는 서로 냉랭했고 나는 머리를 깎고 교복을 입은 중학생 취급을 받았다.

한 달쯤을 그래도 잘 버텼다. 하루는 나를 부르더니 자기를 배제하고 업무를 진행했다며 딱따구리처럼 사람 마음에 구멍을 냈다. 화를 그런 식으로 흉측하게 표현하는 사람은 처음 봤다. 하지만 그 일은 전적으로 전무의 실수였다. 정면으로 그를 바라보며 한소리 했다.

"괜찮아요, 전무가 상무보다 높잖아요? 얼마든지 갈궈도 됩니다."

일그러지는 그의 얼굴을 뒤로 하고 위층의 내 사무실로 돌아왔다. 보따리 싸라고 하면 쌀 것도 없이 입은 옷까지 다 던져 버리고 돌아올 생각이었다. 그러고도 사이가 좋지는 않았지만, 시간이 흘러가자 조금 누그러져 갔다. 체류 내내 늘 그랬지만 잘 안되면 언제든 짐 싸면 된다는 배짱만 있었다. 이후에는 특유의 '어떻게든 되겠지'가 나를 데려가려고 미리 시동을 걸고 있는 상상을 했다.

사람의 일은 다 때가 있다. 안될 때는 죽으라 해도 안된다. 분명히 다 되었다 생각 들어도 그냥 뒤집히거나 주저앉는다. 될 때는 뭘 해도 된다. 제 마음대로 해도 이상하게 다 잘 돌아가고 칭찬받는다. 회사 생활 3개월이 지난 내가 그랬다. '뒷골 여시'가 도와줬는지 하는 일마다 결과가 좋았다.

그러다 노르웨이 출장 시 선주사로부터 거액의 중간 대

금을 받아 내는 데 기적적으로 성공한 일이 있었다. 그때부터 사장과 전무는 적극적으로 나를 신임했다. 전체 회의나 임원회의 석상에서도 내 의견을 지지했고 사석에서도 알뜰히 챙겼다. 그날 이후로 그들이 먼저 귀국할 때까지 그 둘은 내게 완벽한 후원자였다. 무엇이든 나와 상의하고자 했고 결재는 자동으로 승인, 차도 제일 상태가 좋은 차, 운전기사도 가장 성실한 실력파를 내게 배정했다. 이게 다 무슨 일인가 싶었다. 얼뜨기에서 온달장군이 된 셈이다. 모든 일이 술술 풀려갔다. 그렇다 해도 업무는 눈이 빙빙 돌아갈 만큼 힘들었고 국내로 돌아오는 마지막 날까지도 변함없이 나를 몰아쳤다.

내가 맡은 직책은 영업관리팀 및 대외업무팀 담당 임원이었다. 선주사에 대응하는 계약관리만 하는 줄 알았더니 꽁다리가 하나 더 붙어 있었다. 말하자면 필리핀 정부 업무와 기타 외부와 연결된 업무를 처리한다는 것인데 그나마 갑갑한 조선소를 벗어난 외부 출장은 좋았다. 하지만 그들과의 협상은 회의 책상을 걷어차고 뛰쳐나오고 싶을 때가 한두 번이 아니었다. 그것에 더해 체류 1년쯤이 지나자, 일을 잘한다며 PM 팀까지 내게 떠맡겼다. 미친 짓이었다. 봉급을 더 올려 주지도 않았고 승진도 없었다. 군대에서 너무 잘하려고 뛰어다니지 말고 중간 줄에 서라는 말이 실감 났다.

사내 곳곳에서 터져 나오는 문제에 대한 해결만이 아니

었다. 해외도 수시로 뛰어다녔다. 초겨울에 오슬로와 런던을 오가며 바들바들 떨고 아테네와 싱가포르를 진땀을 흘리며 날아다녔다. 변한 시차와 변한 계절을 동시에 맞고 녹초가 되어 마닐라 공항에 도착하면 귀에서 이명이 나고 손이 떨리기도 했다.

회사로 겨우 돌아왔다가도 상황이 변하면 다시 출장 가방을 꾸려 오밤중에 공항으로 갔다. 그렇게 시달리자 신기하게도 끝까지 버티리라는 오기가 더욱 생겨났다. 벽에는 아이들과 사랑하는 여인의 사진을 걸고 책상 옆에는 해병대 모자를 두고 출전 의지를 다지기도 했다. 인생의 게임에서 이기고 지는 것이 아니라 작렬하는 포탄 속에서 살아남기였다.

그런 중에도 회사의 현금 유동성은 날이 갈수록 말라갔고 골치 아픈 문제는 주인 없는 집 곰팡이처럼 끊임없이 피어났다. 게다가 해운시장마저도 점점 나빠지자, 선주사들은 배 인수를 미루려는 market claim을 미친 듯이 들이밀었다. 그들의 처지가 이해는 됐지만 형편없는 우리 상황은 마치 직격탄이 날아 들어와 참호를 박살 내고 자욱한 포연 속에서 전우들이 쓰러져 신음하며 뒹구는 꼴이 되었다. 채권단을 관장하는 산업은행은 한시라도 빨리 회사를 정리하려 했다. 그들에겐 불어나는 빚덩이 처리만이 유일한 관심사였다.

몸이 성할 리가 없다. 상습적인 배탈부터 시작하여 과로로 대상포진도 앓게 되었고 아무도 없는 사내 의무실에서 링거줄을 꽂고 넋을 놓고 있을 때도 있었다. 머리에 하얀 실밥이 잔뜩 묻어나고 얼굴과 팔은 햇볕에 그을려 까만 딱지가 생겨났다. 그래도 상관하지 않았다. 회사 인생의 마지막 승부라 생각했기 때문이다.

동료들은 다 좋았다. 선배부터 동기생, 후배 모두 좀비처럼 죽지도 않고 일했다. 서로를 욕하며 싸우고 때로는 함께 술잔을 들기도 하며 단단한 실뭉치처럼 얽혀갔다. 퇴임 후에 만든 모임이 아직도 잘 이어지고 있다. 고생은 강력한 접착제로 사람들을 당겨 붙여 놓는다. 부하 직원들의 고생은 이루 말할 수 없이 컸다. 그들의 인내와 희생은 존경스러웠고 앞으로 전 세계 어디를 가든 충분히 인정받을 수 있을 것이다.

돌이켜보면 괴롭고 슬픈 일은 늘 계획보다 시간이 더 걸렸고 내가 버틸 수 있는 '항복점'을 질질 끌고 가서야 멱살을 놓아주었다. 하지만 즐겁고 행복한 일은 생각보다 훨씬 이른 시간에 막을 내리고 갑작스레 끝나버렸다.

신의 의지는 내 희망과 맞아떨어지지 않기 일쑤였으며 뉴턴의 운동법칙 역시 내 중년의 인생에는 제대로 적용되지 않았다. 그러나 과연 나만 그랬겠는가? 다들 별반 다르지 않았고 오히려 나는 축복받은 사람이었음을 이제야 알게 된다. 나 같은 사람은 운명의 신 앞에서 오로지 경건해야만 한다.

수빅 조선소 덕분에 필리핀은 한때 세계 4대 조선국에 랭크 되기도 했다. 2조 원이 넘게 투자한 한진중공업은 결국 망해서 다른 주인에게 넘어갔지만, 임직원은 신명을 바쳐 대한민국 조선 공업사에 또 다른 역사를 창조했다. 비록 엄혹한 금융 논리 앞에서 무릎을 꿇었으나 누가 뭐래도 우리의 일은 자랑스럽다.

2년 반 동안 모두 41척의 선박 중 세계 최대의 컨테이너선과 원유 운반선을 포함한 37척의 대형 선박을 선주사에 인도했다. 당시 해운시장이 불황이었던 만큼 순조로운 계약 인도는 단 한 척도 없었다. 매번 전쟁을 치르듯 배를 내보냈다.

모두가 고생한 일이었지만 마지막 순간은 언제나 내가 결정했고 그 책임을 고스란히 떠맡았다. 확신에 행운이 따라준 결과로 나머지 4척의 대형 컨테이너선도 국내 해운사와 인도 계약을 완성하며 끝까지 임무를 완수했다. 그러나 회사의 모습은 불침항모가 곳곳에 폭격을 맞고 비명을 지르며 침몰한 꼴이 되었다. 다행히 나는 살아남았다. 부서진 구명보트에 몸을 얹고 파도에 떠밀려 항구로 돌아온 것 같다. 그리고 이제는 그 모든 역경에 감사한다.

'언제든 그만두고 돌아오면 된다.' 필리핀으로 떠날 때 속으로 다짐했던 말이다. 결국 내 발로 절뚝거리며 돌아오진 않았다. 35킬로 지점을 넘어서는 마라토너처럼 후들거리면서도 3년 4개월의 근무를 마치고 영도조선소로 복귀명령을 받았다.

 헛소문도 많았다. 나를 회장 아들 대신 영업본부장으로 취임시킨다느니, 국내로 복귀해 사장을 맡을 거라느니 온갖 말이 떠돌았다. 신경 쓰지 않았다. 그대로 은퇴하여 쉬는 것이 훨씬 더 좋은 일이라 생각했다.

 구름을 만드는 나라, 필리핀에서의 생활은 그대로 내 인생의 한 장면으로 가슴 언저리에 또렷이 자리 잡은 추억이 되었다. 바나나 나뭇잎 위로 하얀 구름이 뭉클거리고 밤마다 천둥과 번개가 바다 위에서 격한 사랑을 나누는 곳. 한 달 내내 퍼붓는 소나기, 맑게 웃는 사람들, 신발도 제대로 신지 않은 맨발의 아이들, 목줄 없이 서성이는 잡종개들, 낡은 집과 더러운 환경, 야자수가 우거진 해변가, 별이 무더기로 붙어 깜박이던 밤하늘, 새벽 5시면 어김없이 지저귀기 시작하던 밀림의 새떼, 겨울에 산불을 내는 이상한 농사 방법, 깜짝 놀랄 만큼 아프게 물어뜯는 개미, 영원한 부자와 가난에서 결코 벗어날 수 없는 서민, 화려한 호텔 로비의 매력적인 여가수, 까맣게 지친 얼굴들을 가득 싣고 달리던 '지프니' 행렬, 권력자와 피지배자, 윤이 나는 긴 머리 여인과 마음 약한 사내, green Christmas의 정경과 화려한 조명, 재스민처럼 활짝 웃는 모습과 강한 자의 눈치를 살피는 비굴한 모습이 동시에 모두 다 클로즈업된다.

 따지고 보면 내 회사 인생의 가장 큰 마지막 승부처는 남쪽 나라 필리핀이었고 악전고투의 원정경기였지만 나는 결국 이겼다. 전직 대통령과 주지사, 장관을 비롯한 숱한 고위공직자들과의 교유, 승리로 인한 전리품은 오롯이 내게 남았다. 가족의 존경과 사랑, 함께 싸운 동료와의 우정, 그리고 친구들의 자랑스러운 인정이 그것이다.

  뜨거운 태양 아래 엉망이 된 피부, 주름살과 흰머리는 내게는 영광스러운 인생 훈장이다. 무엇보다 나는 또 다른 눈빛을 갖게 되었고 그것이야말로 마지막 승부를 끝낸 이의 관록으로 더욱 깊어진, 내 경륜의 표상이다.

(2024)

작품해설

기억과 재생의 언어 그리고 자유

– 조유환의 『등부』를 내세우며

김정화

(문학평론가, 동의과학대학교 외래교수)

1. 생의 등불을 들고

작가는 각자의 스타일이 존재한다. 회화에 있어서 화가의 화풍이 존재하듯이 문학 역시 문체와 전달 방식과 미적 판단의 가치가 개개인마다 다르다. 그것은 한 작가가 속한 문화적 지리적 사상적 배경과 자신만의 경험과 신념과 작가관을 중심으로 표현되기 때문이다. 간결하고 명료한 문장 스타일을 구축하거나, 강한 비판적 시각으로 직설적인 문체를 구사하고, 소외된 것에 긍정적인 메시지를 전달하며, 유머와 해학으로 재미와 웃음을 선사하는 방식 등으로 개별성을 나타낸다. 그러므로 작가의 스타일은 어휘나 문체 그 이상이며 오롯이 한 사람의 세계관을 확립하고 있다고 해도 지나치지 않다.

조유환의 글쓰기는 다채롭다. 상재한 작품집이 첫 수필집으로써 이십 년 넘게 쓴 글들을 모아놓은 까닭도 있겠지만,

천착한 화소와 해석은 한쪽으로 치우치지 않고 다양한 방법과 패턴으로 독자의 감성을 자극한다. 수록된 63편의 작품은 인간과 사물과 자연과 예술의 영역을 넘나들고 기저에 깔린 해박한 지적 편력과 문장 곳곳에서 발현되는 감성적 낭만의식 또한 돋보인다. 그의 문학세계를 압축하면 크게 '기억'과 '재생'이라는 두 축을 중심으로 나눌 수 있다. 그 접점에서 화자는 자기 작품을 거울삼아 들여다본다. 그리하여 서문에서 "바라보는 나의 모습은 말갛다. 실제보다 더 나같이 느껴지는, 방금 따뜻한 목욕을 하고 나온 깨끗한 모습이다."라고 술회하는 것이다. 자신의 투명함을 고백할 수 있는 작가라면 진실성을 중요한 가치로 여겼다는 것을 가늠할 수 있다. 맑은 시선으로 건져 올린 세심한 문체와 다채로운 해석력은 그만의 스타일을 잘 나타낸다.

 과연 조유환은 어떤 태도로 타인을 만나고 세계를 마주하는가. 그 해답은 표제어인 '등부(燈夫)'에 있다고 하겠다. 등부라는 말은 스스로 지은 아호로서 "등을 들고 서 있는 사내 또는 등을 켜러 다니는 사내"라고 해석한다. 과연 등불이란 무엇인가. 나를 비추고 동시에 남도 비추지 않는가. 다시 말하면 자기인식인 동시에 대상 인식에 이른다고 하겠다. 화자는 그 등불이 간신히 자기 앞가림 정도에 그친다고 낮추었으나, 그의 가슴에는 늘 지피지기(知彼知己)의 '등(燈)'을 구심점처럼 켜고 굴신(屈身)하기를 거부하며 세파와의 악전고투를 견뎌내었다. 그리고는 "나는 결국 이겼다"라는 승전고를 울리며 마침내 문사(文士)로서 전리품 같은 한 권의 수필집을 당당히 내어놓게 된 것이다. 이에 그 등불이 밝히고 있는 문장의 깊이를 '기억과 재생의 언어'로써 해독하려 한다.

2. 기억, 그리고 상실과 소멸

인간은 누구나 기억이라는 역류된 시간을 거슬러 자신의 존재성을 찾으려 한다. 더구나 수필가라면 더욱 기억의 오브제를 통해 과거와 현재, 현재와 미래의 연결고리를 찾는다. 기억이란 필요와 관심과 가치에 따라 고착시킨 정신적 활동이다. 문학의 장은 억눌려 있던 힘들의 기억과 흔적을 상기시키므로 무의식에 잠재된 것들을 깨워 의식화하는 작업은 불편하지만 대면할 수밖에 없다.

그러나 그 기억이 생생한 날것의 상황으로만 서술되거나 비대칭적인 주관적 해석으로 기울어져서는 곤란하다. 삶에서 중요하게 생각하는 것이 변화와 성장이듯 좋은 수필일수록 체험을 용해하고 제재를 천착하여 새로운 의미를 발견하고 도출해야 한다. 그런 뜻에서 이번 수필집 에필로그에 해당하는 「마지막 승부」를 통해 작가가 구현한 생의 의지가 어떻게 반영되었는지 살펴볼 필요가 있다.

> 아내가 세상을 떠나자, 아이 셋과 꽤 많은 빚 그리고 체납분만큼 과태료가 붙은 세금 통지서가 말간 얼굴로 나를 바라보고 있었다. 살아있는 한 그것들로부터 도피는 불가했

다. 게다가 책임감이란 놈이 굳히기에 들어간 유도선수처럼 내게 끈질기게 올라붙었다. 한동안 아내의 마지막 환자복을 버린 병원 폐기물 통이 머릿속에 떠올랐다.

-「마지막 승부」 일부

이 작품은 『등부』의 중심을 관통하는 서사이면서 작가의 후반부 인생의 요약본이라고도 할 수 있다. 화자는 암 투병 중이던 아내를 떠나보내고 자금 압박받던 사업체를 정리한 후 선급 검사관으로 근무를 하게 된다. 그 후 우연히도 사회에 첫발을 디뎠던 회사가 설립한 필리핀 수빅 조선소에 가게 되어 3년 반 동안 고군분투하게 된다. 그러니 어쩌면 이번 작품집은 '상실'에서 출발했다고 해도 과언이 아니다. 가족을 잃고 권리가 박탈되고 금전 손실을 떠안으며, 잃어버리고 중단되고 빼앗기는 고통과 비애를 겪었다. 그때마다 상실감은 얼마나 컸을 것인가. 그러나 남은 세 아이의 "처연한 눈동자들" 때문에 마냥 슬퍼하거나 주저앉을 수만은 없었다. 떡하니 버티고 있는 "책임감이란 놈"을 일으켜 세우는 것이 아비의 도리였다. 그러므로 「제목 독자」의 말미에서 언급하듯, 세상이 아무리 상실과 소멸과 불신으로 메워져도 믿어 볼 가치가 있다고 여기며 희망을 저버리지 않은 것이다.

실패한 재료를 바라보는 내 마음도 우울하다. 불합격을

선언하는 일도 편치 않다. 그것에 내 손가락도 부러진 시험편과 같은 처지. 그래도 남에게 알리기 싫어서 오늘 일에 미친 듯 진행해 왔는데. 울컥한다.

"이 프로펠러가 들어가는 배는 북극해를 지나야 하는 배야. 가다가 프로펠러 망가져서 옴짝달싹 못 하면, 다 얼어 죽을 판이 되면, 니가 그 배 구하러 갈래? …… 지금 다시 시작하는 게 제일 손해 작게 나는 거란 말야."

- 「당해봐야 아는 인생」 일부

'다시 시작'한다는 말, 그것은 검사신청 회사 직원에게 직설하는 경고이지만 "우리 쪽팔리는 일은 하지 말고 살자"라는 설득과 은유가 포함된 <u>스스로</u>에게 던지는 일침이다. 억장이 무너져 본 사람이라면 안다. 상실 뒤의 고통을 겪는 주체에게 슬픔이라는 감정이 나타나는 것은 지극히 정상적인 일이다. 그렇다고 계속 주저앉아 통탄만 하고 있을 것인가, 고통과 정면으로 대항하여 능동적으로 살아낼 것인가. '대상의 상실'이 극복으로 나아가지 못하면 '자아의 상실'에까지 이르게 된다. 조유환은 감당해야 할 모든 상실과 소멸에 대하여 '잘 떠나보냄의 과정'을 선택하였다. 「손가락」에서는 손가락 두 개가 절단된 거래처 사장의 맨손을 뜨겁게 위로한다.

반대쪽 맨손은 오랜 기간 공장에서 잔뼈가 굵은 사람의

상징 같다. 뭉툭하고 커다란 손, 손톱 밑에 기름때가 마치 노동자의 낙인처럼 박혀있다. 공고를 졸업한 이후로 기계를 만지며 쉴 틈 없이 살아온 팔뚝과 거친 손이다. 로봇의 팔인들 저만큼 정확하게 움직이고 많이 썼을까. 거기에 붉은 피가 뜨겁게 흐르는 팔이다.

─「손가락」 일부

움푹 파이고 굳은살이 배고 거칠게 갈라진 노동의 손을 제대로 알아준다는 것은 노동의 신성함을 경외하는 일이다. 조유환이 상대의 절단된 손을 바라보는 행위는 단순히 시각적인 것이 아니라 고통 속에서도 온기를 찾고 낙심 속에서도 생의 의지를 일으켜 세우려는 심안(心眼)으로써의 인식이라고 할 수 있다. 아울러 그가 세상을 '본다'는 것 또한 상실의 기억을 뛰어넘어 단단히 자리매김할 생의 자리를 찾는 행위라고 하겠다.

3. 재현, 그리고 재생의 언어

인간의 잠재의식에는 기억이 존재한다. 기억은 최초의 사건을 등록하여 잠재 상태로 보유하는 과정을 거쳐 어떤 자극에 의해서 재생되고 재현된다. 그 과정에서 경험 사실은 변형되고 왜곡되며 주관성이 개입하지만, '다시' 상기될 때는 분명 기억의 원본과 거리가 생길 수밖에 없다. 인간은 자신이 처한 위치 안에서 납득할 수 있는 부분만 기억하려는 측면이 있고, '다시' 해석하고자 할 때는 무의식의 보이지 않는 힘이 미치기 때문이다. 그런 점에서 조유환 작가는 「명품(名品)」을 통해 기억을 어떻게 재현하고 해석해내었는가.

> 비단 외국의 물건뿐이랴, 고달픈 손질이 수없이 오갔을 한산모시, 땀을 뻘뻘 흘리는 풍로 질과 세공용 망치질을 끊임없이, 춤추듯 해야 하는 안성 유기며, 기능계승자가 점점 줄어든다는 통영의 영롱한 나전칠기 등 뛰어난 우리 명품도 즐비하다. 내가 좋아하는 명품 이조가구는 생각만 해도 흐뭇하다. 아담하고 단단하고 시간이 흐를수록 광택이 난다. 볼 때마다 만지고 만질 때마다 행복하다.
>
> -「명품(名品)」일부

작품의 배경은 모임 자리에서 시작되었다. 담배를 물고 불을 찾는 애연가에게 화자는 지니고 있던 명품 라이터를 건네준다. 그러나 상대의 반응이 영 마뜩잖다. 명품을 추켜올리기보다 값싸고 편리한 일회용 가스라이터의 실용성을 중시하고 선호한다. 화자도 그 말에 일부 동조는 하지만, 그럼에도 일회성 선호 세태에 대한 일침과 함께 명품에 대한 의미를 재구축한다. 진정한 명품은 허영과 사치가 아니라 "완벽한 결합체, 최선의 결과물, 안목과 열정의 금자탑"으로써 애호가의 신뢰를 획득할 때 이루어진다. 나아가 "나는 어느 품질일까"라는 질문을 하게 되는 것도 기억을 객관적인 시선으로 바라보고 있다는 증거가 된다. 나다니엘 호손의 작품을 제목으로 차용한 「큰바위얼굴」도 예외가 아니다.

생각 없이 살아온 인생, 그것을 깨우친 것도 얼마 되지 않는다. 아이들과 그나마 가깝게 지내는 편이라 얘기를 나누다 보면 요즘 젊은 사람들이 얼마나 영민하고 현실적이며 따라서 실용적인지를 알게 된다. 그러다 보면 자연스레 나의 옛날을 떠올리게 되고 그 시절의 내가 어리석고 부끄러워서 한탄하지 않을 수 없게 된다.

- 「큰바위얼굴」 일부

화자는 인생 후반부에 접어들면서 칭찬에 마음이 유연해졌다. 신체의 노화가 시작되는 시기에 듣는 외모 칭찬이라면 오죽하랴. 자칭 "건강한 미남으로 자연의 이치마저도 통달한, 사려 깊은 노년의 자부심은 눈부신 젊음도 부럽지 않게 만든다"는 통찰도 뒤따른다. 그러나 외양의 허세와는 달리 속으로는 떠나버린 젊음과 몽매하고 어리석은 청춘을 한탄하고 아쉬워한다. 재생의 언어로써 고백을 하고 반성적 자세를 유지하는 점은 경험자아와 서술자아 사이의 간극을 넓혀 객관화시킬 수 있다. 그가 선친의 '손씻이'와 '값싼 국산 시계'를 되새기고, '딸아이의 귀여운 허영심'을 이해하며, '복격(服格)'을 중히 여기고, 심지어 꿈속의 '용렬함'까지 부끄러워하는 것도 자기탐구로써 견고한 자기상(自己像)을 구축한 결과라고 본다. 더구나 재현에서 나타난 독창적 태도가 돋보이는 작품이 「브라보 도다리」라고 할 수 있겠다.

> 차를 몰아 나오는데 하릴없이 눈물이 찔끔거렸다. 부모 없이 홀로 밑바닥 훑고 살아온 인생. 모진 세상을 헤엄치듯 자갈치 바닥을 쓸고 다니던 험한 청춘. 그래도 제대로 살아 보겠노라, '쪽' 팔리지 않게 살겠노라 열심히 인생 바다를 헤엄치고 살아왔을 사내. 배운 것 제대로 없는 동네 양아치가 모자챙에 금테 씌운 빛나는 경찰 간부가 되었으니 그야말로 '뻘바닥'에서 만경창파 도도한 물 위로 올라온 인생 대역전이 아닌가.
>
> - 「브라보 도다리」 일부

중학교 시절, 화자가 기억하는 "충무동 날건달"이 바로 도다리 형이다. 비록 시장바닥과 가난한 골목을 쏘아대며 주먹을 날리고 다녔지만, 동네 동생들에게는 애정을 베풀던 의리의 사내였다. 그러나 실존의 가장자리에 살고 있는 도다리 형이 도약과 정진으로 "빛나는 경찰 간부"가 되어 인생 역전을 이루었다. 그러니 화자가 "브라보 도다리"라는 응원을 기꺼이 올리는 것이다. 무엇보다 이 글에서 재현된 문체는 해학과 풍자와 위트가 넘친다. 단순한 재미와 웃음이 아니라 지적 유희와 섬세한 필치로써 문학적 깊이를 더하였다.

4. 사랑과 낭만, 그리고 자유

조유환의 글은 분명 감성적인 측면이 강하나 결코 가볍지 아니한 것은 지성이라는 단단한 통제를 거친 담론이기 때문이다. 그러기에 글 뿌리는 깊고 튼튼하며 글 가지는 유연하게 흔들린다. 그뿐만 아니라 작품 곳곳에 사랑과 낭만과 자유라는 명제가 원석처럼 뿌리박혀 있다.

그는 누구보다도 사랑을 믿는다. 물론 사랑이란 보편적이고 절대적이지 않기에 인식이 다르고 가치관이 충돌하며 시대에 따라 변해가지만, 「사랑, 순정」 속 린위탕(임어당) 선생의 "사랑만은 잃지 말기를"이란 충고를 우러러 받든다. 집에서 키우던 토끼의 생명이 꺼졌을 때도 마찬가지다. 사라져가는 것 뒤에 반드시 남는 것은 사랑이라는 확신을 갖는다. "그것은 절대 없어지지 않지. 그리고 영원히 이어"진다는 믿음을 아이에게 심어준다. 특히 「호랑나비 사랑」의 로맨스는 현대인들의 패턴화된 물질적 사랑에 경종을 울려주고 있다.

빛나는 햇살 아래, 거지 연인은 서로의 허리에 손을 둘렀다. 투정과 포옹이 아옹다옹 길을 따라 내려간다. 몸뚱어리로 꿈틀거리는 애벌레의 사랑에 화려한 날개가 돋아났다. 한 쌍의 호랑나비가 되어 나풀거리며 무방향 난분분, 꽃밭 같은 거리를 날아다닌다. 멈추면 꿀을 빨고 날아가면 사랑한다. 비하와 경멸의 시선들이 둘만의 무대 위에선 찬란한 스포트라이트로 변해버렸다.

-「호랑나비 사랑」 일부

보통의 사람들이라면 초라한 행색과 추한 몰골의 거지 연인에게 눈길이라도 줄까. 설령 보았다고 하더라도 그들의 애정행각을 조롱하고 비아냥거릴지도 모를 일이다. 화자 역시 잠시 얕잡아보기도 했으나 이내 사랑이라는 이름 그 자체만으로도 "어떠한 몸짓이든 눈부시게 반짝일 수밖에 없다"라는 숭고한 의식전환을 이루어낸다. 이는 「밧세바」에서 다윗과의 사랑으로, 「홍매화」의 만개한 사랑으로도 연결된다. 그러나 「crazy love」에서처럼 애인의 명품 가방을 위해 콩팥과 바꾸는 어리석은 사랑은 지양하고 경계할 것을 충고한다.

'글을 쓴다는 것은 삶 자체를 연인으로 두는 일이다'라는 소설가 엔디 피버의 말을 떠올리면서 『등부』에 담긴 낭만성의 원천을 추측하고자 한다. 조유환의 낭만적 자아는 독서와 음악과 미술과 영화로 점철되는 그만의 예술적 특질에서 발견된다. '서상기(西廂記)'를 경배하고 '생활의 발견'과 '인간 등고'를 해독하고, 시벨리우스를 추앙하고 앨리슨 발솜의 트럼펫 소리와 슈타들러의 클라리넷 음률을 즐기고, 설종보의 그림과 홍푸르메의 수묵화를 흠모한다. 아울러 대학 시절 '영화연구회' 동아리에서 발현된 낭만적 속성도 「왕이 되려한 사나이」, 「프랭키와 쟈니」, 「브라스더 오프」 등에 스미어 작가의 감성을 더하는 데 한몫하고 있다.

　이 영화는 어떤 일이든 희망을 품은 낙관주의가-성공 가능성이 높은 일이라 해도-대부분은 현실 앞에서 처절하게 패배한다는 사실주의 영화다. 동시에 현실에서의 시련과 실패를 담담하게 받아들이는 삶에 대해서도 생각하게 만드는 영화다.
　　　　　　　　　　- 「Million Dollar Baby」 일부

　화자는 뜻밖의 행운이 내포된 '밀리언 달러 베이비'를 언급하며 "내게도 그런 행운이 찾아와 줄까?"라는 독백을 던지지만, 그는 틀림없이 '나의 소중한 나의 혈육'이라는 뜻을 지닌 영화 속 키워드 '모쿠슈라'라는 말로 답을 얻어낸다. 이미 서문에서 "무거운 몸으로 납처럼 굳은 잠을 자던 시절에도 너희들 앞에서는 버터같이 녹아들었다"라는 말로 부성애를 녹여냈지 않은가. 덧붙여 조유환의 수필에서 놓칠 수 없는 미학적 기호라면 '자유'이다. 당연히 허랑방탕한 자유가 아니라 자존과 신념이 충만한 '정신의 자유'가 우선된다.

　자신에게 참된 개성이 아쉽다. 그 개성의 기본 정신이 아쉽고 정신의 중심이 허약한 것이 아쉽다. 기본은 부족하고 잔꾀만 늘어 어느새 힘센 세력에 슬쩍 어깨를 갖다 댄다. 남의 말은 하나도 듣지 않고 흥분해서 몰려다니다가,

눈치 보고 숫자 많은 쪽에 가느니 차라리 외톨이가 낫다.
- 「외톨이 되기」 일부

그가 강조하는 것은 "난 유일하다"는 아포리즘이다. 불의에 동조하지 않고 과한 호의에도 흔들리지 않으며 이 땅의 맹렬한 기개와 자존심을 세워줄 안전한 "민주 세상"이면 충분하다는 결론에 도달한다. 반면 『등부』 속에 나타난 화자의 역사관과 세계관의 해석은 지면 관계로 독자에게 미룬다.

5. 다시 등불을 들고

조유환의 수필은 과거의 산물을 재생하여 상실과 소멸에 투영된 자의식을 구축해내었다. 대부분의 현대수필은 체험에서 출발하고 기억이라는 과거의 사실을 입증하여 재생하지만 재숙성하고 재해석하여 재평가하는 개안의 힘이 부족하다. 그러나 조유환은 과거의 순간을 자화상의 방식으로 성찰하고 다양한 관점과 비유를 통해 자기만의 정체성을 그려내었다. 상실이 중요한 모티프로 깔렸지만 상실을 추수(追隨)하는 진부적인 글쓰기가 아니라 지성과 낭만과 때로는 반어와 유머를 가미하여 수필의 담론을 진정성 있게 펼쳐놓았다. 작가가 편편마다 말미에 작품 창작 연도를 기록하고 등단 25년 만에 처음으로 상재하는 수필집임을 밝혔지만, 그 말이 무색할 만큼 세월의 간극이 느껴지지 않는 점도 장점이라 하겠다. 서두에 "나름대로 삶에 최선을 다했으니,

후회도 아쉬움도 없다. 다만 바라기를, '이 사람은 이렇게 인생길을 걸어왔구나' 하고 알아주면 그저 고마울 따름이다."라는 자족과 함께 앞으로 얼마만큼의 소재를 진화하여 문학 지평을 확장시킬 것인가는 본인의 과제라고 하겠다.

 이제 그는 다시 등불을 든다. 기독교인들은 우는 자와 함께 울고 슬퍼하는 자에게 입 맞추고 비참한 자를 불쌍히 여기며 촛불 앞에 기도하고, 부처를 섬기는 자들은 '자등명 법등명(自燈明 法燈明)'이라는 가르침을 염두에 두고 자신의 등불을 밝혀 스스로를 먼저 들여다보려 노력한다. 작가 조유환에게는 '등부(燈夫)'라는 거룩한 이름이 흔들리지 않는 수필계의 무진등(無盡燈)이 되길 기원한다.

등부(燈夫)

2025년 2월 28일 초판 발행

지은이   조유환

발행인   강병욱
발행처   도서출판 교음사
편집   수필문학사

03147 서울 종로구 삼일대로 457 수운회관 1308호
Tel (02) 737-7081, 739-7879(Fax)
e-mail : gyoeum@daum.net
등록 / 제2007-000052호

* 잘못된 책은 바꿔 드립니다. 값 15,000원

ISBN 978-89-7814-145-1 03810

- 이 책 내용의 전부 또는 일부를 재사용하려면 저작권자와 교음사의 동의를 받아야 합니다. 지은이와의 협의 하에 인지는 생략합니다.